오늘도
내가 가진 냉장고 속 재료만으로
최선을 다해 요리합니다

낭비를 없애고
환경을 생각하고
건강을 담습니다

줄어든 식비
편해진 속
가벼워진 몸은 덤이죠

내 삶을 주도적으로 이끈다는 자신감,
이것이야말로 냉파가 준
최고의 선물입니다

맘마미아 냉파 요리

지은이 레몬밤키친(강지수) | 감수자 맘마미아

진서원

맘마미아 냉파요리

초판 1쇄 발행 2017년 10월 5일
초판 2쇄 발행 2018년 11월 30일

지은이 • 레몬밤키친 강지수(레시피 개발)
감수자 • 맘마미아(식비 예산 감수)
발행인 • 강혜진
발행처 • 진서원
등록 • 제2012-000384호 2012년 12월 4일
주소 • (03938) 서울 마포구 월드컵로 36길 18 삼라마이다스 1105호
대표전화 • (02) 3143-6353 / **팩스** • (02) 3143-6354
홈페이지 • www.jinswon.co.kr | **이메일** • service@jinswon.co.kr

책임편집 • 김선유 | **편집진행** • 김혜영 | **기획편집부** • 이다은 | **표지 및 내지 디자인** • 디박스
일러스트 • 조영수 | **마케팅** • 강성우

ISBN 979-11-86647-17-2
진서원 도서번호 17001
값 18,000원

이 도서의 국립중앙도서관 출판예정도서목록(CIP)은 서지정보유통지원시스템 홈페이지(http://seoji.nl.go.kr)와 국가자료공동목록시스템(http://www.nl.go.kr/kolisnet)에서 이용하실 수 있습니다.(CIP제어번호: CIP2017020997)

‘월급쟁이 재테크 연구’ 카페

40만 회원과 함께 만든 책!

한정된 수입에서 저축을 늘리려
쫓기듯 시작한 냉장고 파먹기

•

맨땅에 헤딩하듯 시작했지만
쑥쑥 늘어가는 요리실력, 건강해지는 몸,
그리고 차곡차곡 쌓이는 적금통장을 보며 생활의 활력을 되찾았습니다.

•

신기합니다. 비울수록 아낄수록 행복해지니까요.

•

혼자 시작했다면 포기했을 거예요. 함께 요리하며 냉파를 실천한 분들이 있었기에
소중한 결실을 거두게 되었습니다.

•

진심으로 감사드립니다.

냉파!
비우면 행복해져요!

Special Thanks to

집밥의여왕님, 행복한아줌마님, 부자이여사님, 은단디님, 딩동님, 똘똘새댁님, 르다엘님, 빛나는사람님, 뾰로롱찐님, 상자밖인간ing님,
새우초밥님, 수피아zz님, 알뜰살뜰한새댁님, 항개님, 1일맘님, 9루무님, Gaviota님, 꽃빈님, 나는야옹님, 낭만베짱이님, 내공플러스님,
노마드83님, 하늘별땅님, 하리미맘님, dal맘님, 번개탄멍멍님, 하요비님, 죽달이님, 조아이잉님, 꿈을꾸다106님, 다붕뜨님

책이 나오기까지 응원해주신 카페 회원님 모두에게 감사드립니다!

식비 예산을 감수한 맘마미아의 머리말

"왜 나는 돈을 모으지 못할까?"

이렇게 하소연하는 분들이 있습니다. 어떻게 하면 돈을 효율적으로 모을 수 있을까요? 수입을 늘리는 데는 한계가 있기 때문에 반드시 지출을 합리적인 선까지 줄여야 합니다. 지출을 줄이면 저축여력이 높아지고, 그만큼 자연스럽게 돈이 모이기 마련입니다.

절약도 선택과 집중!
왕초보는 효과만점 식비부터 잡자!

지출은 크게 생활비(변동지출), 공과금 등(고정지출), 돌발지출(비정기지출)로 구분할 수 있습니다. 절약을 시작하려는 분들 중 대부분이 이 세 가지 지출을 모두 줄이려고 하다가 의욕만 앞서 작심삼일로 끝나거나 중간에 포기하곤 하지요. 지출을 한꺼번에 줄이기는 무척 어렵습니다. 뿐만 아니라 자칫 삶의 질을 떨어뜨려 '이렇게까지 아등바등 살아야 하나'하는 자괴감에 빠지게 될 수도 있어요.

공과금 등의 고정지출은 줄이기 어렵고, 세금이나 경조사비 같은 비정기지출은 내 의사와 상관없이 발생합니다. 따라서 왕초보라면 내 의지로 지출을 관리할 수 있는 생활비를 선택하되, 특히 식비에 집중하는 게 바람직합니다. 금액이 가장 큰 데다 절약효과도 가장 크기 때문입니다.

《맘마미아 냉파요리》,
30만 회원의 실천을 담은 국내 최초 재테크 요리책!

하지만 먹는 걸 줄이려고 하면 거부반응이 생깁니다. 무조건 야식과 외식을 참는다고 식비가 절약될까요? 수년간 월재연 카페 회원들과 다양한 절약법을 실천해 봤지만, 결국 식비절약에 성공하는 가장 쉬운 실천법은 '냉장고 파먹기'였습니다. 냉장고에 있는 식재료로 식단을 짜고 집밥을 해먹는 것으로 야식, 외식비뿐만 아니라 집밥비용까지 줄일 수 있다는 것을 실생활에서 경험했지요.

《맘마미아 냉파요리》는 일반 요리책이 아닙니다. 집밥으로 식비절약에 성공하고 싶다는 요구를 반영해 '냉파가 시급한 식재료'를 중심으로 레시피를 구성하고, 1주일 냉파 식단과 식비 예산을 제시해 '실질적인 식비절약'을 이끌어 내는 재테크 요리책입니다.

식비절약으로 1년 840만원 적금통장 만들기, 나도 할 수 있다는 자신감!

《맘마미아 냉파요리》에 수록된 레시피를 따라하다보면, 분명 요리의 재미를 느끼는 것은 물론 한 달 식비를 70만원 절약해서(4인 기준) 1년에 840만원 적금통장을 만들 수 있을 것입니다. 또한 매달 적자에 시달리는 악순환의 고리를 끊고 차곡차곡 돈이 모이는 성공체험을 하게 되실 거라 확신합니다.

냉파를 통해 식비절약에 성공한 카페 회원들의 다양한 경험과 인증샷이 수록되어 있으니, 특히 왕초보라면 이 부분을 먼저 읽어보면서 '나도 할 수 있다!'는 자신감을 얻으셨으면 합니다.

냉장고 파먹기의 힘은 강력합니다. 《맘마미아 냉파요리》 실천으로 절약 성공을 경험해보시기 바랍니다.

끝으로 레몬밤키친님(강지수 선생님)과 진서원 출판사에 깊은 감사를 드리며, 책이 나오기까지 아낌없이 응원해주신 '월급쟁이 재테크 연구' 카페 회원님들께도 진심으로 감사드립니다.

맘마미아

냉파!
비우면 행복해져요!

냉파 레시피를 만든 레몬밤키친의 머리말

인생의 변화가 필요한 시점, '월재연'과의 만남

가만히 돌이켜보면 저도 한때는 수입의 80%를 저축하던 사람이었습니다. 그때는 먼저 저축부터 하고 남은 돈으로 어떻게든 생활하면서 돈 모으는 재미를 느꼈었는데, 직장을 그만두고 서울에 올라와 독립하면서 현실적인 여러 가지 이유로 저축이 불가능해졌어요.
새로운 일을 시작하며 마주친 수많은 변화와 불안정 사이에서 흔들리다가, 문득 정신을 차려보니 어느덧 나이는 중년을 향해가고… 덜컥 겁이 났습니다. 그때 알게 된 월재연 카페.

매일매일 쏟아지는 카페 회원들의 절약글을 보며 처음에는 사람들의 성실함에 놀랐습니다. 작은 부분까지 아끼고 절약하는 모습에 '이렇게까지 해야 하나' 하는 생각이 들었지만, 보고 있자니 점점 나도 할 수 있겠다는 자신감이 생겼어요. 그래서 시작한 것이 냉장고 파먹기였습니다.

냉파를 통해 찾은 마음의 여유, 그리고 함께하는 힘

요리를 업으로 하는 사람이라 300리터 남짓의 작은 냉장고, 식재료만큼은 잘 관리해왔다고 생각했습니다. 그런데 막상 냉파를 시작하니 냉동실부터 봉지봉지 들어있는 재료들이 참 많고도 다양했습니다.
냉파를 실천하면서 조금씩 여백이 생기는 냉장고를 보며 작은 희열도 느꼈지요. 그러다보니 냉파를 시작하게 해준 월재연 카페에 보답하고 싶다는 생각이 들었고, 냉파를 하며 개발한 레시피를 연재하기 시작했습니다.
아마 혼자 했으면 냉파를 꾸준히 이어나가지 못했을지도 모르겠습니다. 하지만 냉파 레시피를 올리면서 카페 회원들이 올려주는 응원댓글과 공감댓글에 참 많은 힘을 얻었고, 회원들과 함께 꾸준히 냉파를 실천한 결과 냉파가 필요한 많은 사람들을 도울 수 있는 책이 나오게 되었습니다.
그리고 마침내 1/4 정도까지 비워진 냉장고를 보고 있자니, 그간의 불안감도 온데간데없이 사라져 홀가분해졌습니다. 한 번 비우고 나니 그다음은 어렵지 않더라고요.

왕초보도 도전할 수 있는 냉파 레시피, 냉장고 재테크!

직접 체험한 분들은 다 아실 거예요.
이 책은 실제로 냉파를 하면서 만든 레시피들로 가득합니다. 냉파를 하는 동시에 냉파 레시피를 만들면서 가장 중요하게 생각했던 건 최소한의 식재료와 최소한의 양념, 그리고 단순한 조리과정이었어요. 그러다보니 식비 절약은 기본이고, 더욱 신선하고 건강한 식탁을 꾸릴 수 있게 되었습니다.

냉파!
비우면
행복해져요!

냉파 레시피는 화려하지는 않지만 건강하고 따뜻한 음식들로 채워져 있습니다. 누구나 도전해볼 수 있도록 각자의 냉장고 사정에 맞춰 대체할 수 있는 재료, 방법들도 팁으로 제시했어요. 아직 저도 많이 서툴고 부족하지만, 이 책에 담긴 내용들이 많은 이들의 냉장고 재테크에 도움이 되었으면 하는 바람입니다.

레몬밥키친(강지수)

〈맘마미아 냉파요리〉 미리보기

재료 하나로 1주일 식단 OK! 식비절감 한눈에 확인!
정해진 식단으로 몸도 튼튼! 가계도 튼튼!

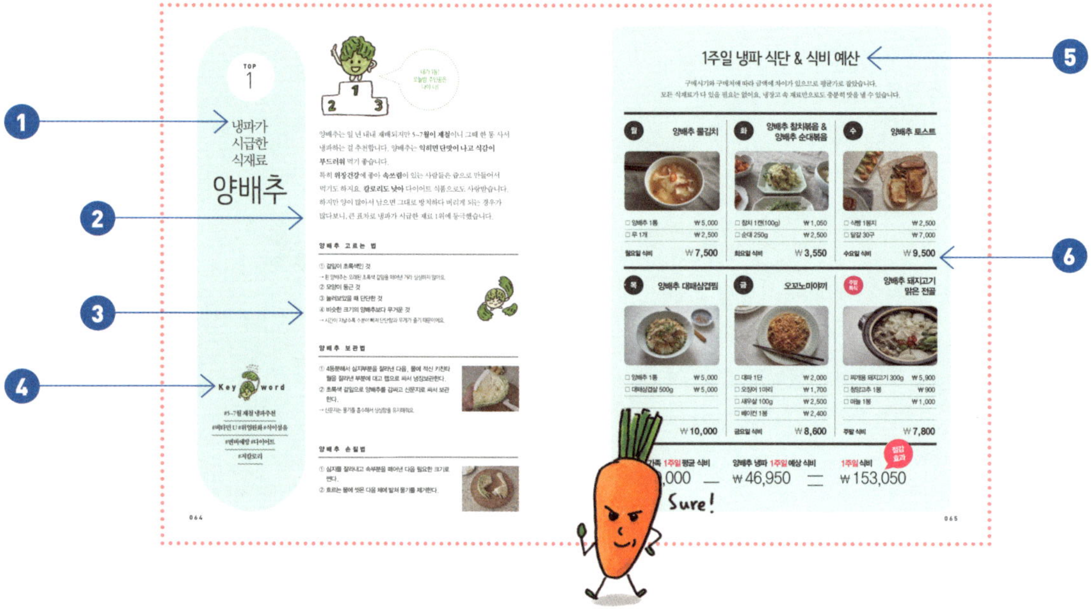
TOP 1
냉파가 시급한 식재료
양배추
1주일 냉파 식단 & 식비 예산
Sure!

❶ 냉파가 시급한 식재료 순위

30만 카페 회원들의 투표로 결정된 냉파가 시급한 식재료 순위와 해당 식재료예요.

❷ 식재료 설명

해당 식재료의 제철 시기와 자세한 설명이 담겨있어요.

❸ 식재료 고르는 법, 손질법, 보관법 등

좋은 식재료를 고르려면 어떤 걸 봐야 하는지, 냉장보관하거나 냉동보관할 경우 어떻게 보관하는지, 요리에 사용할 때 어떻게 손질해야 하는지 등의 정보를 알려줘요.

❹ Key Word

해당 식재료의 제철, 효능, 영양소 등의 정보를 간단하게 확인할 수 있어요.

❺ 1주일 냉파 식단 & 식비 예산

해당 식재료로 만들 수 있는 일주일 식단과 식단대로 구입해서 요리할 경우 얼마나 절약할 수 있는지 보여주는 식단계획표예요.

❻ 메뉴에 필요한 식재료 & 식비

해당 요리를 할 때 꼭 필요한 식재료와 금액을 작성한 목록이에요. 이때 김을 1장만 사용해도 1봉지 구매가격을 표시하는 등 아무리 적은 양을 사용해도 최소 구매 단위에 필요한 금액을 적어두었어요. 또 한 번 사면 양이 많아 여러 번 나눠 사용하는 경우 맨 앞에 한 번만 표기했어요. 물론 상표, 구매처, 시기 등에 따라서 구입 금액에는 차이가 있을 수 있어요.

왕초보도 만만한
쉽고 빠른 냉파 레시피!

냉파요리 게시판에 인증샷 올리면
꾸준히 실천 가능!

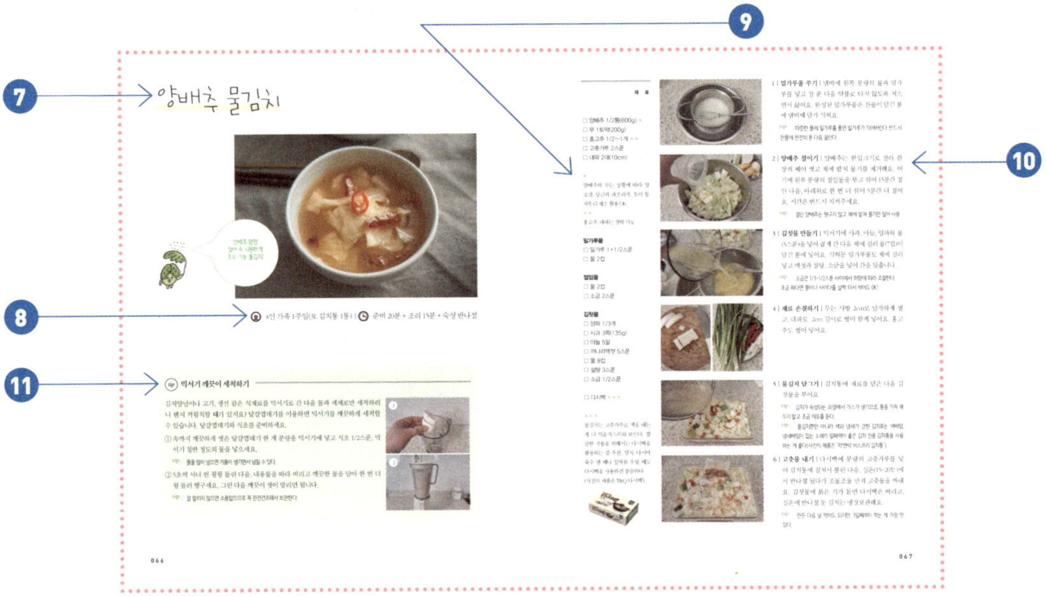

7
양배추 물김치
8
9
10
11

7 요리 이름

해당 요리의 이름을 소개해요.

8 분량과 조리시간

몇 인분인지, 조리시간은 얼마나 걸리는지 알려줘요. 대략적인 참고용 가이드일 뿐 사람에 따라, 요리 숙련도에 따라 분량과 조리시간에는 차이가 있을 수 있어요.

9 재료

해당 요리에 필요한 재료들이에요. 없을 경우 대체할 수 있는 재료나 생략할 수 있는 재료도 표시되어 있으니 재료가 부족해도 안심하고 요리하세요.

10 요리과정

요리에 꼭 필요한 과정을 소개해요. 해당 과정에서 꼭 알아야 할 팁과 알아두면 좋은 팁도 들어있어요. 약간의 팁을 추가하면 요리가 훨씬 맛있어지니 꼭 읽어보세요.

11 팁

냉파 레시피를 활용해 만들 수 있는 요리나 살림 팁 같은 정보들이 다양하게 들어있어요.

"꼭 이렇게 살아야 해?"
짠순이 같아서 외면했던 《맘마미아 냉파요리》!

before

폭발직전
구제불능
감당불가

1

식비블랙홀

사고 또 사고, 쟁이기만 하는 식재료!
먹은 것 없이 줄줄 새는 식비!

2

요리포기

황금 레시피 따라하다 포기,
냉장고에 백기 들다!

3

외식행진

집밥의지 좌절,
식비 폭탄 악순환!

한 달 식비
100만원!

식비 100만원

4인 가족 평균 식비 약 100만원!
사다만 놓고 버리는 식재료 + 무분별한 외식비 포함!
무계획 식비 지출로 매월 생활비 폭탄!

"신기해요. 돈은 안 쓰는데 몸은 건강해져요."

40만 회원 감동 실천 《맘마미아 냉파요리》!

after

여유있고
깔끔하게

1

식비절감

냉장고 속 재료로만 요리해도 한 달 식비 70만원 절약! 1년이면 약 840만원 적금!

2

요리실력 UP

왕초보 냉파 레시피로 냉파 미션 성공! 집밥 OK! 요리실력은 보너스!

3

신선한 재료

조금씩 자주 필요한 것만! 냉파 스타일로 구입하니까 시드는 재료 없이 건강하게!

한 달 식비 30만원!

식비 70만원
식비 30만원

한달 식비 100만원 → 30만원으로 절감!

냉장고 정리, 냉파 레시피 실천으로

연 840만원 적금의 기적!

《맘마미아 냉파요리》 이것만 알아두세요!

1 식비절감 최우선 냉파요리, 최고의 맛을 내려면 레시피대로!

이 책은 냉장고 속 재료만으로 요리해 식비절감하는 것을 목표로 합니다. 따라서 필수가 아닌 식재료는 생략하도록 권장하지만 레시피를 정확하게 따를수록 맛의 완성도가 높아집니다.

2 불세기, 조리시간 등은 가정마다 조금씩 다를 수 있어

레시피에 적혀있는 불세기, 조리시간 등은 각 가정의 조리도구나 개인의 요리 숙련도에 따라 조금씩 차이가 있을 수 있습니다.

3 냉파 식재료 가격은 평균가로 산출!

이 책에 표기된 식재료의 가격은 해당 식재료를 구할 수 있는 시기의 평균적인 가격입니다. 구입시기, 구매처, 브랜드 혹은 여러 외부요인으로 직접 구매하는 상품의 금액과는 차이가 있을 수 있습니다.

4 필수 재료 중심의 냉파식비 산출!

냉파요리의 취지에 맞게 식단표에 해당 요리를 하기 위해 반드시 필요한 식재료만 추가로 구매하도록 적었습니다. 꼭 구입할 필요가 없거나 같은 주에 이미 구입한 식재료라면 다시 적지 않았습니다. 이 책은 1일 1식, 주 6식을 기준으로 하고 있지만, 새로 구매해야 하는 식재료여도 최소 구입단위를 기준으로 하므로 실제 일주일 식비와는 큰 차이가 없습니다.

5 추천 제품은 권장사항일 뿐! 필수사항 X

이 책에는 레시피 개발자인 레몬밤키친님이 즐겨 사용하는 요리도구와 추천 식재료가 나와 있습니다. 이는 저자의 경험에 따른 개인적인 권장사항이며, 이 책의 레시피를 위해 반드시 구입해야 하는 것은 아닙니다.

《맘마미아 냉파요리》
SOS! 무엇이든 물어보세요!

840만
저축통장

《맘마미아 냉파요리》는 월급쟁이 재테크 연구 카페에서 레몬밤키친 강지수 선생님이 연재한 레시피로 만들어졌습니다. 레몬밤키친님은 지금도 계속 카페에서 활동하고 있으니 책을 보면서 궁금한 부분, 요리하면서 잘 안 되는 부분은 카페의 '맘마미아 냉파요리!' 게시판에 물어보세요. 직접 확인 후 답변해드립니다.

된다! 된다! 부자가 된다!
월급쟁이 재테크 연구 카페
집밥 최고~
에너지 절감!
흥가비 절약!
월급쟁이 목돈마련 프로젝트
■ 월재연 재테크
[모음]재테크BEST☆
[신청]2019년 재정설계
[깨알]재테크 이야기
[선언]무지출데이
[富]맘마미아가계부
[毒]한달10만원살기
[냉파]집밥!!해먹기
냉파요리 레시피♥
[순금]1년1냥모으기

'월급쟁이 재테크 연구 카페(http://cafe.naver.com/onepieceholicplus)'메인과
'냉파요리 레시피♥' 게시판

인증샷

냉파요리 인증샷을 올려보세요!

월급쟁이 재테크 연구 카페의 '식비 30만원 절약' 게시판에 냉파요리 인증샷을 올려보세요. 함께 하면 포기하지 않고 꾸준히 냉파를 할 수 있습니다. 이벤트에 뽑히면 상품을 받을 수도 있으니 꼭 참여해보세요!

카페 회원 '항개'님의 스팸마요덮밥 인증샷!
회원들과 함께 하면 더 즐거워요.

준비 마당

목차

실천 마당

TOP 01
양배추

1주일 예상 식비

46,950원

TOP 02
무

1주일 예상 식비

53,000원

TOP 03

파 & 양파

1주일 예상 식비

31,800원

월 대파 페이스트 베이컨 채소볶음

094

화 순두부 대파 된장국

097

수 양파 장아찌

098

목 파절이 & 쪽파무침

100

금 해물파전

102

주말 양파 100% 카레

104

TOP 04

두부

1주일 예상 식비

36,300원

월 해물 순두부찌개

108

화 마파두부 덮밥

110

수 저염 두부 쌈장+쌈밥

112

목 중국식 순두부탕 (산라탕)

114

금 냉동만두 두부찌개

116

주말 순두부 땅콩깨 국수

119

목차

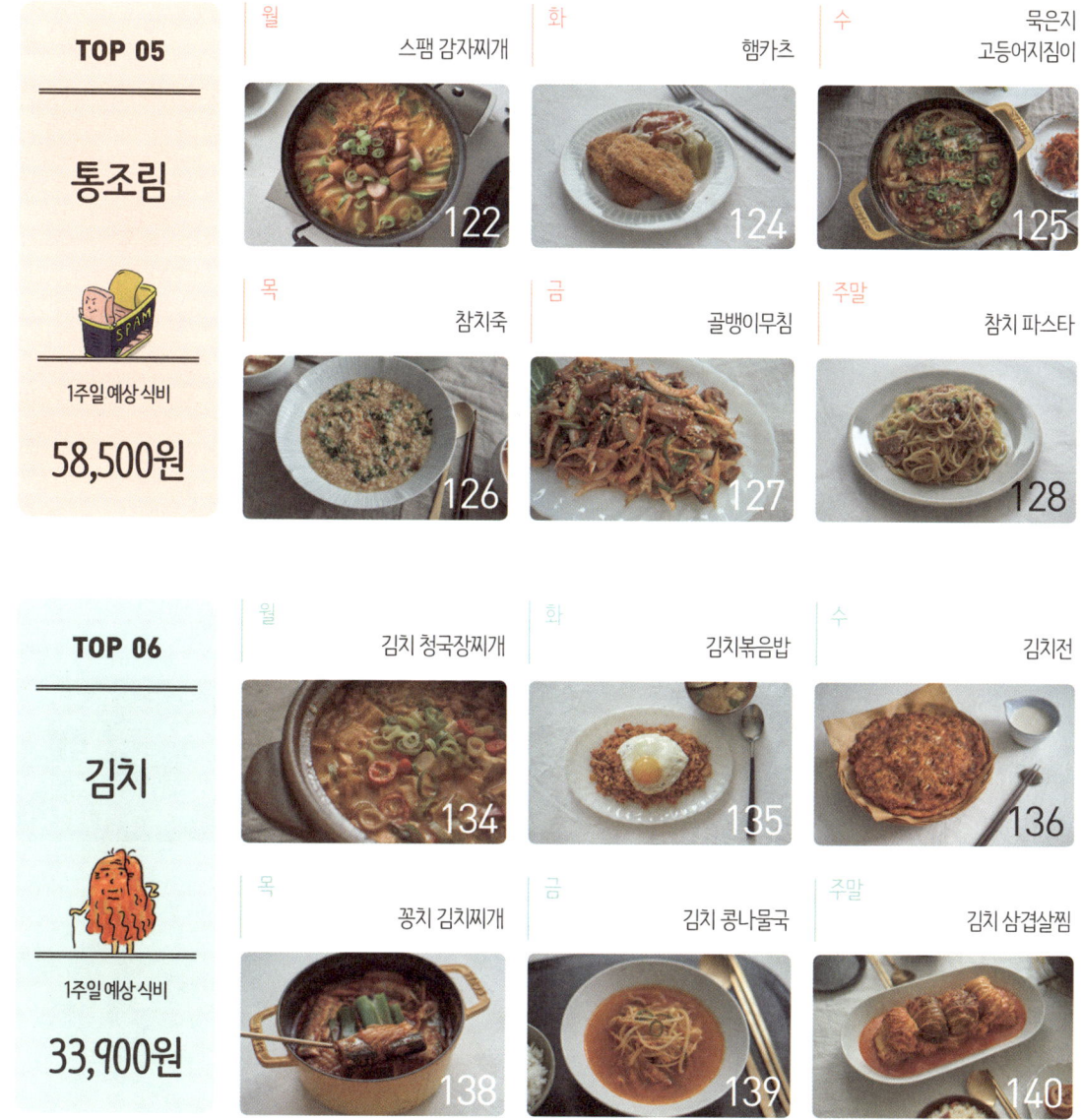

TOP 07

감자 & 고구마

1주일 예상 식비

65,400원

월 감자 수프

144

화 감자채볶음

145

수 고구마 보트

146

목 고구마 맛탕

148

금 감자 불고기 피자

150

주말 일본식 소고기 감자조림(니쿠자가)

152

TOP 08

밥 & 떡

1주일 예상 식비

61,900원

월 자투리 채소밥

156

화 국물 촉촉 떡볶이

157

수 떡국

158

목 생곤드레 버섯솥밥

159

금 불고기 떡볶이

160

주말 떡국떡 크림소스 그라탕

162

목차

TOP 11

버섯

1주일 예상 식비

65,000원

월 버섯볶음

198

화 팽이버섯 샐러드

200

수 팽이버섯 된장 덮밥

201

목 취나물 표고버섯볶음

202

금 양송이 만두

204

주말 팽이버섯 차돌박이 고추장찌개

206

TOP 12

닭고기

1주일 예상 식비

69,200원

월 후라이드 애호박전 & 양념치킨 비빔밥

210

화 닭다리살 치킨 가라아게

212

수 닭가슴살 곤약누들 샐러드

214

목 닭가슴살 닭개장

215

금 치킨텐더

216

주말 세 가지 스타일의 부추 닭볶음탕

217

목차

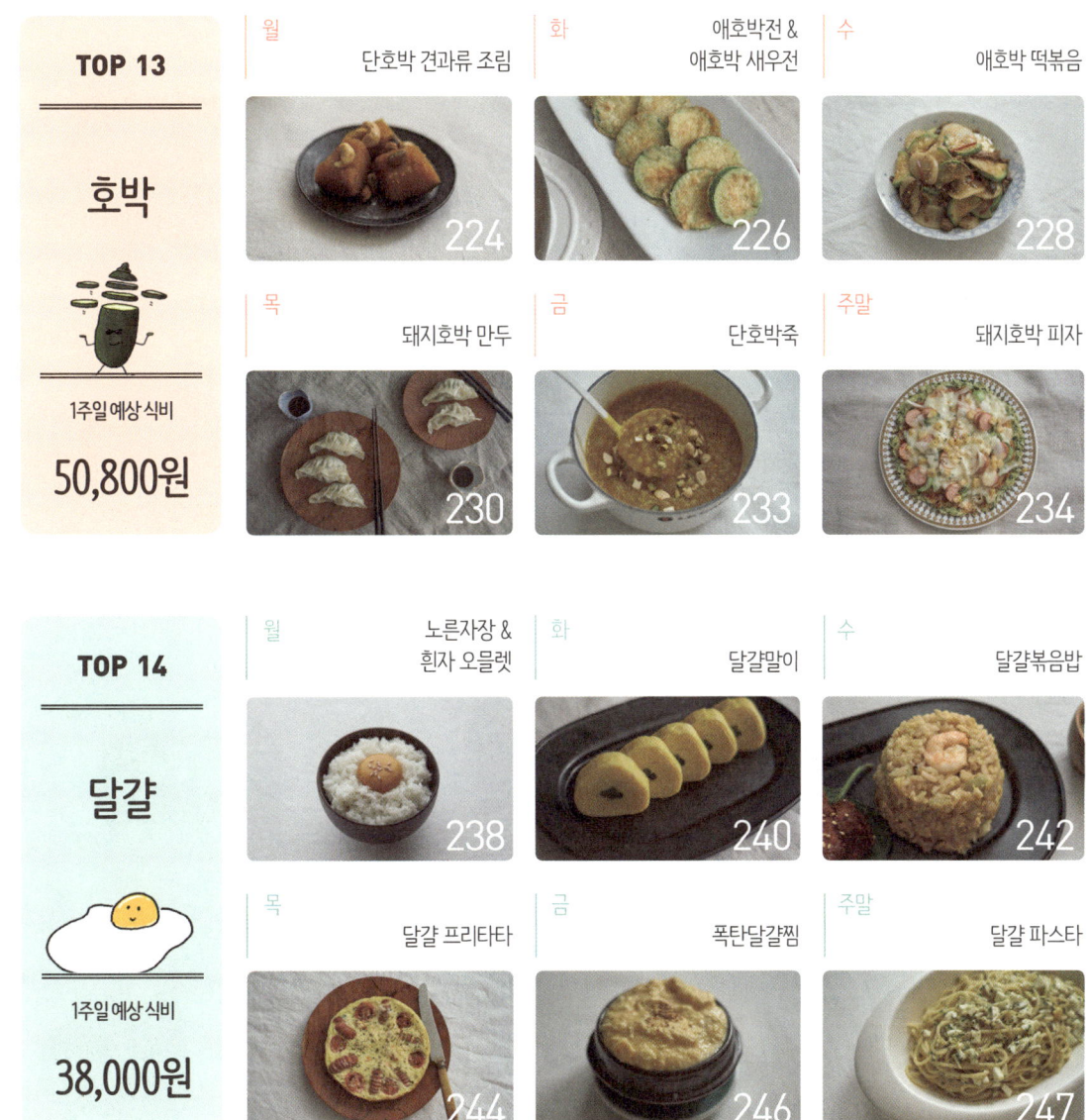

TOP 15

해산물

1주일 예상 식비

56,400원

월 명란젓 순두부국

250

화 매콤 오징어볶음

252

수 생합 된장국

254

목 새우 오일요리 감바스

255

금 칠리깐풍새우

256

주말 주꾸미 샤브샤브

258

TOP 16

건어물

1주일 예상 식비

67,200원

월 조미 오징어무침 (간장 반+고추장 반)

262

화 3종 꼬마김밥 (진미채, 소시지, 닭가슴살)

264

수 허니버터 멸치볶음 & 황태채 멸치볶음

266

목 황태뭇국

268

금 건새우 라면볶음

269

주말 황태 양념구이

270

TIP 목차

준비 마당

1년 840만원 식비절약 첫걸음! 냉파요리 준비운동!

SPAM

고등어

1. 냉장고 파먹기란?

냉장고 속 재료만으로 집밥 해먹기!
무분별한 마트 쇼핑+외식비 OUT!

냉장고 파먹기란, 새로운 식재료를 사지 않고 냉장고에 있는 재료들만을 소진해 집밥을 해먹는 걸 말해요. 냉장고 파먹기를 실천하면 내 냉장고에 뭐가 들어있는지 알기 때문에 무분별한 마트 쇼핑을 막을 수 있고, 꾸준히 집밥에 도전해 외식비도 크게 줄일 수 있어요. 게다가 식재료를 쌓아두지 않고 그때그때 신선한 재료를 구입해 요리하는 습관이 생겨 건강까지 챙길 수 있는 1석2조의 신흥 재테크 방법입니다.

한국보건사회연구원에서 조사한 바에 따르면 서울의 4인 가구 한 달 평균 식비는 97만원, 3인 가구는 81만원, 2인 가구는 58만원, 1인 가구는 36만원이라고 해요. 전체 생활비의 20~26%를 차지하지요.

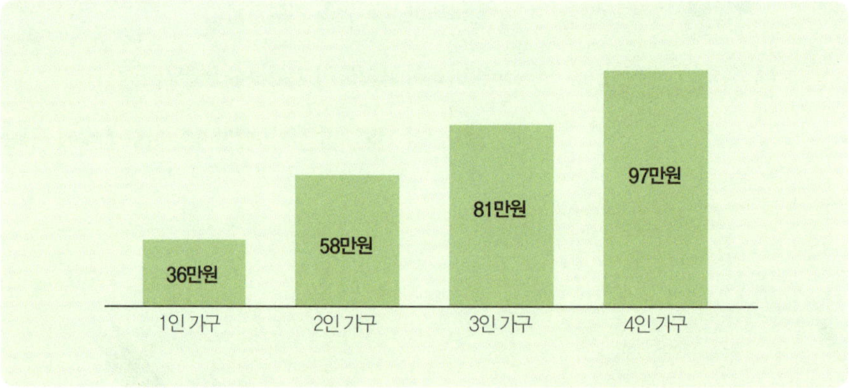
36만원
58만원
81만원
97만원
1인 가구
2인 가구
3인 가구
4인 가구

서울 가구별 한 달 평균 식비(한국보건연구원, 2014)

재테크 왕초보라면 식비절약부터!
꾸준히 하면 월 최대 70만원 절약!

위의 통계에 따른 식비에는 사놓고 잊어버려 상해서 버리는 식재료 비용, 요리에 익숙하지 않거나 귀찮아서 외식하는 비용도 포함됩니다. 여기서 생각을 조금만 전환해보세요. 구입한 식재료를 다 소진하기만 해도, 외식을 조금만 줄여도 식비를 눈에 띄게 줄일 수 있어요. 특히 교육비, 교통비, 통신비, 세금같이 매달 일정하게 지출되는 고정비보다는 그때그때 달라지는 식비부터 줄이는 것이 절약효과가 큽니다.
그렇다고 외식은 무조건 참고 집밥을 강요한다고 해서 냉파에 성공할 수 있는 건 아니에요. 오히려 억지로 참다보면 금방 포기하게 되지요. 냉파에서 가장 중요한 건 쉽고 맛있는 요리법입니다. 요리가 익숙하지 않으면 집밥을 꺼리게 되고, 요리하려고 레시피를 찾았는데 만들기 어렵고 집에 없는 낯선 식재료가 필요하다면 냉파 의지도 꺾이게 마련이니까요.

40만 회원 설문 결과,
냉파가 시급한 식재료 TOP 20!

그래서 《맘마미아 냉파요리》는 40만 '월급쟁이 재테크 연구' 카페의 회원들을 대상으로 한 설문조사를 토대로 냉파가 가장 시급한 식재료를 엄선했습니다. 카페 회원이자 요리 전문가인 레몬밤키친님이 가장 버리기 쉬운 식재료로 쉽고, 빨리, 맛있게 요리할 수 있는 방법을 알려줍니다. 식재료 하나로 일주일 동안 질리지 않고 먹을 수 있도록 식단을 짜두었으므로 시작하기도 쉽습니다. 식재료로 뭘 만들까 힘들게 고민할 필요가 없지요.
3~4인 가구 한 달 평균 식비는 80~100만원! 일주일 평균으로는 20~25만원입니다. 그러나 《맘마미아 냉파요리》에서는 일주일 평균 식비가 약 5만원! 이 책만 따라 해도 한 달에 최대 60~80만원까지 절약할 수 있어요. 1년이면 1,000만원이 조금 안 되는(720~960만원) 목돈이 되지요. 이번 달 식비가 너무 많이 나왔다면, 외식이 잦았다면, 평소 요리할 때 시간이 너무 오래 걸린다면, 우선 이 책에서 소개하는 레시피대로 냉장고 파먹기부터 시작해보세요!

냉파 레시피 실천!
1년 840만원 적금통장 프로젝트!

1인 가구라면 한 달 평균 식비 36만원에서 못해도 20만원까지는 줄일 수 있으니 15만원짜리 적금통장을 만들어보세요.

2인 가구라면 월 식비 30만원을 목표로 해서 30만원짜리 적금통장을 가입하고요. 3~4인 가구라면 월 식비 30만원을 목표로 50~70만원짜리 적금통장을 만드는 걸 추천합니다. 그렇게 1년이 지나면 1인 가구는 180만원, 2인 가구는 360만원, 3~4인 가구는 600만원에서 최대 840만원짜리 만기 적금통장을 가지게 될 거예요.

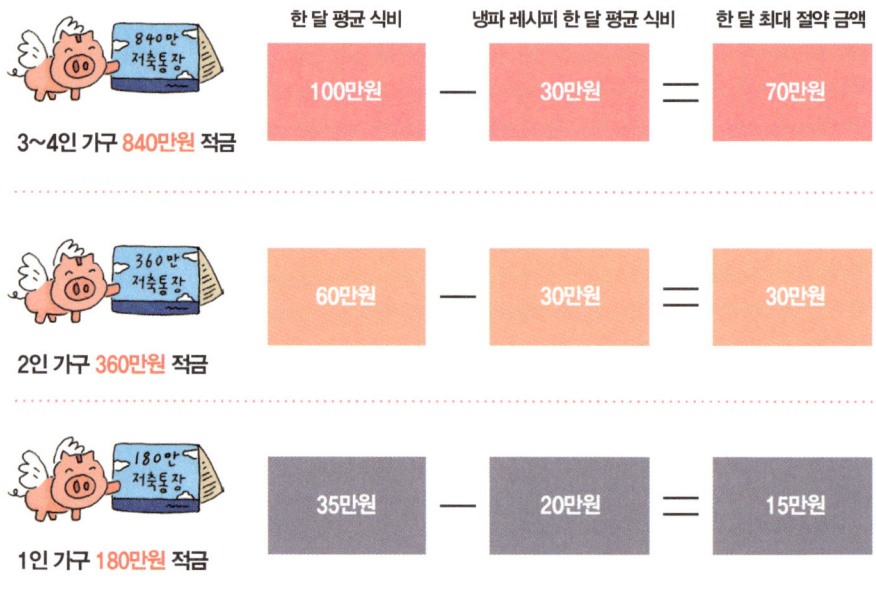

냉파로 적금통장 만드는 공식!

840만
저축통장

3~4인 가구 840만원 적금

360만
저축통장

2인 가구 360만원 적금

180만
저축통장

1인 가구 180만원 적금

가구	한 달 평균 식비		냉파 레시피 한 달 평균 식비		한 달 최대 절약 금액
3~4인 가구 840만원 적금	100만원	−	30만원	=	70만원
2인 가구 360만원 적금	60만원	−	30만원	=	30만원
1인 가구 180만원 적금	35만원	−	20만원	=	15만원

2. 맘마미아 냉파 수칙 5가지

이 책을 보기 전에도 어느샌가 가득 찬 냉장고를 열 때마다 냉파를 결심한 경험이 한 번쯤은 있을 거예요. '냉장고에 있는 걸로 요리해야겠다, 식비가 많이 나오는 것 같으니 이번 달은 집밥을 해먹어야겠다' 하는 식으로요. 하지만 냉장고에 뭐가 들었는지도 잘 모를뿐더러 무슨 요리를 할까 고민하다 금방 포기하고 외식하거나, 마트에서 새로운 식재료를 사다가 냉장고 속 빈자리에 꾸역꾸역 채워넣지는 않았나요?
갑자기 전력질주하면 다리에 쥐가 나거나 넘어져 다칠 수 있는 것처럼 냉파에도 준비운동이 필요합니다. 오래, 꾸준히 냉파하기 위해서는 다음의 냉파 수칙 5가지를 꼭 기억하세요. 이 수칙만 지키면 텅텅 빈 냉장고, 두툼한 통장 만드는 재미에 냉파를 멈추지 못할 거예요.

1. 지금 당장 냉장고 정리!

냉파하기 전 가장 먼저 해야 할 일이에요. 어디에 어떤 식재료가 있는지 파악하는 게 냉파의 시작이기 때문이죠. 하루 날을 잡아 냉장고에 있는 모든 식재료를 전부 꺼내 정리해보세요. 유통기한이 지난 식재료는 과감히 버리고, 냉동실에서 오래 묵은 식재료도 정리하는 거예요. 냉동실에 얼려두면 몇 년이 지나도 괜찮다고 생각하기 쉽지만 냉동실 속 식재료에도 유통기한이 있어요. 그러니 언제 넣어두었는지 기억이 안 난다면 냉동실 식재료도 전부 버리는 게 좋습니다. 게다가 냉장실의 경우 60% 정도로 채워두면 냉기가 잘 통해서 전기세도 줄어든다고 하니 1석2조의 효과를 얻을 수 있어요.
먹지 않은 식재료를 그냥 버리려고 하면 죄책감이 느껴질 수도 있어요. 하지만 '놔두면 언젠가는 먹겠지'라는 생각으로 정리하려고 꺼냈다가도 다시 냉장고에 넣지는 마세요. 몇 년간 먹지 않은 식재료는 앞으로도 먹지 않아요.

'행복한아줌마'님의 정리된 냉장고

2. 냉장고 지도로 식재료 파악하기

정리하고 남은 식재료들은 모두 적어두세요. 냉장고 속 식재료를 한눈에 알 수 있게 정리해 냉장고 문짝에 붙여놓으면 이미 있는 식재료를 또 사는 일도 피하고, 식재료를 쉽게 파악할 수 있어서 식단 짜기도 편리해요.

'냉장고를 열어서 확인하면 되잖아'라고 쉽게 생각할 수도 있어요. 하지만 냉장고 속 식재료들은 대부분 통에 들어있거나 겹쳐져있어서 확인하기도 어렵고, 재료가 있는지 없는지 확인하려고 냉장고 문을 자주 여닫다보면 전기세도 더 많이 나와요. 냉장실 / 냉동실 / 김치냉장고 / 실온보관 / 양념 / 기타 / 만들 수 있는 메뉴 정도로 카테고리를 나눠서 유통기한과 함께 적어놓는 걸 추천합니다. 특히 있는 식재료로 만들 수 있는 메뉴를 미리 적어두면 메뉴에 대한 고민이 줄어 집밥을 하기 전 마음이 편해지니 꼭 시도해보세요.

냉동실		냉장실		김치냉장고	
내용	유통기한	내용	유통기한	내용	유통기한
냉동만두	~18.11.12	두부	~17.11.3		~ . .
	~ . .		~ . .		~ . .
실온보관		**양념**		**만들 수 있는 메뉴**	
내용	유통기한	내용	유통기한	냉동만두 두부찌개 미역국 고추장볶음 라면	
라면 3개	~19. 8.19	고추장	~18. 3.12		
	~ . .		~ . .		

냉장고 지도 예시(뒤의 〈부록〉에 뜯어서 사용할 수 있는 냉장고 지도가 포함되어 있어요)

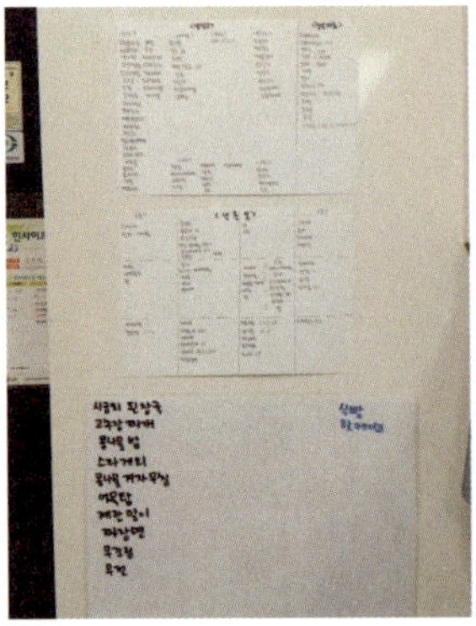

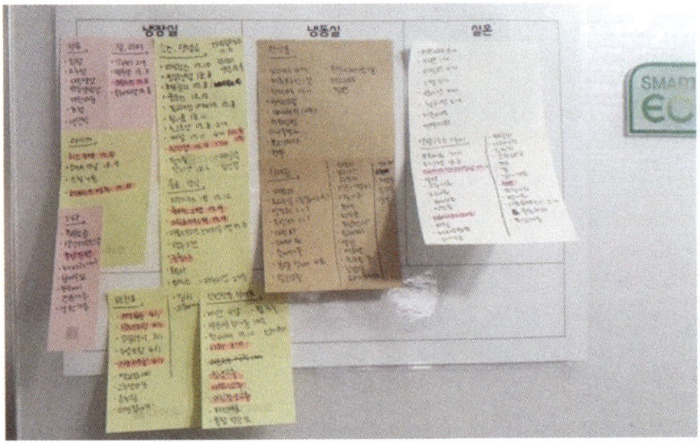
냉장실
냉동실
실온

냉장고 속 구역별로 나눠 식재료를 정리한 '꿈을꾸다106'님의 냉장고 지도(좌), 수정이 쉽도록 포스트잇을 활용한 '조아이잉'님의 냉장고 지도(우). 이렇게 내게 맞는 다양한 방법으로 냉장고 지도를 만들 수 있어요.

(tip) 냉장고 정리에 필수! 냉동식품 유통기한

- 햄 1개월, 소고기 3개월, 돼지고기 1개월, 닭고기 6개월
- 생선 1개월(고등어자반처럼 염장한 것은 최대 1년)
- 멸치, 뱅어포 등 건어물 6개월
- 냉동채소 1개월
- 빵 3개월, 떡 1개월
- 찌개, 국 1개월
- 튀김 1개월

냉동실 고기 믿지 마세요.

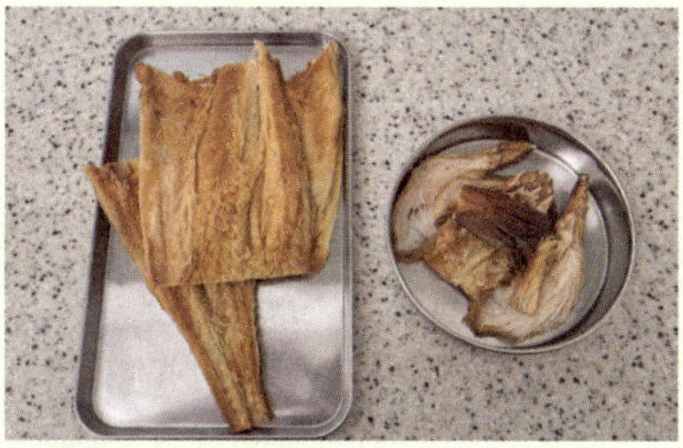

냉동실 터줏대감 건어물

3. 황금레시피는 잊어라!

냉장고 속 재료 중심 레시피가 우선!

가끔 요리 하나를 하기 위해 재료를 잔뜩 사는 경우가 있어요. 하지만 한 가지 요리를 위해 산, 평소 잘 쓰지 않는 식재료들은 다시 쓰지 않을 확률이 커요. 게다가 식비 절약을 위해서 식비를 지출한다는 것도 이치에 맞지 않고요. 한두 가지 재료가 없으면 없는 대로 만들어도 큰 문제는 없어요. 없는 재료가 많다면 다른 요리를 하면 됩니다. 하다못해 떡볶이에 고추장이 없으면 간장으로 궁중 떡볶이를 만들어도 되니까요.

레시피에 맞춰서 재료를 준비하는 게 아니라 있는 재료에 맞춰서 레시피를 고르는 것도 중요합니다. 떡볶이를 만들고 싶으니 떡과 어묵을 사는 게 아니라, 떡과 어묵이 있으니 떡볶이를 만드는 것이지요. 그러면 재료를 추가로 사야 한다는 부담도, 맛에 대한 걱정도 줄어듭니다.

《맘마미아 냉파요리》는 이 수칙에 맞게 냉장고 속 재료 중심으로 레시피를 찾을 수 있도록 구성했으니, 지금 당장 냉파가 시급한 재료를 골라 레시피를 찾아보세요.

4. 왕초보용 요리부터! 무조건 쉽고, 편하고, 빠르게!

요리가 어려우면 냉파도 하기 싫어집니다. 내게 맞는 쉬운 요리법을 찾아보세요. 자주 쓰는 양파나 대파는 미리 손질해서 넣어두고, 간단한 식재료는 칼이 아니라 가위로 잘라줍니다. 식재료가 들어있던 일회용 포장용기를 그릇으로 활용하고, 요리가 끝나면 버리는 식으로 설거지를 줄이는 것도 방법입니다. 요리할 때 그리고 요리하고 나서 치우는 부담이 적어야 요리하기도 쉬워요.
이렇게 쉬운 방법을 찾아 요리를 하다보면 실력이 늘어 요리 자체에 대한 부담도 줄어들고, 냉파도 점점 더 재밌어질 거예요.

'하요비'님의 미리 손질해 둔 파와 1회분으로 소분해둔 된장찌개용 재료

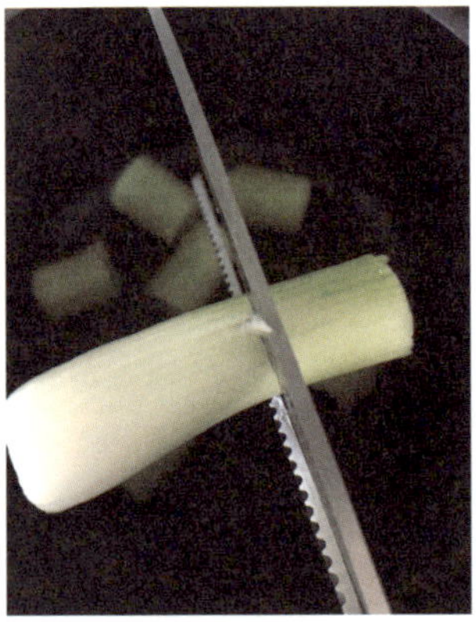

고기 잡내 제거 시 어차피 버릴 포장용기 사용으로 설거지를 줄이고, 도마가 필요한 칼 대신 가위로 간편하게 싹둑! '집밥의 여왕'님의 쉽게 요리하는 방법

5. 냉파로 외식은 틀어막되, 보상은 허용!

식비가 줄줄 새는 원인 중 하나는 바로 외식과 야식이에요. 외식 한 번 하면 몇 만 원이 순식간에 사라지고, 그게 몇 번 쌓이다보면 나도 모르는 사이에 식비가 수십만원으로 늘어납니다. 그러니 식비를 줄이기 위해서 그리고 건강을 위해서라도 외식과 야식은 줄이는 게 좋아요.

하지만 한 달에 몇 번씩이나 사먹고 시켜먹던 걸 하루아침에 딱 끊을 수 있을까요? 오늘부터 냉파하기로 했으니까 앞으로 외식은 안 할 거라고 마음먹어도 그대로 지키기는 어려워요. 식비를 줄이려면 내킬 때마다 외식하거나 야식을 먹으면 안 되니 한 달 외식, 야식 횟수를 정해보세요.

그렇다면 적절한 한 달 야식 횟수는 몇 번일까요? 월재연 카페 회원들이 뽑은 한 달 야식 횟수는 1~2번이에요. 하지만 카페지기인 맘마미아는 한 달에 3~4번을 추천해요. 스트레스가 폭발하는 날의 야식은 훌륭한 탈출구가 돼주기도 하고, 가족과 즐거운 대화의 시간을 만들어주기도 하거든요.

▼ 야식 횟수, 한 달에 몇 번이 적당할까?

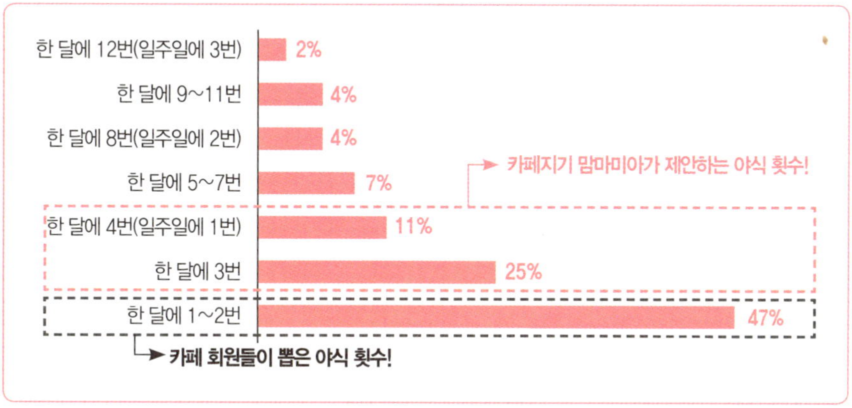

한 달에 12번(일주일에 3번) 2%
한 달에 9~11번 4%
한 달에 8번(일주일에 2번) 4%
한 달에 5~7번 7%
한 달에 4번(일주일에 1번) 11%
한 달에 3번 25%
한 달에 1~2번 47%
카페지기 맘마미아가 제안하는 야식 횟수!
카페 회원들이 뽑은 야식 횟수!

어떤 일에든 돌발변수가 존재하기 때문에 야식을 줄이려면 일주일이 아니라 한 달 단위로 총 횟수를 정하는 게 좋습니다. 그리고 그걸 기준으로 조금씩 야식 줄이기에 도전해보세요. 외식과 야식을 줄이기 위해 냉파에 꾸준히 도전해 성공했다면, 그동안 노력한 나 자신에게 상을 주는 의미에서 한 번씩 맛있는 걸 먹는 것도 좋아요. 사람은 달리기만 하면 지치게 마련이에요. 이런 상을 통해 앞으로 냉파를 계속할 수 있는 원동력을 얻어보세요.

3. 40만 카페 회원이 뽑은 냉파가 시급한 식재료 TOP 20!

버려지는 식재료, 쌓여가는 죄책감! 해결책은 냉파요리!

잘 생각해보면, 자주 사는 것 같은데 꼭 버리게 되는 식재료가 있지 않나요? 없는 줄 알고 또 샀다가 오래돼서 버리고, 냉동실에 자꾸 쌓여가는데 처리할 방법이 없어 그대로 방치하고, 아니면 남은 식재료를 활용할 만한 다른 요리가 없어서 늘 똑같은 요리만 만들기도 하고요. 차라리 샤프란이나 쯔란, 두리안같이 이름도 낯설고 잘 사용하지 않는 식재료라면 오히려 상관없을 거예요.
하지만 꼭 우리를 고민하게 하는 식재료는 가깝고 익숙한 식재료이지요. 가장 많이 버려 죄책감을 안기는 재료이기도 하고요. '양배추가 남았는데 이걸 또 어디에 쓰지? 돼지고기도 구워먹는 거 말고 방법이 없나? 작년 설에 받아서 냉동실에 넣어둔 떡국떡이 아직도 있는데 또 받았네?' 이런 비슷한 고민을 많이들 하실 거예요.
그래서 《맘마미아 냉파요리》에서는 우리를 가장 고민하게 만드는, 냉파가 시급한 식재료가 무엇인지 월재연 40만 카페 회원의 투표를 통해 알아보았습니다.

된다! 된다! 부자가 된다!
월급쟁이 재테크 연구 카페
월급쟁이 목돈마련 프로젝트

월재연 카페 메인과 투표에 참여한 회원들의 댓글

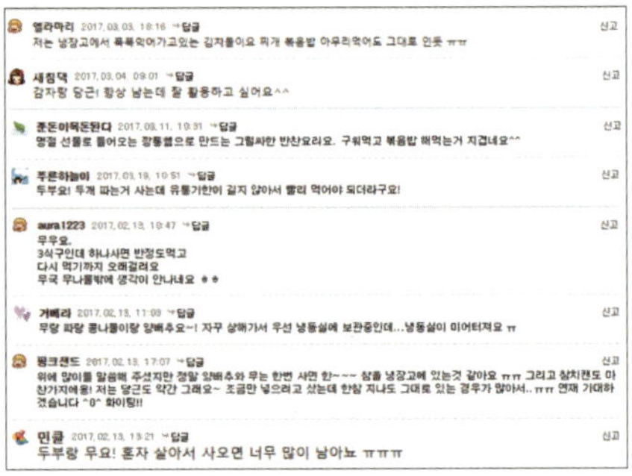

엘라마리 2017.03.03. 18:16 답글 신고
저는 냉장고에서 쭉쭉썩어가고있는 감자들이요 찌개 볶음밥 아무리먹어도 그대로 인듯 ㅠㅠ
새침댁 2017.03.04. 09:01 답글 신고
감자랑 당근! 항상 남는데 잘 활용하고 싶어요^^
춘돈이먹돈된다 2017.03.11. 19:31 답글 신고
명절 선물로 들어오는 참통햄으로 만드는 그럴싸한 반찬요리요. 구워먹고 볶음밥 해먹는거 지겹네요^^
푸른하늘이 2017.03.19. 10:51 답글 신고
두부요! 두개 파는거 사는데 유통기한이 길지 않아서 빨리 먹어야 되더라구요!
aura1223 2017.02.13. 10:47 답글 신고
무우요.
3식구인데 하나사면 반정도먹고
다시 먹기까지 오래걸려요
무국 무나물밖에 생각이 안나네요
거베라 2017.02.13. 11:09 답글 신고
무랑 파랑 콩나물이랑 양배추요~! 자꾸 상해가서 우선 냉동실에 보관중인데...냉동실이 미어터져요 ㅠ
핑크샌드 2017.02.13. 17:07 답글 신고
위에 많이들 말씀해 주셨지만 정말 양배추와 무는 한번 사면 한~~~ 참을 냉장고에 있는것 같아요 ㅠㅠ 그리고 참치캔도 마찬가지에용! 저는 당근도 약간 그래요~ 조금만 넣으려고 샀는데 한참 지나도 그대로 있는 경우가 많아서.. ㅠㅠ 연재 기대하겠습니다 ^0^ 화이팅!!
민클 2017.02.13. 13:21 답글 신고
두부랑 무요! 혼자 살아서 사오면 너무 많이 남아뇨 ㅠㅠㅠ

이렇게 40만 카페 회원들의 의견을 모아 냉파가 시급한 총 18개의 식재료를 중심으로 밑반찬, 디저트 고민까지 해결할 수 있는 일주일 식단과 레시피를 구성했어요. 식재료 중심의 레시피는 내가 냉파하고 싶은 식재료로 어떤 요리를 해야 할지 쉽게 찾을 수 있게 해줘요. 더불어 메뉴를 고민하는 시간을 줄여주는 것은 물론, 냉장고 속 재료를 차근차근 없애며 냉파의 재미를 더 크게 느낄 수 있게 도와줍니다.

지금부터 월재연 카페 회원들의 검증을 통해 이미 맛과 효과가 증명된 레시피로 냉장고 속 터줏대감들을 전부 파먹어보세요.

냉파가 시급한 식재료 TOP 20!

1등은 양배추,
2등은 무,
3등은 파!
1
2
3

순위	냉파 식재료	순위	냉파 식재료
1위	양배추	11위	버섯
2위	무	12위	닭고기
3위	파 & 양파	13위	호박
4위	두부	14위	달걀
5위	통조림	15위	해산물
6위	김치	16위	건어물
7위	감자 & 고구마	17위	오이
8위	밥 & 떡	18위	소고기
9위	당근 & 우엉	19위	밑반찬
10위	돼지고기	20위	간식 & 디저트

냉파가 시급한 식재료 TOP 20 추천 냉파 시기

요즘은 재배기술이 발달해서 대부분의 식재료를 언제나 구할 수 있어요. 그래도 제철에 먹는 식재료가 가장 영양가도 높고 맛도 좋습니다. 냉장고 사정에 따라 냉파해도 좋지만 제철에 맞는 식재료를 사용한다면 더욱 좋겠죠?

	1월	2월	3월	4월	5월	6월	7월	8월	9월	10월	11월	12월
양배추												
무												
대파												
양파												
김치												
감자												
고구마												
밥												
당근												
우엉												
돼지고기												
버섯												
닭고기												
단호박												
애호박												
돼지호박												
오이												
소고기												

Sure!

tip

카페 회원 강추! 뿌리 대파로 파테크하기

한 번 사면 한 단 단위로 사야 하지만 막상 요리에는 조금씩만 쓰는 대파. 쓰는 양에 비해 많은 양을 사야 하니 살 때마다 망설이게 되지요. 그래서 월재연 카페에서는 뿌리 대파를 사다가 심어서 일명 '파테크'를 하는 분들이 있습니다.
파테크는 사용하고 남은 대파를 화분에 심어 조금씩 자라면 잘라서 요리에 사용하는 거예요. 처음에는 단순히 대파값을 조금 아껴볼까 하는 마음에 시작했다가 쑥쑥 자라는 재미에 키우는 즐거움도 크다고 합니다. 아이가 있는 집은 하루가 다르게 자라는 대파를 보며 아이도 재미있어한다고 하네요. 남는 대파를 늘 냉동실에 쌓아 놓는 집이라면 파테크, 한 번쯤 도전해보는 건 어떨까요?

월재연 카페 회원들이 키우는 대파들!

파테크 주의사항!

① **물보다 흙에 키우세요.** 물에 담가 기르는 수경재배도 가능하지만, 직접 해본 분들이 웬만하면 흙에 심어서 키우는 걸 추천해요. 대파를 수경재배하면 물에서 좋지 않은 냄새가 난다고 해요.

② **흙은 꼭 재배용 흙을 사용하세요.** 아끼는 것도 좋지만, 길에서 퍼온 흙은 위생에도 좋지 않고 벌레가 많다고 합니다. 영양이 부족해 대파가 잘 자라지도 않고요. 예전에 사용하던 재배용 흙을 사용해도 되고 마트에서 저렴한 가격에 구입할 수도 있어요.

③ **뿌리가 굵은 대파를 심는 게 좋아요.** 대파는 심은 뿌리보다 가늘게 자라고, 키워서 잘라 먹으면 그 자른 부분보다 가는 줄기가 올라옵니다. 그러니 최대한 뿌리가 굵은 대파를 심는 게 좋고, 요리에 사용하기 어려울 정도로 줄기가 가늘어지면 새 뿌리를 심는 게 좋습니다.

4. 맘마미아 냉파요리 계량법

왕초보도 쉽게 ① 밥숟가락 계량

이 책의 '1스푼'은 일반적인 밥숟가락 기준입니다. 액체는 넘치기 직전까지, 가루류나 장류는 소복하게 담아야 1스푼입니다.

액체류 1스푼

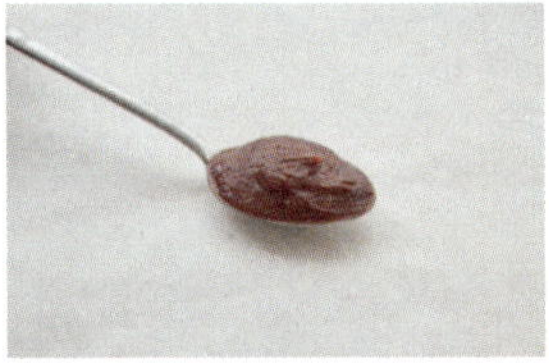
장류 1스푼

가루류 1스푼

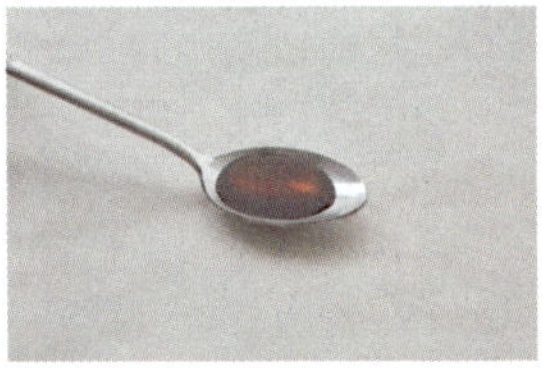
액체류 1/2스푼

장류 1/2스푼

가루류 1/2스푼

왕초보도 쉽게 ② 종이컵 계량

이 책의 '1컵'은 종이컵(약 200ml)을 기준으로 합니다. 액체는 넘치기 직전까지 봉긋하게 담아야 1컵이고, 가루는 평평하게 채워야 1컵이에요. 1/2컵은 종이컵이 위로 갈수록 점점 넓어지므로 딱 중간보다 조금 위까지 채웁니다.

액체류 1컵

액체류 1/2컵(중간보다 약간 위까지)

가루류 1컵

왕초보도 쉽게③ 기타 계량

스푼으로 뜨거나 종이컵에 담아 계량하기 어려운 재료들은 g으로 표기했어요. 하지만 저울이 없으면 재료의 분량을 가늠하기 어려우니 눈대중으로 알 수 있는 다른 계량도 함께 표기했어요.

예를 들어 대패삼겹살의 경우 g도 적어두었지만 10~15롤이라고도 표기했고, 무같은 경우는 두께 5cm 정도의 조각을 한 토막이라고 병기했어요. 이 책으로 대략적인 분량을 가늠할 수 있게 되면 다른 요리책을 보고도 저울 없이 손쉽게 요리를 할 수 있게 될 거예요.

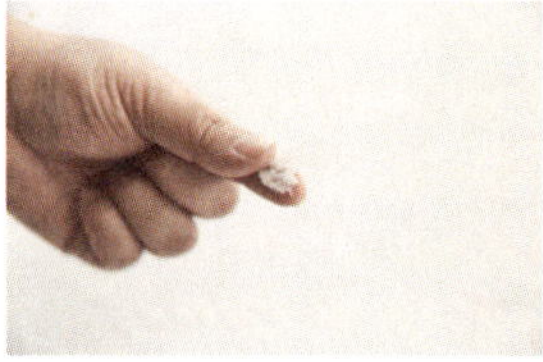

꼬집 계량

재료 크기 계량

재료 개수(롤) 계량

tip 내맘대로 계량? 맛을 지키려면 레시피대로

이렇게 냉파요리 계량법으로 재료를 계량하면 번거롭지 않아서 요리하기 편해요. 그 외에도 굳이 컵 계량, 스푼 계량을 쓰지 않고 적당히 요리하는 분들도 많을 거예요. 물론 쉽고 편한 요리를 위해서라면 어쩔 수 없지만, 라면도 설명서와 똑같이 끓이는 게 가장 맛있듯 레시피는 가장 맛있는 계량을 알려줍니다. 그러니 맛있게 요리할 자신이 없다면 이 책의 레시피대로 만드는 걸 추천해요.

오뚜기
열
열나게 화끈한!
라면

라면 계량대로 요리해야 최고의 맛

\+

맘마미아
냉파
요리
30만회원감동실천!

책 레시피대로 요리해야 최고의 맛

5. 맘마미아 냉파요리 기본양념

볶음간장이나 향신기름은 한꺼번에 많이 만들어두고 요리할 때마다 사용해보세요. 마법의 가루 라면스프처럼 요리마다 풍미를 더해주고 시간도 줄여주는 효자랍니다. 물론 간장이나 식용유를 그냥 사용해도 되지만, 전자레인지에 간편하게 돌리거나 끓이기만 하면 요리의 풍미를 살릴 수 있는 비법이니 꼭 활용하세요. 그리고 요리할 때마다 필요한 여러 양념들을 구입하는 대신 이번 기회에 한번 만들어보세요. 그동안 왜 사서 먹었나 싶을 정도로 만드는 방법이 아주 쉽고 간편해요. 물론 식비절약보다 시간절약이 더 중요한 분들은 기존 시판 양념을 구입해 사용하는 걸 추천합니다.

볶음간장

재 료

□ 간장 1컵 □ 맛술 1컵 □ 설탕 2/3컵
□ 다시마 1장(5×5cm)

1 | 소스통에 분량의 간장, 맛술, 설탕을 담아 전자레인지에 1분 → 젓기 → 1분 → 젓기 → 30초 순서로 조리해 설탕을 완전히 녹여요.

tip / 한꺼번에 2분 30초 동안 전자레인지를 돌리면 간장이 끓어 넘칠 수 있으니 두세 번에 나눠서 조리한다.

2 | 설탕이 완전히 녹으면 다시마 한 조각을 넣고 용기 뚜껑을 닫은 뒤, 완전히 식으면 냉장보관하세요.

tip / 다시마는 계속 넣은 채로 사용하고, 냉장보관 시 2개월 이상 사용 가능

tip / 볶음간장을 간편하게 전자레인지로 만들 때는 전자레인지 사용 가능 제품 중 용량표기나, 샘 방지 캡 등 편리한 기능이 있는 제품을 찾아 사용하는 것을 추천 (사진의 제품은 '락앤락 원형 소스통'과 '락앤락 P&Q 핸들소스 보틀')

| 활용 레시피 | 우엉 대패삼겹볶음(174쪽), 스키야키(292쪽), 노른자장(238쪽), 닭볶음탕(217쪽) 등

향신기름

재 료

□ 마늘 6알 □ 생강 4톨(엄지손가락 한 마디 크기)
□ 깻잎 6장 □ 대파 1대 □ 식용유 3컵

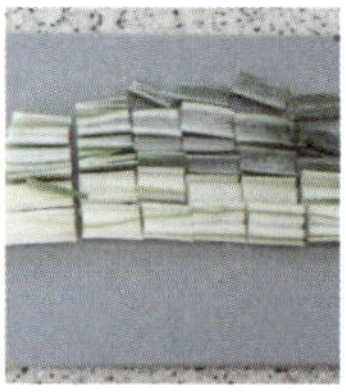

1 | 마늘은 1쪽을 2~3등분하고, 생강은 얇게 저며 썰어요.

2 | 대파는 길게 반으로 가른 뒤 3~4cm 길이로 썰어요.

3 | 깻잎은 흐르는 물에 깨끗이 씻은 다음, 한 장 한 장 키친타월에 올려 물기를 완전히 제거한 뒤 듬성듬성 썰어요.

4 | 냄비에 식용유를 3컵 붓고 준비한 재료를 모두 넣어 약불에서 15분간 끓여요. 기포가 보글보글 얌전하게 올라올 정도로 약하게 끓여야 해요.

5 | 다 끓인 기름은 채소를 건져내지 않고 그대로 두었다가, 완전히 식으면 채소를 걸러내고 소독한 병이나 용기에 옮겨 담아요.

| 활용 레시피 | 볶음밥(135, 242쪽), 버섯볶음(198쪽), 마라황과(274쪽), 감자채볶음(145쪽) 등

tip 향신기름 만들 때 올리브유 사용 금지! 고춧가루 넣으면 간단 고추기름!

향신기름을 만들 때는 식용유, 콩기름, 포도씨유, 카놀라유, 현미유 등을 사용하세요. 올리브유는 특유의 향이 강하고 발연점이 낮아 향신기름을 만드는 데는 적합하지 않습니다. 향신기름은 대파, 마늘, 생강 등 한 가지 향신채소만 넣고도 만들 수 있어요. 다 만든 향신기름에 고춧가루를 넣어 꺼질 듯이 약한 불에서 5분 정도 더 우려내 식힌 다음, 체나 커피필터에 거르면 손쉽게 고추기름을 만들 수도 있지요.

불고기 양념

소갈비 2~2.5kg 조리 가능한 분량

재 료

□ 간장 1컵 □ 후추 1/2스푼 □ 설탕 1/2컵
□ 참기름 1+1/2스푼 □ 다진 마늘 5스푼

1 | 참기름을 제외한 모든 재료를 잘 섞은 다음, 마지막에 참기름을 넣고 섞어요. 냉장보관하면 2주 정도 보관 가능해요.

| **활용 레시피** | 갈비찜(294쪽), 불고기(150쪽), 궁중떡볶이(160쪽) 등

tip 쉽게 만드는 불고기 양념장 비율

간장 4 : 설탕 2 : 다진 마늘 1 : 참기름 1/4, 연육작용을 하는 양파나 과일을 갈아넣을 때는 설탕의 비율을 넘지 않아야 해요.

tip 오래 재워두는 고기에는 키위 금물!

키위는 과일 중 가장 연육효과가 강해요. 많은 양을 넣으면 고기가 물러져버리니 갈비 1.5kg 기준으로 키위는 1/2개 정도만 갈아서 넣으세요. 양념에 고기를 12시간 이상 재워둘 경우에는 키위 대신 사과나 배, 파인애플을 사용하는 게 좋아요. 키위가 들어간 양념에 오래 재워두면 고기가 녹아버릴 염려가 있어요.

tip 과일의 연육효과 순위

과일의 연육효과는 키위 〉 생파인애플(통조림×) 〉 배 〉 사과 순이에요. 키위와 파인애플은 연육작용이 강하고 신맛이 있어 소량으로 사용해야 하는 반면, 배와 사과는 상대적으로 연육작용이 약한 대신 양에 구애받지 않고 자유롭게 사용할 수 있어요. 특히 부드러운 단맛이 좋아서 갈비찜, 불고기 등의 고기 양념에 많이 사용돼요.

 〉  〉  〉 

볶음용 고추장 양념

3~4인분 볶음을 4번 정도 할 수 있는 분량

재 료

□ 고추장 12스푼 □ 설탕 2스푼 □ 간장 8스푼 □ 굴소스 2스푼
□ 올리고당 8스푼 □ 참기름 2스푼 □ 다진 마늘 5스푼
□ 후추 1/4스푼 □ 고춧가루 4스푼

1 | 참기름을 제외한 모든 재료를 잘 섞은 다음, 마지막에 참기름을 넣고 섞어요.

2 | 냉장고에서 하루 숙성시켜 사용하고 냉장보관 시 2주까지 보관 가능해요.

| 활용 레시피 | 오징어볶음(252쪽), 황태양념구이(270쪽) 등

쌈장

재 료

□ 된장 6스푼 □ 다진 마늘 1스푼 □ 고추장 1스푼
□ 통깨 1스푼 □ 올리고당 또는 매실청 3스푼
□ 참기름 1스푼

1 | 모든 재료를 넣고 잘 섞어요.

초고추장

재 료

□ 고추장 5스푼 □ 식초 5스푼
□ 설탕 4스푼 □ 간장 1/2스푼

1 | 모든 재료를 넣고 잘 섞어요.

| 활용 레시피 | 오이 초고추장무침(277쪽), 골뱅이무침(127쪽) 등

tip

레몬밤키친님이 추천하는 시판 양념

요리에 쓰는 기본양념은 만들어 사용한다고 해도, 이것을 만들기 위해 구입해야 하는 몇 가지 요리 필수 양념들이 있어요. 소금, 간장, 고추장, 된장 등인데 막상 구입하려고 보면 제품 종류가 많아 어떤 걸 구입해야 할지 망설여질 때가 많지요. 지금부터 레몬밤키친님이 추천하는 시판 양념을 알려드릴게요. 그간 요리 경험을 통해 선별한 시판 양념이지만 반드시 이걸 사용해야 하는 건 아니에요. 평소 좋아하는 제품이 있다면 그걸 사용하고, 요리 왕초보라 양념 고르기에 어려움을 느낀다면 아래 양념들을 참고하세요.

- **소금** : 오천년의 신비 국산 꽃소금(가는소금), 청정원 천일염 굵은소금
- **간장** : 샘표 양조간장 501, 샘표 국산콩간장, 샘표 조선간장
- **된장** : 샘표 백일된장, 해찬들 구수하고 담백한 재래식 된장
- **고추장** : 해찬들 100% 국산고추장, 순창 100% 현미 태양초 쌀고추장
- **액젓** : 하선정 멸치액젓, 하선정 까나리액젓, 한성 토굴숙성 새우젓
- **요리 에센스** : 샘표 연두

샘표
조선간장
백화수복
샘표
국산콩
간장
오천년의 신비
양조식초
백일
된장
요리 에센스
연두
재래식
100% 국산
100% 현미
태양초

6. 맘마미아 냉파요리 기본육수 만들기

요리에 기본이 되는 것 중 하나가 바로 육수입니다. 물 대신 육수를 넣고 끓이면 국이나 찌개가 훨씬 맛있어지지만, 매번 육수를 준비해 요리하려면 번거롭고 시간도 많이 걸려요. 일주일에 한 번, 주말에 마음먹고 육수를 내서 냉동실에 얼려두세요. 집에 있는 비닐봉지나 플라스틱 밀폐용기에 소분해서 얼려뒀다 사용하면 요리가 쉽고 빨라져요.

다시마육수

재 료

☐ 다시마 2장(5×5cm) ☐ 차가운 물 5컵

1 | 차가운 물 5컵에 다시마를 넣고 30분 이상 담가둬요.

2 | 1을 약불에서 끓이다가 국물이 끓으면 불을 끄고 다시마를 건져내세요.

tip 뜨끈한 일본식 우동국물, 가쓰오육수 만들기

가쓰오육수는 위의 다시마육수나 다음 페이지의 멸치육수를 만든 다음, 불을 끄고 가쓰오부시를 한 줌 넣어 10분 후에 체에 걸러내면 완성돼요. 가쓰오부시는 물에 넣고 끓이면 텁텁한 맛이 나니 반드시 불을 끈 다음 넣어야 해요. 용도에 따라 간장, 설탕 등으로 간해서 사용하세요.

tip 만든 육수 보관하기

육수는 밀폐용기에 담아 냉장 시 4~5일, 냉동 시 한 달간 보관할 수 있어요. 냉동보관할 때는 해동해서 사용하기 편리하도록 500ml 생수병이나 2~3컵 분량의 반찬통에 담아 보관하세요. 특히 밀폐용기의 경우 실온에 꺼내놓으면 바깥쪽이 녹아 육수를 쉽게 빼서 사용할 수 있어요.

멸치육수

재 료

- □ 국물용 멸치 40마리(30g)
- □ 다시마 2장(5×5cm)
- □ 물 10컵(2L)

tip / 통후추 10알, 자투리 무 한 토막, 대파 1대(15~20cm) 정도가 있다면 함께 넣어서 끓여도 좋아요.

1 | 멸치는 등을 눌러 반으로 갈라 머리와 내장을 제거해요. 냄비에 멸치를 넣고 중불에서 2~3분간 노릇해지도록 볶아요.

tip / 한꺼번에 많이 볶아 식혀서 지퍼백에 담아 공기를 최대한 빼고 밀봉해서 냉동보관하면, 육수를 낼 때마다 멸치 볶는 수고를 줄일 수 있다.

2 | 1에 분량의 물과 나머지 재료를 넣고 센불에서 10분간 끓여요.

tip / 이때 불을 켠 채로 뜨거운 냄비에 물을 부으면 물이 튀어 화상을 입을 수 있다. 냄비를 불에서 내리거나 잠깐 불을 끄고 가장자리로 물을 흘려 붓는다.

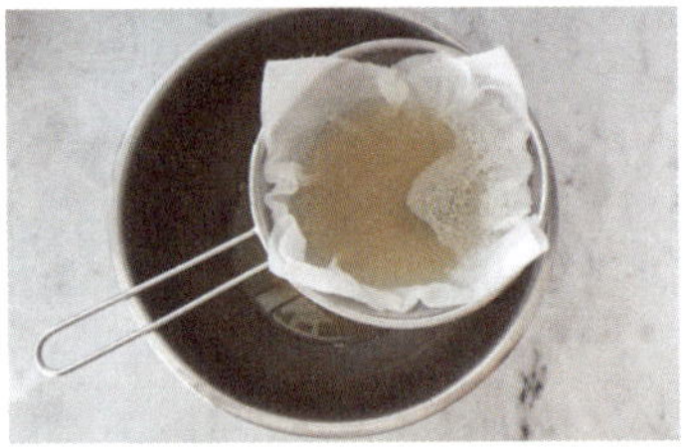

3 | 육수가 끓어오르면 중불로 줄이고 10분 뒤 다시마를 건져낸 다음 5분 더 끓여요. 끓이는 도중에 생기는 거품은 걷어내요. 그런 다음 불을 끄고 한김 식혀 면보자기나 키친타월을 체에 덮어 걸러요.

tip / 끓일 때는 반드시 뚜껑을 열고 끓여야 비린내가 나지 않는다.

tip / 면보자기와 키친타월이 없다면 그냥 체에 걸러도 OK

tip 멸치를 끓는 물에 넣으면 비린 맛이 난다

끓는 물에 멸치를 넣으면 비린 맛이 나요. 그러니 볶아서 냉동했던 멸치로 육수를 만들 때도 반드시 찬물에 멸치와 나머지 재료를 넣은 다음 끓이세요.

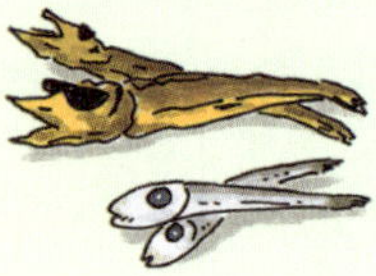

7. 냉파요리 기본, 밥 짓기!
밥만 맛있어도 집밥에 중독된다!

갓 지어 김이 모락모락 나고 반질반질 윤기 흐르는 쌀밥만 있으면 사실 많은 반찬이 필요 없어요. '맛있는 밥에 스팸 한 조각'이라는 광고카피를 들었을 때 많은 사람들이 맛있겠다고 생각한 건, 쫀득하고 단맛이 도는 흰쌀밥에 짭조롬한 햄을 떠 올렸기 때문이에요. 밥이 맛있으면 열 반찬이 필요 없지요. 냉파의 기본도 바로 맛있는 밥이 아닐까 해요.

하지만 식생활이 변화하면서 밥보다는 빵을 선호하는 사람이 늘어나고, 외식이 잦아지면서 집밥 먹는 횟수가 줄어드는 데다, 질 좋은 즉석밥이 등장하면서 갓 지은 뜨거운 쌀밥을 먹을 기회가 흔치 않아요. 그래서인지 밥하는 게 너무 어렵다는 사람도 많아졌어요.

하지만 밥 짓기는 생각보다 어렵지 않아요. 지금부터 몇 가지 팁을 알려드릴 테니 여러 번 따라해보세요. 곧 익숙해질 거예요. 그 이후에 자신에게 맞는 밥 짓는 법을 찾아보면 되지요. 그러다보면 맛있는 밥을 먹기 위해 냉파하는 날이 온답니다. 특히 156쪽의 '자투리 채소밥'처럼 밥 지을 때 쓰고 남은 채소를 넣기만 해도 훨씬 맛있고 색감도 예쁜 냉파밥이 되니, 여기서 밥 짓는 법을 확실히 배워두세요.

인증샷 | '부자이여사'님의 옥수수밥 |

먹고 남은 옥수수알이나 옥수수통조림을 넣어 밥을 지으면, 톡톡 터지는 식감이 매력적인 옥수수밥이 돼요. 매번 옥수수알을 분리해 넣는 게 번거롭다면, 한 번에 많은 양의 옥수수알을 1회 분량으로 소분해 얼려놓고 밥 지을 때마다 넣어도 편리합니다.

쌀 씻기부터 갓 지은 밥까지, 맛있는 밥 짓기

쌀 씻기

쌀을 씻는 물은 그 종류보다 온도가 중요해요. 쌀을 씻을 때 차가운 물에 씻어야 하는 이유는 미지근하거나 겨울이라고 따뜻하거나 미지근한 물에 쌀을 씻을 경우, 쌀 속의 당화효소인 아밀라아제가 활성화되어 쌀이 함유한 전분이 당화되고 이것이 쌀 씻은 물과 함께 버려져 밥의 단맛이 줄어들기 때문이에요. 쌀을 씻을 때는 꼭 차가운 물로 씻으세요. 정수물이나 생수를 사용하면 좋지만 수돗물로 밥을 지어도 충분히 맛있어요.

❶ 처음 물은 쌀을 비벼 씻지 않고 휘휘 저어 헹궈내는 정도로만 재빨리 씻어요. 쌀에 붙은 이물질을 제거하는 과정으로 오래 담가두면 쌀겨 냄새가 배요.

❷ 처음 물을 버린 다음 손바닥에 약간 힘을 줘 쌀을 문질러 씻고, 물을 부어 헹구는 걸 두 번 정도 반복해요. 꼭 맑은 물이 나올 때까지 헹궈내지 않아도 돼요.

tip / 너무 세게 문지르면 쌀알이 부서질 수 있으니 주의!

쌀 불리기

쌀을 불릴 때는 체에 밭쳐 물을 빼며 불려야 한다고 하지만, 사실 큰 차이는 없어요. 대신 체에 밭쳐 불릴 때는 쌀이 마르지 않도록 젖은 면보를 덮어 주는 것이 중요해요. 현미, 잡곡은 백미와 불리는 시간이 다르니 섞어서 밥을 지을 경우 백미와 분리해서 불리세요.

❶ 여름에는 20분, 겨울에는 40~50분 정도 불려요.

tip / 기온이 높은 여름철 실온에서 장시간 쌀을 불리면 쉴 위험이 있으니, 바로 밥을 해먹는 게 아니라면 냉장고에 넣어 불리는 게 좋다. 밤사이 냉장고에서 불려놓고 아침에 사용해도 편리

❷ 현미, 잡곡은 백미와 불리는 시간이 다르므로 따로 불려야 해요. 현미와 잡곡은 1~2시간, 강낭콩이나 서리태 등은 전날 불려서 사용하면 좋아요.

밥 짓기(전기밥솥+냄비)

밥을 지을 때 가장 어려운 게 물 양이에요. 기호에 따라, 쌀의 상태에 따라 다르지만 보통 쌀 1컵에 물 1컵을 넣으면 너무 꼬들하지도, 질지도 않은 밥이 완성돼요.

❶ 불린 쌀을 체에 밭쳐 물기를 탈탈 털어낸 다음 냄비에 담고 같은 양의 물을 넣어요. 보통 쌀 1컵이 1인분이에요. 전기압력밥솥에 하는 경우는 쌀 1 : 물 1.2~1.3으로 맞춰요.

tip / 수분이 많은 채소나 해물을 넣어 솥밥을 할 경우 재료에서 물이 나오기 때문에 밥물을 조금 줄이는 게 좋다.

tip / 묵은 쌀로 밥을 할 때는 식초 두어 방울과 다시마 한 조각을 넣으면 묵은 내 없는 밥 완성

❷ 냄비로 할 경우에는 센불에서 10분, 꺼질 듯한 약불에서 10분, 불을 끄고 10분간 뜸 들이면 맛있는 밥이 완성돼요.

tip 자투리 채소, 각종 재료 넣고 밥 짓기

윤기가 반지르르한 흰 쌀밥도 좋지만, 건강에 좋은 콩밥을 지어 먹는 분들도 많아요. 하지만 밥을 지을 때 꼭 쌀과 잡곡만 넣어야 할까요? 의외로 밥을 지을 때 웬만한 재료는 다 넣어도 된답니다. 혹시 요리하고 나서 애매하게 남은 자투리 채소가 있다면 밥 지을 때 다져서 함께 넣어보세요. 초록색, 주황색의 색감까지 더해져 보는 재미도 있는 향긋한 밥이 돼요.

156쪽에는 이런 자투리 채소를 활용해서 밥 짓는 방법이 소개되어 있어요. 고구마, 당근, 심지어 토마토까지! 씻은 쌀 위에 얹고 같이 밥을 지으면 밥만으로도 충분한 요리가 되고, 취향에 따라 버터나 참기름을 얹어 쓱쓱 비비면 끝!

버섯이나 곤드레처럼 특유의 향이 좋은 재료를 사용해도 좋고, 쓰고 애매하게 남은 해산물이나 고기도 충분히 활용할 수 있어요. 특히 해산물이나 고기를 앞의 볶음간장 같은 양념에 재웠다가 밥을 지으면, 밥에 양념이 자연스럽게 배어 다른 반찬이나 간 없이도 한 그릇 뚝딱 해치울 수 있어요.

159쪽의 생곤드레 버섯 솥밥

156쪽의 자투리 채소밥

tip 좋은 쌀을 구입하는 방법

좋은 쌀을 구입하는 방법은 다음의 세 가지예요.

① 도정일자를 확인하고 가장 최근에 도정한 쌀을 선택한다.

② 혼합미 대신 단일품종을 선택한다(자세한 내용은 다음 페이지 참고).

③ 햅쌀을 선택한다. 추석 전까지는 전년도 생산, 추석 이후에는 당해 생산된 쌀을 구입한다.

tip 쌀 보관법과 쌀 씻기부터 밥짓기까지 QR동영상

쌀을 냉장보관하는 방법과 쌀 씻기부터 밥짓는 방법을 QR 코드로 접속해 동영상으로 확인하세요.

쌀 보관법

밥 짓는 법

tip

쌀 포장지의 품질 표시사항 읽는 법

1. 품종

품종에는 '혼합' 또는 품종 이름이 적혀있어요. '혼합'은 두 가지 이상 품종을 혼합한 거예요. 어떤 품종을 어떤 비율로 혼합했는지 알 수 없고, 여러 품종이 섞여있어서 밥맛이 균일하지 않고 맛이 떨어져요. 등급에 상관없이 단일품종을 고르기만 해도 균일한 밥맛을 낼 수 있지요. '혼합'이 아니라 '운광', '하이아미' 등 어떤 이름이 적혀있다면 단일품종 쌀이에요.

2. 등급

등급은 특, 상, 보통, 미검사의 네 가지로 나뉘는데 보통 미검사가 많아요. 그리고 특, 상 등급일수록 쌀알의 손상이 없는 완전미의 비율이 높아요.

3. 도정일자

도정일자는 밥맛과 직결돼요. 사과를 껍질을 깎은 채로 두면 색이 변하면서 수분을 잃고 점점 쪼그라드는 것처럼, 쌀도 도정한 순간부터 서서히 맛을 잃기 때문이에요. 쌀은 도정한 순간부터 15일까지만 본연의 맛을 가지고 있다고 해요. 그러니 유통기한을 확인하듯 쌀의 도정일자를 확인하고, 최근에는 마트에 즉석도정 코너가 있으니 가능하다면 즉석에서 도정하는 것도 방법이에요.

4. 단백질 함량

단백질 함량은 의무 표기사항이 아니어서 적혀있지 않은 경우도 많아요. 단백질 함량이 6% 미만이면 '수', 6.1~7%면 '우', 7.1% 이상이면 '미'로 표시해요. 보통 단백질 함량이 낮을수록 밥맛이 좋아요. 그리고 아밀로스 함량이 낮으면 낮을수록 밥에 찰기가 있어요.

친환경 농산물 표시사항

취급자	농업회사법인 푸른들판주식회사
인증번호	제10-6-48호
전화번호	02-475-7158
포장장소	경기도 안성시 고삼면 안성맞춤대로 1940
① 품목/품종	유기농향미/골든퀸3호(Golden Queen III)
② 등급	미검사
④ 단백질함량	미검사
생산지	전라남도 곡성군
생산년도	2016년
③ 도정일자/롯트번호	2017년7월31일 P16-19-2
중량	4KG
생산자(인증번호)	용봉유기농단지(제34-1-267호)

유기농 (ORGANIC)

한경대학교 산학협력단

8 809427 661380

왼쪽의 쌀 라벨은

① **품종** : 골든퀸 3호

② **등급** : 미검사

③ **도정일자** : 2017년 7월 31일

④ **단백질 함량** : 미검사

얼마나 맛있는데!

tip

사례 | '행복한아줌마'님의 식비절약
(100만원 → 7만원대로 절감)

부부 2인 가족인 '행복한아줌마'님은 돈 관리는 모두 남편이 하는 거라고 생각하며 평소 식비를 계산하지 않고 사용했다고 합니다. 한도가 되는 만큼 배달음식을 시켜먹고, 장을 볼 때면 가장 가까운 마트에 자가용을 몰고 가서 비싼 식재료를 구입하고요. 결혼할 때 친정 엄마가 남편에게 "내 딸에게 절대 돈 맡기지 말게"라고 할 정도로 돈에 대한 고민을 해본 적이 없었습니다.
그러다 《맘마미아 월급쟁이 재테크 실천법》, 《맘마미아 푼돈목돈 재테크 실천법》을 접한 뒤 처음에는 그냥 냉장고를 비우고 싶다는 생각에 냉장고 파먹기를 시작했다고 합니다. 그런데 새로운 재료를 사지 않고도 냉장고 속 재료로만 2주 넘게 계속 요리할 수 있는 걸 보고 '내가 남편이 벌어온 돈을 부엌에서 다 버리고 있었구나' 하는 생각에 되돌아보며 반성하게 되었다고 해요.
이렇게 돈에 관심을 갖게 되면서 남편에게 확인한 한 달 식비만 100만원! 2인 가구 한 달 평균 식비가 58만원인 걸 고려하면 거의 두 배나 되고, 심지어 4인 가구 평균 식비인 97만원보다도 많았습니다. 이를 계기로 식비는 직접 관리하기로 한 '행복한아줌마'님이 냉파를 시작할 때 정한 '첫 한 달 동안 반드시 지켜야 할 원칙'을 소개합니다.

'냉장고 파먹기' 3대 철칙 : '무조건 한 달만 참아보자!'

1. 외식은 무조건 하지 않는다.
2. 배달음식은 무조건 끊는다.
3. 만들어 먹을 음식이 없을 때까지 집에 있는 재료를 동원해 만들어 먹는다.
   → 극한의 냉장고 파먹기를 통해 아낄 수 있는 최대 금액 파악 가능!

이 원칙을 지키면 아낄 수 있는 최대 식비를 확인할 수 있다고 합니다. 물론 평생 이렇게 극한의 냉장고 파먹기를 할 필요는 없지만, 한 번쯤 도전해보는 것도 좋은 방법이에요. 지금부터 한 달간의 냉파를 통해 '행복한아줌마'님이 깨달은 냉파에서 중요한 것과 효율적인 방법을 알려드릴게요.

1 | 냉파는 체력싸움!

'행복한아줌마'님의 식비 절약비법 중 하나는 바로 아침밥의 힘이라고 합니다. 요리는 생각보다 체력이 많이 필요한 일이에요. 지쳐서 힘든 날에는 냉파를 이어가기 어렵습니다. 그래서 '행복한아줌마'님은 냉파를 시작하면서 원래 잘 먹지 않던 아침을 꼬박꼬박 먹고, 늘 자가용을 몰고 가던 가까운 마트 대신 값싸고 질 좋은 채소가게에 머리끈과 마실 물을 챙겨 매일 30분씩 걸어 다녀왔다고 해요. 그러면서 체력이 붙어 냉파를 하는 데도 훨씬 힘이 덜 들었다고 합니다.

'행복한아줌마'님이 매일 걸어가는 저렴한 채소가게

또 마트로 장보러 갈 때마다 한 잔씩 습관처럼 마셨던 음료수, 마트를 돌고 나면 허기가 져서 찾아 먹었던 음식도 먹지 않게 되면서 훨씬 건강한 몸을 되찾을 수 있었다고 하니 그야말로 1석2조였겠지요? 실제로 결혼 전에는 한약을 먹어도 살이 찌지 않던 몸이었는데 결혼 후 잦은 외식으로 살이 많이 붙어 건강도 나빠졌다가, 냉파를 실천하는 지금은 다시 결혼 전 건강한 몸무게로 돌아왔다고 해요.

2 | 결제는 현금으로!

핸드폰 소액결제, 신용카드 같은 결제 방식은 내가 얼마나 썼는지 눈에 보이지 않고, 결제도 쉬워서 공돈 같은 느낌으로 많이 쓰기 쉬워요. '행복한아줌마'님은 카드를 연결해두기만 하면 바로바로 결제되는 배달 앱의 한 달 한도인 30만원, 50만원을 꽉 채워 사용하고, 아무 생각 없이 스마트폰으로 결제해 음식을 주문하던 과거를 뒤로하고, 이제는 그날그날 사용할 만큼 현금만 들고 장을 보러 간다고 해요. 현금을 쓰면 돈이 얼마나 남았는지 눈에 보여서 과소비를 하지 않게 되고, 딱 필요한 만큼만 사는 데도 도움이 된다고 합니다.

'행복한아줌마'님이 매일 들고 다니는 지갑과 하루 예산

3 | 냉파 실전, 식재료 꼬리물기!

식재료 꼬리물기는 오늘 사용하고 남은 단호박을 내일 사용하고, 이 과정에 필요해서 구입한 새우를 다음 날 또 소진하는 방법으로 끊임없이 식재료를 없애는 냉파법이에요. '행복한아줌마'님은 일부러 하지 않더라도 냉파를 실천하다보면 자연스럽게 이런 과정을 거치게 된다고 했지만, 미리 알고 실천하면 더 빨리 냉파효과를 볼 수 있겠죠?

남은 식재료 꼬리물기 예시

1단계 : 배추 된장국

2단계 : 참치쌈밥(집에 남아있는 참치 + 어제 남은 배추활용) + 양배추 구입

3단계 : 짜장밥(어제 남은 양배추 활용)

'행복한아줌마'님은 식재료 꼬리물기를 더 잘 활용하기 위해 나만의 식단표를 만들었어요. 오늘 사용하고 남은 식재료를 쉽게 확인해서 내일은 어떤 재료로 음식을 해야 하는지 파악하고, 다음 날 식단을 미리 결정해 필요한 재료만 그때그때 구입하기 위해서이지요.

마침내 2인 가구 식비 100만원에서 7만 7,830원까지 줄이기 성공! 식비절약으로만 따져도 어마어마한 성공이지만, 냉파를 통해 얻는 건 단순히 돈만이 아니라고 합니다. 냉파를 시작하면 자연스럽게 내가 먹는 것에 대해 관심을 갖게 되어서 건강도 좋아지고, 눈에 보이게 줄어드는 식비를 보며 돈에 대해서도 다시 한번 생각하게 되는 계기가 된다고 해요. 물론 '행복한아줌마'님은 냉파를 먼저 시작한 다음 절약을 실천한 특별한 케이스이기는 하지만, 냉파를 통해 돈이 절약되는 걸 직접 경험해 보면 냉파와 재테크의 재미를 느낄 수 있을 거예요.

냉파에는 내게 맞게 정리된 깔끔한 주방과 냉장고가 가장 중요합니다. 자신에게 딱 맞춰 정리한 '행복한아줌마'님의 주방

: 11월 첫 째주 우리집 식단표 :

구분	10월31일(월)	11월 1일(화)	11월 2일(수)	11월 3일(목)	11월 4일(금)	11월 5일(토)	11월 6일(일)
아침		삶은 계란 2개, 사과 1개					
저녁	돼지짜글이	배추된장국 무우볶음 참치버섯전 상추겉절이	참치쌈밥 미역국	짜장밥 계란국	고추장찌개 계란후라이 미역오이초무침	시금치된장국 감자볶음 마늘쫑볶음	카레라이스 깍두기
식재료	돼지고기 대파 1개 양파 1개 감자 3개 고추 2개	배추 양파 2개 무우 새송이버섯 상추 대파 계란 4개 부추 조금	미역국 양배추 계란 6개	돼지고기 양배추 계란 6개 오이			
비용		22	10.50	25			
환율		168	169.07	169	169		
환산금액		3,696	1,775	4,286	-	-	-

'행복한아줌마'님의 일주일 식단표

tip

사례 | 냉파 실천으로 적금통장 부자가 된 3인

냉파 레시피로 아이 이유식까지!
돌배기 아들에게 240만원 적금통장과 건강을 선물한 '집밥의여왕'님

난산으로 예민한 기질을 가지고 태어난 아들. 잘 먹지 않아 한때 이유식을 구입해서 먹일까 고민했지만, 엄마표 이유식으로 아이에게 건강과 사랑을 선물하기로 마음먹었다고 합니다. 이유식은 냉파로, 레시피를 잘 모를 때는 냉파 레시피를 변형해 아이에게 맞게 만들어 먹였다는 '집밥의여왕'님! 한 달 양육수당 20만원으로 이유식을 구입하는 대신 아이에게 선물할 240만원 적금통장을 만들었다고 하네요.

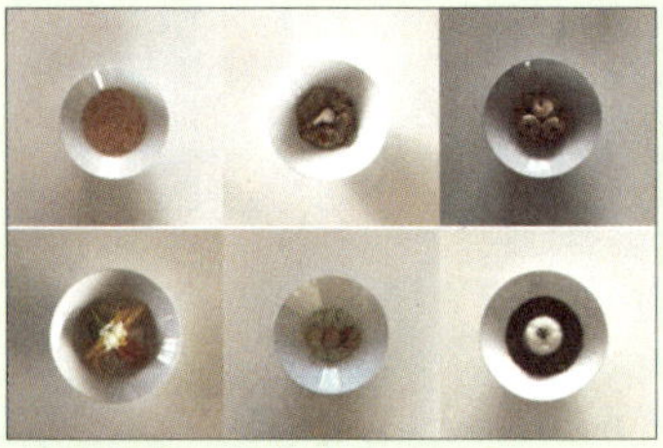

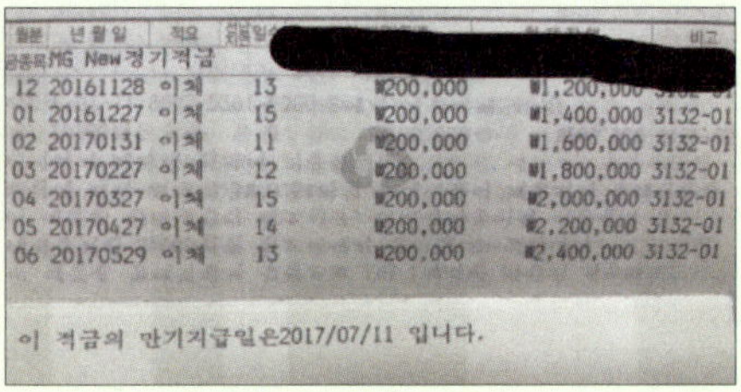

월분	년월일	적요	[redacted]			비고
MG New정기적금						
12	20161128	이체	13	₩200,000	₩1,200,000	[redacted]
01	20161227	이체	15	₩200,000	₩1,400,000	3132-01
02	20170131	이체	11	₩200,000	₩1,600,000	3132-01
03	20170227	이체	12	₩200,000	₩1,800,000	3132-01
04	20170327	이체	15	₩200,000	₩2,000,000	3132-01
05	20170427	이체	14	₩200,000	₩2,200,000	3132-01
06	20170529	이체	13	₩200,000	₩2,400,000	3132-01

이 적금의 만기지급일은2017/07/11 입니다.

'집밥의여왕'님의 냉파 레시피 변형 이유식(좌)과 식비를 절약해 준비한 240만원 아이적금(우)

신혼부부 한 달 식비 50만원에서 10만원으로!
이제는 급여 100% 저축에 도전하는 '은단디'님

늘 대형마트에서 카트 가득 물건을 담아오고 외식도 자주 하며 별 생각 없이 식비를 사용했던 '은단디'님! 월재연 카페를 만난 후 열심히 냉파하고 절약하는 다른 회원들을 보며 자극받아, 지금은 꾸준히 냉파하며 한 달 식비를 10만원으로 줄이는 데 성공했다고 합니다. 식비를 10만원까지 줄일 수 있었던 비법은 바로 다음의 냉파 수칙 5가지를 지키는 것! 앞으로는 포인트를 모아 다양한 앱테크를 활용해 지출하지 않고 식재료를 구입할 수 있는 무지출에 도전한다고 합니다.

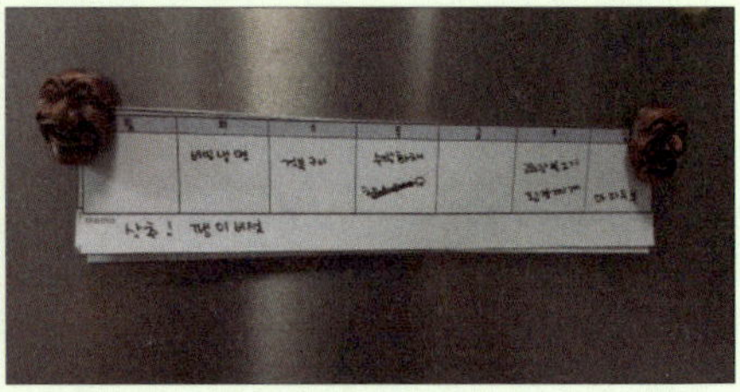

'은단디'님의 자투리 채소육수(좌)와 일주일 식단메모(우)

냉파 수칙 5가지

1. 지금 당장 냉장고 정리!
2. 냉장고 지도로 식재료 파악하기
3. 황금레시피는 잊어라!
4. 왕초보용 요리부터! 무조건 쉽고, 편하고, 빠르게!
5. 냉파로 외식은 틀어막되, 보상은 허용!

냉파수칙 5가지 실천으로 한 달 만에 3인 가족 식비 80만원에서 20만원 된 '부자이여사'님

한 달 평균 식비가 80만원 정도였던 '부자이여사'님. 냉파를 통해 식비를 줄이고 가계부를 통해 내 지출을 칭찬, 반성하는 시간을 가지면서 한 달 만에 식비를 60만원이나 줄이는 데 성공했다고 해요. 몸에 익고 나면 훨씬 쉽게 냉파를 지속할 수 있겠죠? 이걸 보고 계신 여러분도 우선 한 달만 냉파에 도전해보세요.

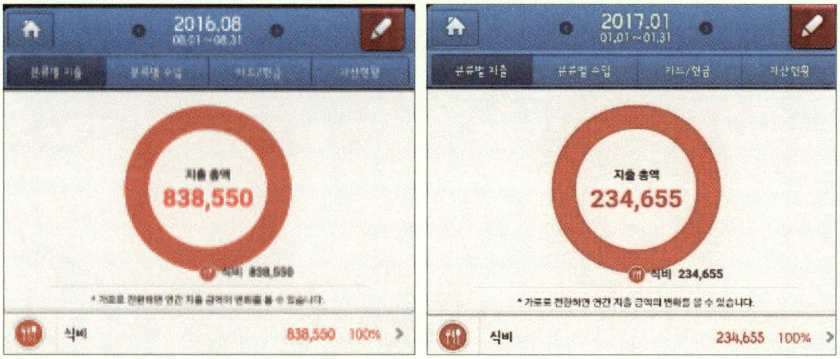
2016.08
지출 총액
838,550
식비
838,550 100%
2017.01
01.01 ~ 01.31
분류별 지출
분류별 수입
카드/현금
자산현황
지출 총액
234,655
식비 234,655
* 가로로 전환하면 연간 지출 금액의 변화를 볼 수 있습니다.
식비
234,655 100%

'부자이여사'님의 냉파 전후 식비

SPAM

고등어

실천 마당

40만 회원 선정!
냉파재료
TOP20

- TOP 1 양배추
- TOP 2 무
- TOP 3 파 & 양파
- TOP 4 두부
- TOP 5 통조림
- TOP 6 김치
- TOP 7 감자 & 고구마
- TOP 8 밥 & 떡
- TOP 9 당근 & 우엉
- TOP 10 돼지고기
- TOP 11 버섯
- TOP 12 닭고기
- TOP 13 호박
- TOP 14 달걀
- TOP 15 해산물
- TOP 16 건어물
- TOP 17 오이
- TOP 18 소고기
- TOP 19 밑반찬
- TOP 20 간식 & 디저트

TOP
1

냉파가
시급한
식재료

양배추

내가 1등!
오늘밤 주인공은
나야 나!
1
2
3

양배추는 일 년 내내 재배되지만 5~7**월이 제철**이니 그때 한 통 사서 냉파하는 걸 추천합니다. 양배추는 **익히면 단맛이 나고 식감이 부드러워** 먹기 좋습니다.
특히 **위장건강**에 좋아 **속쓰림**이 있는 사람들은 즙으로 만들어서 먹기도 하지요. **칼로리도 낮아** 다이어트 식품으로도 사랑받습니다. 하지만 양이 많아서 남으면 그대로 방치하다 버리게 되는 경우가 많다보니, 큰 표차로 냉파가 시급한 재료 1위에 등극했습니다.

양배추 고르는 법

① 겉잎이 초록색인 것
→ 흰 양배추는 오래된 초록색 겉잎을 떼어낸 거라 싱싱하지 않아요.
② 모양이 둥근 것
③ 눌러보았을 때 단단한 것
④ 비슷한 크기의 양배추보다 무거운 것
→ 시간이 지날수록 수분이 빠져 단단함과 무게가 줄기 때문이에요.

양배추 보관법

① 4등분해서 심지부분을 잘라낸 다음, 물에 적신 키친타월을 잘라낸 부분에 대고 랩으로 싸서 냉장보관한다.
② 초록색 겉잎으로 양배추를 감싸고 신문지로 싸서 보관한다.
→ 신문지는 물기를 흡수해서 싱싱함을 유지해줘요.

양배추 손질법

① 심지를 잘라내고 속부분을 떼어낸 다음 필요한 크기로 썬다.
② 흐르는 물에 씻은 다음 체에 밭쳐 물기를 제거한다.

Key word

#5~7월 제철 냉파추천
#비타민 U #위염완화 #식이섬유
#변비예방 #다이어트
#저칼로리

1주일 냉파 식단 & 식비 예산

구매시기와 구매처에 따라 금액에 차이가 있으므로 평균가로 잡았습니다.
모든 식재료가 다 있을 필요는 없어요. 냉장고 속 재료만으로도 충분히 맛을 낼 수 있습니다.

월 양배추 물김치

□ 양배추 1통	₩5,000
□ 무 1개	₩2,500

월요일 식비 ₩7,500

화 양배추 참치볶음 & 양배추 순대볶음

□ 참치 1캔(100g)	₩1,050
□ 순대 250g	₩2,500

화요일 식비 ₩3,550

수 양배추 토스트

□ 식빵 1봉지	₩2,500
□ 달걀 30구	₩7,000

수요일 식비 ₩9.500

목 양배추 대패삼겹찜

□ 양배추 1통	₩5,000
□ 대패삼겹살 500g	₩5,000

목요일 식비 ₩10,000

금 오꼬노미야끼

□ 대파 1단	₩2,000
□ 오징어 1마리	₩1,700
□ 새우살 100g	₩2,500
□ 베이컨 1봉	₩2,400

금요일 식비 ₩8,600

주말 특식 양배추 돼지고기 맑은 전골

□ 찌개용 돼지고기 300g	₩5,900
□ 청양고추 1봉	₩900
□ 마늘 1봉	₩1,000

주말 식비 ₩7,800

3~4인 가족 1주일 평균 식비 ₩200,000 — **양배추 냉파 1주일 예상 식비** ₩46,950 = **1주일 식비** ₩153,050

절감 효과

양배추 물김치

양배추 왕창
털어 속 시원하게
초보 가능 물김치!

4인 가족 1주일(3L 김치통 1통) | 준비 20분 + 조리 15분 + 숙성 반나절

tip 믹서기 깨끗이 세척하기

김치양념이나 고기, 생선 같은 식재료를 믹서기로 간 다음 물과 세제로만 세척하려니 왠지 꺼림칙할 때가 있지요? 달걀껍데기를 이용하면 믹서기를 깨끗하게 세척할 수 있습니다. 달걀껍데기와 식초를 준비하세요.

① 속까지 깨끗하게 씻은 달걀껍데기 한 개 분량을 믹서기에 넣고 식초 1/2스푼, 믹서기 절반 정도의 물을 넣으세요.

tip / 물을 많이 넣으면 거품이 생기면서 넘칠 수 있다.

② 5초씩 서너 번 윙윙 돌린 다음, 내용물을 따라 버리고 깨끗한 물을 담아 한 번 더 윙 돌려 헹구세요. 그런 다음 깨끗이 씻어 말리면 됩니다.

tip / 잘 말리지 않으면 소용없으므로 꼭 완전건조해서 보관한다.

1

2

재 료

□ 양배추 1/2통 ×
□ 무 1토막
□ 홍고추 1/2~1개 ××
□ 고춧가루 2스푼
□ 대파 2대(10cm)

×
양배추와 무는 상황에 따라 양 조절, 당근과 파프리카, 오이 등 자투리 채소 활용 OK
××
홍고추, 대파는 생략 가능

밀가루풀
□ 밀가루 1+1/2스푼
□ 물 2컵

절임물
□ 물 2컵
□ 소금 2스푼

김칫물
□ 양파 1/3개
□ 사과 3쪽(135g)
□ 마늘 5알
□ 까나리액젓 5스푼
□ 물 8컵
□ 설탕 3스푼
□ 소금 1/2스푼

□ 다시백 ×××

×××
물김치는 고춧가루로 색을 내는 게 더 먹음직스러워 보인다. 깔끔한 국물을 위해서는 다시백을 활용하는 걸 추천. 멸치, 다시마 육수 낼 때나 잎차를 우릴 때도 다시백을 사용하면 깔끔하다(사진의 제품은 '락앤락 P&Q 다시백').

다시백

1 | **밀가루풀 쑤기** | 냄비에 왼쪽 분량의 물과 밀가루를 넣고 잘 푼 다음 약불로 타지 않도록 저으면서 끓여요. 완성된 밀가루풀은 찬물이 담긴 볼에 냄비째 담가 식혀요.

tip / 따뜻한 물에 밀가루를 풀면 밀가루가 익어버린다. 반드시 찬물에 완전히 푼 다음 끓인다.

2 | **양배추 절이기** | 양배추는 한입크기로 잘라 한 장씩 떼어 씻고 체에 밭쳐 물기를 제거해요. 여기에 왼쪽 분량의 절임물을 붓고 섞어 15분간 절인 다음, 아래위로 한 번 더 섞어 5분간 더 절여요. 시간은 반드시 지켜주세요.

tip / 절인 양배추는 헹구지 않고 체에 밭쳐 물기만 털어 사용

3 | **김칫물 만들기** | 믹서기에 사과, 마늘, 양파와 물(5스푼)을 넣어 곱게 간 다음 체에 걸러 물(7컵)이 담긴 볼에 넣어요. 식혀둔 밀가루풀도 체에 걸러 넣고 액젓과 설탕, 소금을 넣어 간을 맞춥니다.

tip / 소금은 1/3~1/2스푼 사이에서 취향에 따라 조절한다. 조금 짜다면 물이나 사이다를 살짝 타서 먹어도 OK!

4 | **재료 손질하기** | 무는 사방 2cm로 납작하게 썰고, 대파도 2cm 길이로 썰어 함께 넣어요. 홍고추도 썰어 넣어요.

5 | **물김치 담그기** | 김치통에 재료를 담은 다음 김칫물을 부어요.

tip / 김치가 숙성되는 과정에서 가스가 생기므로, 통을 가득 채우지 말고 조금 여유를 둔다.

tip / 물김치뿐만 아니라 색과 냄새가 강한 김치류는 색배임, 냄새배임이 없는 소재의 밀폐력이 좋은 김치 전용 김치통을 사용하는 게 좋다(사진의 제품은 '락앤락 비스프리 김치통').

6 | **고춧물 내기** | 다시백에 분량의 고춧가루를 넣어 김치통에 걸쳐서 불린 다음, 실온(15~20℃)에서 반나절 뒀다가 조물조물 만져 고춧물을 짜내요. 김칫물에 붉은 기가 돌면 다시백은 버리고, 실온에 반나절 둔 김치는 냉장보관해요.

tip / 만든 다음 날 먹어도 되지만, 3일째부터 먹는 게 가장 맛있다.

양배추 참치볶음

양배추와
캔에 든
참치만 넣고
휘리릭 볶으면
완성!

3~4인분 | 조리 15분

재 료

- □ 양배추 1/2통(작은 크기)
- □ 참치 1캔(100g)
- □ 대파 4대(15cm) ×

×
대파는 없으면 생략 가능

- □ 식용유 1스푼
- □ 참기름 1스푼
- □ 소금 1/3스푼
- □ 멸치육수 1/3컵 ××
- □ 후추 약간

××
멸치육수 만드는 방법은
52쪽 참고

1 | **양배추 볶기** | 양배추와 대파를 5cm 정도 길이로 채 썬 다음, 달군 팬에 참기름과 식용유를 두르고 양배추와 소금을 넣어 중불로 볶아요.

2 | **육수 넣어 볶기** | 양배추가 반쯤 숨이 죽으면 왼쪽 분량의 멸치육수와 5cm 길이로 채 썬 대파를 넣고 볶아요.

tip / 양배추 나물로 먹으려면 멸치육수 양을 1/2컵으로 늘리고 소금 간을 더한다.

3 | **마무리하기** | 대파 숨이 죽으면 불을 끄고, 참치 한 캔을 기름을 빼지 않고 그대로 넣어 잘 섞은 다음 후추를 조금 뿌려요.

tip

순대가 남았다면 양배추 순대볶음!

재료 | □ 양배추 1/8통 □ 순대 20cm(250g) □ 당근 약간 □ 마늘종 2줄
□ 대파 3대(15cm) □ 깻잎 5~6장
× 양배추, 순대, 깻잎을 제외한 나머지 재료는 생략 가능
□ 식용유 4스푼 □ 국간장 1+1/2스푼 □ 물 4스푼 □ 후추 넉넉히 □ 들깨가루 2스푼
찍어먹는 소스 | □ 초고추장 □ 다진 마늘 □ 들깨가루

만드는 법 |

① 양배추는 3×3cm 정도의 한입크기로 자르고 마늘종과 대파는 4~5cm 길이로, 당근은 반달모양으로 얇게 썰어요.

② 순대는 2cm 간격으로 한입크기로 자르고 깻잎은 큼직하게 손으로 뜯거나 잘라요.

③ 팬에 식용유를 두른 뒤 깻잎을 제외한 채소와 순대를 넣고, 중불에서 양배추와 순대가 부드럽게 익도록 충분히 볶아요.

④ 물, 국간장을 넣어 잘 섞으며 골고루 볶고, 불을 끈 다음 깻잎과 들깨가루, 후추를 넣어 잘 섞어요.

⑤ 초고추장에 다진 마늘, 들깨가루를 넣어 양념장을 만들어 곁들여요.

양배추 토스트

집에 있는 재료로
더 맛있게,
길거리 토스트!
1
2
3

2~3인분 | 조리 15~20분

재 료

□ 식빵 4장

채소 반죽
□ 양배추 1/5통
□ 양파 1/4개
□ 달걀 3개
□ 버터 1+1/3스푼(40g)
□ 당근 약간
□ 소금 3꼬집
□ 후추 1꼬집

소스(취향껏)
□ 케첩
□ 마요네즈
□ 허니머스타드
□ 설탕

×
식빵과 달걀 외의 모든 재료는 상황에 따라 생략하거나 추가 가능

1 | **채소 반죽하기** | 달걀에 소금, 후추를 살짝 넣고 풀어요. 그런 다음 물기를 제거하고 채 썬 양배추, 당근, 양파를 넣고 잘 섞어요.

tip / 채소는 미리 채 썰어두고 물기를 제거한다. 바쁘면 패스

2 | **식빵 굽기** | 팬에 버터(1/3스푼)를 두르고 식빵(2장)을 넣어 앞뒤로 노릇하게 구워요.

tip / 두 번째 식빵을 구울 때는 키친타월로 팬을 닦아내고 구워야 깔끔하다. 버터가 없다면 식용유도 OK

3 | **채소 반죽 부치기** | 식빵을 구운 다음 버터(1/3스푼)를 넣고 채소 반죽을 넉넉하게 올려 구워요. 식빵과 비슷한 크기로 모양을 잡아가며 노릇하게 익혀요.

4 | **마무리하기** | 식빵 위에 기호에 따라 채소 부침과 소시지 등을 올리고 각종 소스와 설탕을 뿌려 완성하세요.

tip

그래도 남은 양배추는? 양배추즙 + 해독주스!

커다란 양배추 한 통 사면 아무리 열심히 냉파를 해도 줄어들지를 않아 가끔 막막할 때가 있어요. 그럴 때는 양배추즙을 한번 만들어보세요. 양배추에 들어있는 비타민 U는 현대인의 고질병인 위염과 역류성식도염에 특히 좋아서 일부러 양배추즙을 구입해서 먹는 사람도 많아요. 요즘은 식사가 불규칙하고 자극적인 음식을 좋아하니 어느 집이든 한 명씩은 양배추즙을 마셔야 하는 사람이 있을 거예요.

① **양배추즙 만들기** | 가장 기본은 양배추와 물을 믹서기에 갈아 마시는 거예요. 농도는 기호에 맞게 조절하면 돼요. 양배추만 갈면 먹기 힘들 수도 있으니 물 대신 요구르트를 넣어 갈아보세요.

② **해독주스 만들기** | 사과는 양배추와 궁합이 잘 맞아요. 양배추와 함께 갈면 맛도 좋을 뿐 아니라, 사과에 들어있는 식이섬유와 양배추의 비타민 U가 만나 피로회복에 더 효과적이라고 해요. 하지만 사과에는 산 성분이 있으니 너무 많이 넣지 않는 게 좋아요. 브로콜리 역시 양배추와 궁합이 좋아요. 양배추와 성분이 비슷해서 위 건강에 효과가 배가된다고 하니 함께 갈아 마셔보세요.

비율 : 당근 1 : 양배추 1 : 토마토 1 : 브로콜리 1(삶은 야채) / 사과 1 : 바나나 1(과일)

③ **양배추즙+해독주스 보관하기** | 금방 마실 거라면 냉장보관하는 게 좋지만, 한꺼번에 많은 양을 만들었다면 지퍼백에 한 번 먹을 만큼 소분해서 냉동실에 넣어두는 것을 추천해요.

인증샷 | **'항개'님의 양배추 토스트** |

양배추 토스트 레시피를 응용해서 더 두툼하고 든든하게 만든 '항개'님의 냉파 인증샷이에요. 소시지가 없어 대신 슬라이스햄과 치즈를 넣고, 아이들이 좋아하는 딸기잼을 발라 가족과 함께 드셨다고 해요. 여러분도 왼쪽 레시피를 참고해 다양한 방법으로 만들어보세요. 길거리 토스트 스타일을 좋아한다면 케첩 듬뿍, 설탕 듬뿍 뿌리는 걸 추천하고, 느끼한 걸 싫어한다면 허니머스터드 뿌리는 걸 추천해요.

양배추 대패삼겹찜

불 없이
전자레인지 5분
OK! 부드럽고
맛있는 고급
찜 요리!

1~2인분 | 조리 10분

tip 대패삼겹살 구입법 – 포장육보다는 덩어리 냉동육을 잘라서!

양배추 대패삼겹찜의 포인트는 대패삼겹살이에요. 대패삼겹살은 거의 수입산 냉동육을 썬 것으로 비닐포장된 채로 판매되는데, 덩어리 냉동육을 바로 썰어서 만드는 게 훨씬 맛이 좋아요. 이미 잘려있는 것을 사지 말고 지금 잘라달라고 부탁해보세요. 특히 이 레시피에서는 찢어질 듯 얇을수록 부드럽고 맛있으니 샤브샤브용, 또는 그보다 더 얇게 썰어달라고 하세요.

tip 양배추 대패삼겹찜 대량으로 만들기

집들이 손님 맞이용으로 많은 양을 만들 때는 바닥이 두꺼운 냄비에 양배추→대패삼겹살→양념→후추 순서로 켜켜이 쌓아요. 그런 다음 뚜껑을 덮고 약불에서 10~15분 정도 조리하면 양배추에서 수분이 나와 촉촉해집니다. 단, 바닥이 얇은 냄비를 사용하면 아래가 타버릴 수 있으니 주의하세요.

재 료

- □ 양배추 1/4통
- □ 대패삼겹살 8~10롤 (100~150g) ×
- □ 쪽파 약간 ××
- □ 후추 약간

×
대패삼겹살은 정육점에서 최대한 얇게 썰어달라고 하는 게 가장 좋지만, 대형마트에서 파는 것도 OK

×
냉동된 지 오래된 대패삼겹살은 청주를 약간 뿌려뒀다가 사용하면 누린내 제거에 효과적

××
쪽파는 생략 가능

고기 양념장

- □ 다진 마늘 1/2스푼
- □ 맛술 2스푼
- □ 조선간장(국간장) 1스푼
- □ 굴소스 1/2스푼
- □ 물 3스푼

찍어먹는 소스

- □ 물 3스푼
- □ 다진 마늘 1/2스푼
- □ 식초 1/2스푼
- □ 소금 한 꼬집
- □ 고춧가루 약간

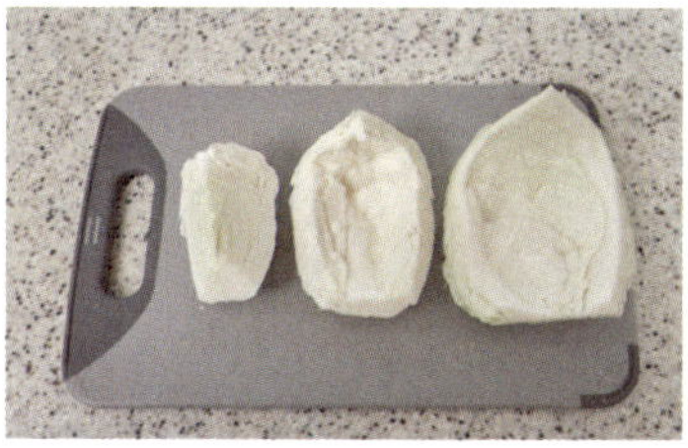

1 | **양배추 손질하기** | 양배추는 사진처럼 3단계 정도로 분리해서 한입크기로 잘라요. 크기를 균일하게 맞추려는 과정이니 적당히 썰어도 돼요.

tip / 두꺼운 심지부분은 나중에 덜 익어 딱딱할 수 있다. 버리지 말고 포 뜨듯 살짝 잘라내서 사용

2 | **재료 쌓기** | 전자레인지용 그릇에 양배추를 담고 그 위에 대패삼겹살을 얹어요. 길이가 긴 삼겹살은 먹기 좋게 반으로 잘라요.

tip / 양배추를 밑에 깔 때 채 썬 대파를 같이 깔면 향긋한 대파향을 함께 즐길 수 있다.

3 | **재료 쌓기** | 고기 위에 고기 양념장 한 스푼 정도와 후추를 솔솔 뿌린 다음, 양배추→대패삼겹살→고기 양념장→후추 순서로 반복해서 쌓아요. 3겹 정도 쌓으면 봉긋한 산이 생겨요.

tip / 후추는 잊지 않고 꼭 뿌린다. 후추를 뿌렸는지 안 뿌렸는지에 따라 고기 맛에 큰 차이가 나기 때문

4 | **익히기** | 그릇에 랩을 씌워 전자레인지에서 4분 30초간 조리한 후 송송 썬 쪽파를 솔솔 뿌려요.

tip / 양배추의 아삭한 식감을 좋아하면 4분간, 부들부들한 식감을 원하면 5분간 조리

tip / 3번 과정에서 재료를 3겹 넘게 쌓았거나, 대패삼겹살이 두꺼운 편이라면 시간을 좀 더 추가

5 | **소스 만들기** | 왼쪽 분량의 찍어먹는 소스 재료를 모두 넣고 잘 섞어요.

tip / 기호에 따라 고춧가루를 약간 넣어도 좋고, 청양고추를 다져 넣거나 겨자를 살짝 풀어도 좋다.

인증샷 | **'까만콩나물'님의 양배추 대패삼겹찜** |

요 몇 년 사이 유난히 더워진 여름, 불 앞에 서고 싶지 않아 전자레인지만 사용하면 된다는 말에 양배추 대패삼겹찜에 도전했다는 '까만콩나물'님. 레시피에서 추천하는 것처럼 바로 썬 대패삼겹살은 아니었지만, 냉동실 대패삼겹살로도 충분히 부드럽고 맛있어서 찍어먹는 소스 없이 밥과 드셨다고 해요. 복잡한 요리가 귀찮은 날 도전해보세요.

오꼬노미야끼

맥주친구
오꼬노미야끼,
밥반찬으로 변신!

2~4인분(3장 분량) | 조리 25분

tip 소화 잘되는 마를 넣은 오꼬노미야끼

오꼬노미야끼의 원조 일본에서는 원래 반죽에 마를 넣어요. 마는 갈면 점성이 생겨서 반죽으로 사용하기도 해요. 소화도 잘 되고 피로회복에도 좋은 식재료랍니다. 마는 보통 집에 잘 놔두는 식재료는 아니지만, 혹시 있다면 오꼬노미야끼 반죽에 넣어보세요. 조금만 갈아서 반죽에 넣어도 좋고, 아예 물 없이 밀가루와 마로만 반죽을 만들 수도 있어요. 단, 이 경우 반죽이 약해서 뒤집을 때 부서지기 쉬우니 조심하세요.

인증샷 | '꽃빈'님의 오꼬노미야끼

'꽃빈'님이 알려준 가늘고 예쁘게 소스 뿌리는 비결은 바로 아이가 쓰는 쪽쪽이 약병이에요. 비닐 모서리를 잘라 소스를 뿌려도 좋지만, 집에 이런 약병이 있다면 한번 활용해보세요.

재 료

- ☐ 양배추 1/6통
- ☐ 대파 1대(10cm)
- ☐ 오징어 작은 것 1/2마리
- ☐ 새우(살) 8마리 ×
- ☐ 베이컨 4장 ××
- ☐ 가쓰오부시 3줌(6g)

×
오징어, 새우, 베이컨이 모두 있을 필요는 없다. 취향과 냉장고 상황에 따라 재료와 양 조절 가능

××
베이컨은 대패삼겹살로 대체하거나 없으면 생략해도 OK

소스

- ☐ 마요네즈
- ☐ 바비큐소스
  또는 돈가스 소스

오꼬노미야끼 반죽

- ☐ 부침가루 1/2컵
- ☐ 물 1/2컵
- ☐ 달걀 1개
- ☐ 국간장 1/3스푼 ×××
- ☐ 가쓰오부시 가루 1/2스푼

×××
국간장은 '연두'로 대체 가능

1 | **오꼬노미야끼 반죽하기** | 부침가루와 물을 왼쪽 분량대로 1:1 비율로 멍울지지 않게 섞고, 가쓰오부시 가루와 국간장을 넣어 반죽해요.

tip / 오꼬노미야끼 반죽에 가쓰오부시를 부숴서 가루로 만들어 약간만 넣으면, 반죽이 굉장히 맛있어진다.

2 | **재료 손질** | 오징어는 4~5cm 길이로 길쭉하게 썰고, 새우는 크기가 크면 반으로 포를 떠요. 양배추와 대파는 작게 다져요. 베이컨 4장 중 1장을 잘게 다져서 반죽에 섞어요.

3 | **반죽 완성하기** | 1에서 만들어둔 반죽에 2의 양배추, 대파, 오징어, 새우 등 손질한 재료와 달걀을 추가해 잘 섞어 반죽을 완성해요.

tip / 집에 있는 옥수수 통조림을 한두 스푼 정도 반죽에 넣으면, 재미있는 식감을 즐길 수 있고 맛도 더 좋아진다.

4 | **모양 잡기** | 팬에 식용유를 두르고, 둥글고 도톰하게 반죽을 떠 넣어요. 그 위에 남은 베이컨 3장을 반으로 잘라 올린 다음, 베이컨 표면에 접착제 역할을 하도록 반죽을 약간 발라요.

tip / 베이컨 또는 대패삼겹살을 반죽 위에 올리는 과정은 생략 가능

5 | **부치기** | 중약불 또는 약불에서 앞뒤로 1분씩, 각 면당 2분씩 노릇하게 구워요.

tip / 전 부칠 때처럼 누르지 말고 약불에서 두세 번 뒤집어가며 굽는다.

6 | **마무리하기** | 잘 익은 반죽 위에 바비큐소스 또는 돈가스소스를 바르고 마요네즈를 뿌린 다음 가쓰오부시를 올려 오꼬노미야끼를 완성해요.

tip / 마요네즈는 지퍼백이나 위생백에 넣어서 모서리를 약간 잘라 뿌리면 가늘게 뿌릴 수 있다.

양배추 돼지고기 맑은 전골

푹 끓이기만 하면
속 풀리는 뜨끈한
전골 완성!
국수까지 말아서 하루를
든든히 마무리하세요.

2~3인분 | 준비 30분 + 조리 20분

tip 냉동 돼지고기 냄새 제거하는 방법

수입산 냉동 돼지고기는 냄새가 나기 쉬우므로 가급적이면 국내산 돼지고기를 사용하는 것이 좋아요. 수입산 냉동 돼지고기에서 냄새가 날 경우 다진 마늘과 청주를 넣고 미리 조물조물 무쳐두거나, 뜨거운 물에 30초 정도 담갔다 사용하면 냄새가 어느 정도 제거됩니다.

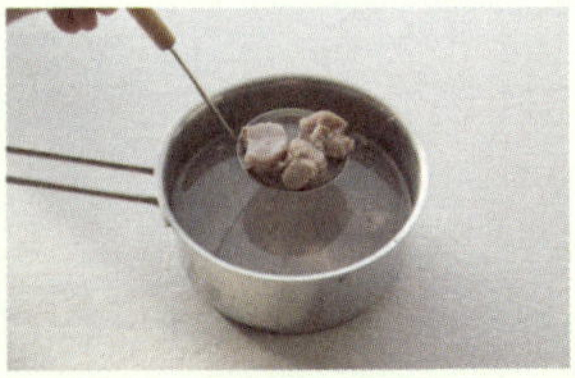

tip 국물요리 소스로 최고! 상큼한 유자폰즈 소스

볶음간장 4스푼, 유자청 2/3스푼, 식초 1스푼을 잘 섞으면 맑은 국물요리에 어울리는 유자폰즈 소스가 됩니다. 양배추 돼지고기 맑은 전골과 아주 잘 어울려요. 258쪽의 주꾸미 샤브샤브에도 잘 어울리니 만들어 드셔보세요.

→ 볶음간장 만드는 법은 46쪽 참고

재 료

- □ 찌개용 돼지고기 2컵 (300g) ×
- □ 양배추 1/7통
- □ 새우젓 1+1/2스푼
- □ 청양고추 1개
- □ 마늘 7알
- □ 참기름 1스푼
- □ 청주 1스푼
- □ 후추 조금
- □ 무 자투리 ××
- □ 홍고추 1/2개 ××
- □ 두부 1/4모 ××
- □ 소면 100g (엄지와 검지로 쥐었을 때 100원짜리 굵기) ××

×
돼지고기 대신 닭 살코기를 넣어도 OK

××
무, 홍고추, 두부, 소면은 생략 가능

다시마육수 ×××

- □ 다시마 3장(5×3cm)
- □ 끓는 물 4~5컵

×××
다시마육수는 멸치, 황태육수로 대체 가능. 멸치, 황태육수를 쓸 경우 간이 되어있으므로 새우젓 양 줄이기

1 | **다시마육수 내기** | 다시마를 찬물에 담가 30분 이상 두었다가, 약불에 올려 국물이 끓으면 불을 끄고 다시마를 건져낸 다음 사용해요(준비마당 51쪽 참고).

tip / 시간이 없을 때는 냄비에 다시마와 물을 한꺼번에 넣고, 팔팔 끓으면 불을 끄고 10분 정도 그대로 두었다가 사용

2 | **양배추 손질하기** | 양배추는 심지를 잘라내고 속부분을 떼어낸 뒤 큼직하게 썰어요. 그런 다음 흐르는 물에 씻고 체에 밭쳐 물기를 제거해요.

3 | **재료 손질하기** | 마늘은 한 알을 2~3조각으로 자르고, 청홍고추는 어슷하게 썰어요. 두부는 키친타월로 살짝 눌러 수분을 약간 제거한 뒤 한입크기로 잘라요. 무 자투리는 얇게 슬라이스해요.

4 | **돼지고기 볶기** | 달군 냄비에 참기름 한 스푼을 두르고 왼쪽 분량의 돼지고기, 마늘, 새우젓(1/2스푼), 청주를 넣고 후추를 톡톡 뿌려 중불에서 3분간 볶아요.

tip / 소금 대신 새우젓을 넣고 볶으면 감칠맛이 좋아진다. 새우젓을 통째로 넣기가 부담스럽다면 다져서 사용하거나 새우젓 국물만 사용한다.

5 | **재료 익히기** | 돼지고기가 반쯤 익으면 무와 양배추를 소복하게 담아요. 그 위에 두부와 청홍고추를 올리고 남은 새우젓(1스푼)을 두른 다음, 뚜껑을 덮고 중불에서 5분 정도 끓여요.

tip / 채소에서 수분이 자작하게 나오므로 아직 육수는 넣지 않는다.

6 | **끓이기** | 다시마육수(2컵)를 붓고 중약불로 줄여 5분 정도 더 끓이면 완성돼요. 왼쪽의 유자폰즈 소스에 찍어서 먹어요.

tip / 얼큰하게 먹으려면 고춧가루 1스푼+고추장 1/2스푼 추가. 소면을 건면째 넣어서 익혀 먹어도 OK

TOP

2

냉파가 시급한 식재료

무

승리의 V!
내가 2등

무도 양배추처럼 **1년 내내 재배가 가능**해서 언제나 살 수 있지만, 특히 **가을에 나는 무가 단단하고 시원하면서 단맛이 돌아 맛이 좋습니다.** 여름에 나는 무는 쓴맛이 나서 추천하지 않아요.

무에는 침에도 들어있는 **아밀라아제라는 소화효소**가 많아서 **소화와 배변활동**이 잘되도록 도와줍니다. 어릴 적 체했을 때 동치미 한 그릇 마시면 쑥 내려갔던 것도 다 이 무 덕분이었을 거예요. 뿐만 아니라 무는 **열을 내리고 기침, 가래를 삭이는 효과가 있어서 감기에도 좋고, 니코틴을 배출**하는 해독작용을 해서 **흡연자**에게도 좋아요. 무가 가장 달 때 하나 사서 다양하게 냉파해보세요.

무 고르는 법

① 잔뿌리가 많지 않은 것

② 무청이 붙어있던 쪽의 색이 초록색으로 선명하고 흰 부분과 구분이 뚜렷한 것

→ 초록색을 띠는 무의 윗부분은 단맛이 강해 생으로 무쳐먹거나 샐러드로 먹기에 적당해요. 아래로 갈수록 단단하고 매운맛이 강해져 나물, 조림, 국, 전골 등 열을 가해 익혀먹는 요리에 적합해요.

③ 표면에 흠집이 없이 희고 매끄러운 것

④ 단단하고 무거운 것

무 보관법

① 흙이 묻은 채로 신문지에 싸서 바람이 잘 통하고 서늘한 곳에 보관해두고, 필요한 만큼씩 잘라 껍질을 벗겨서 사용한다.

② 냉동보관할 때는 용도에 맞게 잘라서 끓는 물에 살짝 데쳐서 보관한다.

→ 생무를 냉동해서 사용할 경우 냉동과정에서 무 속 수분이 얼음결정이 되면서 조직이 변하고 식감이 달라져요. 가급적이면 냉장상태로 소비하는 것이 좋아요.

무 손질법

① 여름에 나는 무는 쓴맛이 나니 설탕에 살짝 절여 사용하는 것도 좋다.

→ 용도에 따라 설탕에 절여 사용하는 게 부적합할 수 있어요.

Key  word

#10~12월 제철 냉파추천

#소화효소 #아밀라아제 #소화촉진

#비타민 C #피부미용 #감기치료

#베타인 #간보호 #숙취해소

1주일 냉파 식단 & 식비 예산

구매시기와 구매처에 따라 금액에 차이가 있으므로 평균가로 잡았습니다.
모든 식재료가 다 있을 필요는 없어요. 냉장고 속 재료만으로도 충분히 맛을 낼 수 있습니다.

월 **무 수프**

□ 무 1개	₩2,500
□ 양파 1kg	₩3,000
□ 대파 1단	₩2,000
□ 베이컨 1봉	₩2,400
월요일 식비	**₩9,900**

화 **들깨뭇국**

□ 두부 1모(300g)	₩1,300
화요일 식비	**₩1,300**

수 **두 가지 스타일의 초간단 깍두기**

□ 무 2개	₩5,000
수요일 식비	**₩5,000**

목 **무 만두**

□ 다진 돼지고기 300g	₩2,700
목요일식비	**₩2,700**

금 **차돌박이 뭇국**

□ 차돌박이 300g	₩20,000
금요일식비	**₩20,000**

주말 특식 **홈메이드 하얀 단무지 김밥**

□ 무 1개	₩2,500
□ 김밥김 10장	₩2,500
□ 오이 1개	₩1,000
□ 게맛살 1봉	₩1,100
□ 달걀 30구	₩7,000
주말식비	**₩14,100**

3~4인 가족 1주일 평균 식비 ₩200,000 — **무 냉파 1주일 예상 식비** ₩53,000 = **1주일 식비** ₩147,000

절감 효과

무 수프

무 자투리,
찬밥까지 넣어
휘리릭 끓이면 든든!
숙취가 싹 풀리는 아침!

3~4인분 | 조리 15분

재료

- □ 무 2/3토막 ×
- □ 양파 1/4개
- □ 대파 2대(7cm)
- □ 베이컨 1장
- □ 버터 1/3스푼(10g)
- □ 밥 3스푼
- □ 물 2컵
- □ 우유 1/4컵 ××
- □ 소금 1/3스푼

×
무는 5cm 두께(200g)를 1토막으로 표기

××
우유는 없으면 생략 가능. 우유가 없으면 무죽이 되지만 충분히 수프 느낌이 나서 유당불내증 아이들이나 어른에게도 OK

1 | **재료 볶기** | 무, 대파, 양파는 얇게 채 썰고 베이컨도 작게 잘라 버터를 녹인 냄비에 넣고 중불에서 타지 않게 볶아요.

tip / 수프에는 치킨스톡(닭육수)을 많이 사용하는데, 없을 땐 베이컨을 넣고 끓이면 따로 육수가 없어도 맛있는 수프 완성

2 | **끓이기** | 채소가 익으면 밥을 넣고 물을 부어 밥이 부드럽게 퍼질 때까지 중불에서 보글보글 끓여요.

3 | **마무리하기** | 밥알이 퍼지면 믹서기나 블랜더에 넣고 곱게 갈아 냄비에 담아요. 여기에 우유를 넣고 소금으로 간한 뒤 잘 저어가며 약불에서 1~2분 정도 더 끓여요.

tip / 우유를 넣은 뒤에는 약불로 끓여야 갑자기 끓어넘치는 걸 방지할 수 있다.

들깨뭇국

김밥이나
한 그릇 밥만 먹기
아쉬울 때,
간단하게
끓여 곁들여요.

2~3인분 | 조리 15분

재 료

☐ 무 1토막(200g)
☐ 두부 1/4모

육수
☐ 멸치육수 3컵 ×
☐ 참기름 1스푼
☐ 소금 1/3스푼
☐ 들깨가루 1스푼

×
멸치육수 만드는 법은 52쪽 참고

1 | **재료 손질하기** | 무는 결 방향대로 0.5cm 두께로 채 썰어요.

tip / 결 반대방향으로 썰면 익으면서 잘 부서지니 꼭 결 방향대로 썬다.

2 | **육수 내기** | 냄비에 채 썬 무와 참기름, 소금을 넣고 중불에서 2분간 볶다가 멸치육수(1컵)를 붓고 뚜껑을 덮어 5분간 끓여요.

tip / 이 과정을 거쳐야 무에 육수와 간이 배고, 육수에 무의 단맛이 배어 나온다.

3 | **국 끓이기** | 무와 비슷한 크기로 썬 두부와 멸치육수(2컵)를 2에 넣고 끓이면서 중간중간 뜨는 거품을 걷어요. 마지막에 들깨가루를 넣고 한소끔 끓이면 완성.

tip / 들깨가루의 양은 기호에 맞게 조절하고, 부족한 간은 소금, 새우젓, 국간장 등으로 맞춘다.

겉절이 스타일의 깍두기

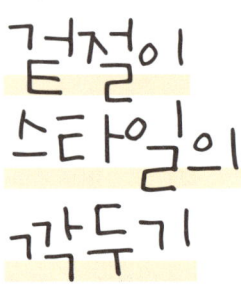

왕초보 성공확률
100%!
2가지 스타일로
김치 정복!

무 1개 분량 | 준비 1시간 + 조리 5분

tip 김치 담글 때 넣는 풀 만드는 방법

김치를 담글 때 넣는 풀은 김치양념이 잘 어우러지게 하고, 김치가 잘 익도록 발효에 도움을 주며 단맛을 내요. 더불어 김치 담글 때 사용하는 젓갈의 비린내, 여름김치의 풋내 등을 일부 줄여주는 효과도 있어요. 보통 찹쌀가루와 물을 1:2 비율로 섞어서 풀을 끓인 뒤 식혀서 사용하고, 찹쌀가루 대신 식은 밥을 물과 함께 갈아 죽을 쑤듯 끓인 다음 식혀서 사용하거나 밀가루로 풀을 쑤어 사용하기도 해요. 밀가루를 사용할 경우 물을 밀가루의 3배 분량으로 잡고 풀을 쑤어 식혀서 사용해요.

인증샷 | '죽달이'님, '부자이여사'님의 달짝지근 깍두기 |

이 책에는 무를 소금에 절여서 깍두기를 담그는 법과 무를 절이지 않고 간편하게 깍두기를 담그는 두 가지 방법이 소개되어 있어요. 두 분 다 무를 소금에 절이지도 않고, 밀가루풀도 없이 깍두기를 담가본 건 처음이라 괜찮을까 걱정도 많았다고 해요. 하지만 너무 쉬운 레시피에 속는 셈치고 만들어봤다가 입맛 돋우는 맛에 라면에 흰쌀밥까지 함께 드셨다고 하네요! 특히 아린 맛이 나는 여름무도 깍두기를 담갔더니 아린 맛이 사라졌다고 해요. 굉장히 쉬운 레시피이니 한번 도전해보세요.

'죽달이'님의 깍두기(좌)와 '부자이여사'님의 깍두기(우)

재 료

□ 무 1개(1kg)

무절임
□ 소금 2+1/2스푼
□ 올리고당 또는 물엿 2/3컵

고춧물
□ 고춧가루 1스푼

김칫물
□ 새우젓 3스푼
□ 물 4스푼
□ 홍고추 2개 ×

×
홍고추는 생략 가능

양념장
□ 설탕 1+1/2스푼
□ 고춧가루 5스푼
□ 액젓 3스푼
(멸치 또는 까나리)
□ 다진 마늘 1+1/2스푼 ××
□ 올리고당 3스푼
□ 다진 생강 1/2스푼
(생강즙 1스푼)

××
생강즙 1스푼으로 대체 가능

1 | **재료 손질하기** | 무는 깨끗이 씻어 사방 1.5cm 정도 크기로 깍뚝썰기해요. 써는 크기는 기호에 따라 조절하세요.

2 | **무 절이기** | 깍뚝 썬 무에 분량의 무절임 재료를 넣어 잘 버무리고, 중간에 한두 번 뒤적이며 1시간 동안 절여요. 절인 무는 물에 헹구지 말고 체에 밭쳐 물기를 제거하세요.

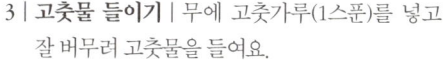

tip / 올리고당이나 물엿을 무와 버무려두면 무에 단맛이 배면서 수분이 많이 빠져나가 식감이 꼬득해진다. 여기에 양념을 버무리면 꽤 오랫동안 익지 않아 겉절이 느낌으로 먹을 수 있다.

3 | **고춧물 들이기** | 무에 고춧가루(1스푼)를 넣고 잘 버무려 고춧물을 들여요.

tip / 무에 마른 고춧가루를 넣어 빨갛게 색을 입힌 다음 양념장을 넣고 버무리면 색도 예쁘고 양념도 더 잘 묻는다.

4 | **김칫물 만들기** | 믹서기에 김칫물 재료를 넣고 갈아요.

tip / 홍고추가 없을 때는 새우젓을 칼로 다져서 사용

5 | **양념장 만들기** | 김칫물, 양념장 재료를 모두 섞어 양념장을 만들어요.

tip / 무를 절이는 동안 만들어둔다.

6 | **마무리하기** | 고춧물을 들인 무에 양념장을 넣고 잘 버무린 다음 밀폐용기에 담아 냉장보관해요.

tip / 겉절이 스타일로 두고 먹는 김치이므로 상온에서 숙성시키지 않고 바로 냉장보관한다.

신김치 스타일의 깍두기

진짜로 무만 자르면
깍두기 담그기 끝!
새콤깔끔
집 스타일 깍두기!

무 1개 분량 | 조리 15분 + 숙성 1~2일

재 료

- □ 무 1개(1kg)

양념장

- □ 설탕 1+1/2스푼
- □ 고춧가루 5스푼
- □ 액젓 5스푼 (멸치 또는 까나리)
- □ 다진 마늘 1스푼
- □ 다진 생강 1스푼
- □ 새우젓 1/2스푼

1 | **고춧물 들이기** | 무는 사방 1.5cm 크기로 깍뚝썰기하고 고춧가루(1스푼)를 넣어 고춧물을 들여요.

tip / 무는 절이지 않고 바로 사용

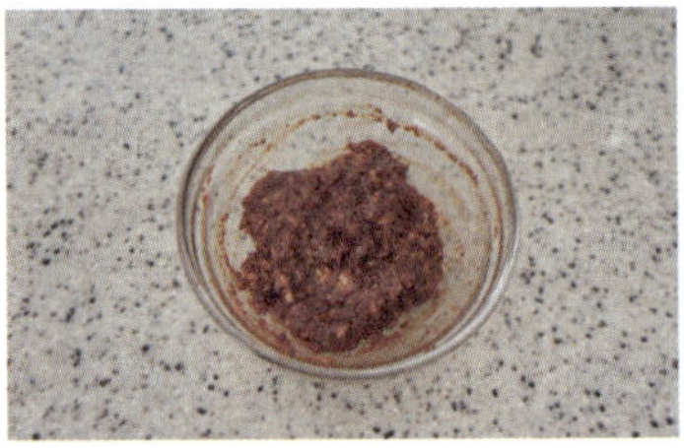

2 | **양념장 만들기** | 분량의 양념장 재료를 모두 섞어 양념장을 만들어요.

3 | **마무리하기** | 고춧물을 들인 무에 양념장을 넣고 잘 버무린 다음, 밀폐용기에 옮겨 담아 실온에서 하루나 이틀 정도 익혀서 냉장보관해요.

tip / 여름철에는 하루, 겨울철에는 이틀 정도 익혀서 냉장보관한다. 빨리 익히고 싶을 때는 양념장에 찹쌀풀(찹쌀가루 1스푼, 물 1컵)을 쑤어 식혀서 넣고 깍두기를 만든 뒤 반나절 정도 숙성 후 냉장보관한다.

tip

김치 레시피 보너스 – 돼지고기 수육용 겉절이

188쪽의
돼지고기 수육과
함께 먹으면
궁합 최고!

재료 | □ 알배기배추 1/2통(300~350g) □ 무 1/2토막(100g)
겉절이 양념 | □ 까나리액젓 2스푼 □ 고춧가루 3스푼 □ 설탕 1/2스푼 □ 다진 마늘 2/3스푼

만드는 법 |

① 겉절이 양념재료를 모두 섞어 양념장을 만들어요.

② 배추 뿌리를 잘라낸 뒤 작은 잎은 그대로 두고, 큰 잎은 길게 반으로 잘라 비스듬히 한입크기로 썰어요.

③ 무는 얇게 채 썰어 배추와 함께 섞어요.

④ 3에 양념장을 넣고 살살 버무리면 완성!

무 만두

무의 만두피 변신은
무죄! 남는 쌈무로
만들면 훨씬 쉬워요.

2~4인분(약 30개 분량) | 조리 30분

tip 만두소에 넣을 채소는 물기 쫙!

양배추, 배추, 무, 숙주 등 수분이 많은 채소나 두부를 만두소로 사용할 경우에는 소금에 절이거나 한 번 데친 다음 물기를 꼭 짜서 최대한 수분을 빼야 해요. 만두소에 물기가 너무 많으면 질척거리고 만두피가 잘 붙지 않아요.

인증샷 | '파파비'님, '집밥의여왕'님의 무 만두 |

둥글게 둘러담기만 해도 그럴듯한 일품요리 한 상으로 보이는 마법의 무 만두! 특히 밀가루를 사용하지 않고 만드는 만두라 글루텐이 없어 만들어 드신 분들 모두 속이 편하다고 좋아하셨어요.

'파파비'님(좌)과 '집밥의여왕'님(우)의 무 만두

재 료

- □ 무 1토막(200g)
- □ 소금 1/2스푼

만두소

- □ 다진 돼지고기 2컵 (300g) ×
- □ 대파 2대(15cm) ×
- □ 통마늘 5알 × (다진 마늘 1스푼)
- □ 표고버섯 1/2개 ×
- □ 양배추 1/12통 ×
- □ 당근 약간×
- □ 볶음간장 2스푼 ××
- □ 후추 약간
- □ 참기름 약간

×
만두소 재료는 냉장고에 있는 재료 위주로 가감, 돼지고기는 목살과 앞다리살이 기름기가 있어 맛이 좋고, 마트에서 판매하는 뒷다리살 다짐육도 괜찮다.

××
볶음간장 2스푼은 간장 1스푼+맛술 1스푼으로 대체 가능

양배추 절임물

- □ 소금 1/2스푼
- □ 물 1/4컵

찍어먹는 소스

- □ 볶음간장 1스푼 ×××
- □ 식초 1스푼
- □ 깨소금 1/2스푼

×××
볶음간장 만드는 법은 준비마당 46쪽 참고

새콤하게 만든
쌈무

1 | **만두피 만들기** | 슬라이서나 칼로 무를 최대한 얇게 썰어요. 무에 소금(1/2스푼)을 약간 뿌려 15분 정도 절인 다음 키친타월로 꾹꾹 눌러 물기를 제거해요.

tip / 만두피용 무를 소금에 절이는 과정으로, 무를 접었을 때 부러지지 않을 정도로 절인다. 남는 쌈무를 활용해도 OK

2 | **재료 손질하기** | 양배추는 잘게 다져서 분량의 양배추 절임물 재료를 넣고 잘 섞어요. 10분간 절인 다음 물기를 꼭 짜요.

tip / 만두소에 들어갈 재료는 최대한 물기를 제거하고 사용

1
2
3

3 | **재료 손질하기** | 표고버섯은 잘게 다지는데, 갓①은 그냥 다지고 기둥②는 장조림 고기 찢듯 잘게 찢어 다져요.

tip / 기둥 밑둥부분③은 냉동보관했다가 육수 낼 때 사용

4 | **만두소 만들기** | 모든 만두소 재료를 섞고 볶음간장, 후추, 참기름을 넣어 충분히 치대요. 양배추는 물기를 최대한 짜서 넣어요.

5 | **만두 빚기** | 절인 무에 만두소를 반 스푼 정도 넣고 반으로 접어 팬에 둥글게 돌려 담아요. 가장자리가 다물어지지 않아도 괜찮아요. 레시피대로 하면 30~32개 정도의 만두가 완성됩니다.

6 | **만두 익히기** | 중불에서 지글지글 소리가 날 때까지 익힌 다음, 약불로 줄여 뚜껑을 덮고 5분간 더 익혀요. 분량대로 만든 간장 소스에 찍어 먹어도 좋아요.

tip / 고기에서 기름이 나오므로 따로 기름을 두르지 않아도 되고, 기름을 살짝 둘러 바닥이 튀겨지듯 구워도 좋다. 찜통에 넣고 쪄도 색다른 무 만두를 즐길 수 있다.

차돌박이 뭇국

소고기 어느 부위든
상관없어요.
냉장고 속 소고기를
다 깨워보세요.

3~4인분 | 조리 15~20분

인증샷 | '집밥의여왕'님의 뭇국 |

'집밥의여왕'님의 냉파 인증사진이에요. 그런데 국이라기에는 어딘가 생소한 모습이죠? 육아 중이신 '집밥의여왕'님은 냉파 레시피를 따라하면서 동시에 아이 이유식으로도 활용하고 계시다고 해요. 뭇국에 간하기 전에 아이용은 미리 덜어 두고, 나중에 어른용으로 따로 간을 해 드셨다고 합니다.

이렇게 꼭 레시피를 그대로 따라하지 않고 내게 맞는 다양한 방법으로 활용할 수 있어요. 집에 아이가 있다면, 혹은 가족들의 입맛이 제각각 다르다면 한번 이런 방법을 시도해보는 것도 좋아요.

재 료

☐ 차돌박이 12~15롤 ×
☐ 무 1토막(200g)
☐ 두부 1/2모 ××

×
차돌박이 대신 소불고깃감 등 다른 소고기 부위를 사용해도 OK
××
두부는 없으면 생략 가능

무 볶음
☐ 참기름 1스푼
☐ 소금 2꼬집
☐ 다진 마늘 1스푼
☐ 육수 1컵
(멸치 또는 다시마)
☐ 청주 1스푼×××

×××
청주는 고기 냄새를 잡아주는 역할을 하지만, 없다면 생략 가능. 요리술로 대체해도 OK. 소주는 끓여도 쓴맛이 남고 맥주는 특유의 냄새 때문에 비추

국
☐ 육수 3컵
(멸치 또는 다시마)
☐ 국간장 1스푼
☐ 후추 약간

1 | **재료 손질하기** | 무는 사방 2cm로 깍뚝썰기하고, 두부는 무보다 약간 작은 크기로 깍뚝썰기해요. 취향에 따라 나박썰기, 채썰기 모두 가능해요.

tip / 두부는 뜨거운 물에 들어가면 부풀기 때문에 무와 크기를 맞추려면 무보다 조금 작게 썬다.

2 | **고기 손질하기** | 차돌박이는 얼어있는 상태에서 듬성듬성 썰어요.

tip / 차돌박이는 녹았을 때보다 얼어있을 때 자르기가 훨씬 쉽다. 냉동실에서 꺼내 듬성듬성 썬다. 녹아서 핏물이 나온다면 키친타월로 제거 후 사용

3 | **무 볶기** | 냄비에 참기름을 두르고 무와 소금을 넣어 중불에서 2~3분 정도 볶아요.

tip / 차돌박이를 먼저 볶아 덜어두고 그 기름에 무를 볶아도 된다. 맛에는 큰 차이가 없다.

4 | **육수 내기** | 썰어둔 차돌박이를 3에 넣고 볶다가 반쯤 익으면 다진 마늘, 청주, 육수(1컵)를 넣고 센불에서 바글바글 끓여요. 청주가 어느 정도 날아가면 뚜껑을 덮고 중약불에서 5분 정도 끓여요.

tip / 기름기가 떠있는 국물을 싫어한다면 끓이면서 기름을 걷어낸다.

tip / 빨갛게 먹고 싶다면 차돌박이를 넣고 볶을 때 고춧가루를 한 스푼 넣고 같이 볶는다. 이때는 국간장보다 액젓으로 간하는 게 맛이 좋다.

5 | **국 끓이기** | 4에 육수(3컵), 국간장, 두부를 넣고 끓어오르면 완성이에요. 국그릇에 담을 때 후추를 톡톡 뿌려요.

tip / 기호에 따라 간을 조절하고, 더 시원하고 칼칼하게 먹고 싶다면 대파, 청양고추를 조금 넣는다.

홈메이드 하얀 단무지 김밥

소풍 짝꿍 김밥!
직접 만든 단무지로 맛도
건강도 놓치지 않을
거예요.

4줄 | 조리 10~30분

tip 홈메이드 하얀 단무지 만드는 방법

위생상태가 걱정되는 시판용 노란 단무지 대신, 무를 하나 사서 집에서 손쉽게 단무지를 만들어보세요.

재료 | □ 무 1개(1kg) □ 소금 2스푼

절임물 | □ 물 2컵 □ 설탕 1컵 □ 식초 1컵 □ 소금 1스푼

만드는 법 |

① 무는 1~1.5cm 두께가 되도록 길게 잘라요. 무는 절이면서 약간 작아지는 것을 감안해서 두께는 취향에 맞게 조절하면 됩니다.

② 자른 무를 큰 볼에 담고 소금을 2스푼 뿌려 부드럽게 휘어질 정도로 약 2시간 정도 절인 다음, 헹구지 말고 손으로 물기를 꼭 짜요.

③ 무가 다 절여지면 식초를 제외한 절임물 재료를 냄비에 넣고 끓이다가 끓기 시작하면 불을 끄고 식초를 넣어요.

④ 절인 무를 용기에 담고 절임물을 부어 한 김 식힌 다음, 밀봉해서 이틀 정도 상온에 뒀다가 냉장고에 넣고 일주일 뒤 맛보세요.

재 료

□ 김밥 김 4장
□ 오이 1개 ×
□ 크래미 6개(150g) ×
□ 사각어묵 1장 ×
□ 달걀 4개
□ 당근 1/3개 ×
□ 단무지 4개
□ 밥 2인분

×
김밥 재료에 진미채, 햄, 자투리 채소 등 다양한 재료를 넣어도 OK

밥 양념
□ 소금 1/3스푼
□ 참기름 2스푼

달걀 양념
□ 소금 1/3스푼
□ 설탕 1/3스푼

게맛살 양념
□ 마요네즈 1+1/2스푼
□ 소금 1꼬집
□ 후추

1 | **달걀 지단 부치기** | 달걀에 소금, 설탕을 넣고 풀어서 도톰하게 달걀말이 하듯 지단을 부쳐요.

2 | **재료 손질하기** | 크래미는 결대로 찢어서 양념 넣어 버무리고, 사각어묵은 도톰한 굵기로 썰어 팬에 노릇하게 구운 다음 키친타월로 기름기를 제거해요. 당근도 채 썰어 식용유를 넉넉하게 두른 팬에 소금으로 간해서 볶은 다음 키친타월로 기름기를 제거하고, 오이도 채 썰어 준비해요.

3 | **밥 양념하기** | 뜨거운 밥에 소금, 참기름을 넣고 밥알이 으깨지지 않도록 주걱으로 자르듯이 잘 섞어 한 김 식혀요.

tip / 김밥을 할 때는 밥물을 조금 적게 잡고 다시마(4×4㎝) 한 조각을 넣어 밥을 하면 고슬고슬하고 밥맛이 좋다.

4 | **김밥 말기** | 도마나 트레이에 김을 거친 면이 위로 오도록 놓고, 양념한 밥을 고르게 편 다음 준비한 재료를 올려 짱짱하게 말아요.

tip 김밥 예쁘게 마는 방법

① 김 위에 밥을 펴고 깻잎이나 계란 지단 같은 넓은 재료를 올린 다음 그 위에 나머지 재료를 올려 말아요. 반으로 자른 김을 밥 위에 펼쳐 재료를 올리는 것도 방법이에요.

② 모양이 잘 잡히지 않는 재료를 먼저 올리고, 그 위에 단무지 같은 단단한 재료를 올려 말면 모양이 잡혀 잘 말려요.

③ 단무지와 햄 등 단단한 재료 사이에 나머지 재료를 놓고 말아요.

TOP 3

냉파가 시급한 식재료

파&양파

어느 음식에도
빠지지 않는
우리가 3등!

대파와 양파는 요리에 1년 내내 빠지지 않는 **필수 향신채소**이지만 **대파는 제철인 9~12월, 양파는 7~9월**에 특히 맛있어요. 대파와 양파의 매운맛은 **알리신**이라는 성분에서 나와요. 알리신은 **혈액순환**을 촉진시켜 **몸을 따뜻하게** 해주고, 비타민 B가 몸에 잘 흡수되도록 도와줘서 **피로회복**에도 그만이지요. 게다가 **감기**에도 좋아서 제철인 가을부터 겨울까지 많이 먹어두면 정말 좋아요. 대파와 양파는 매운맛도, 익히면 올라오는 단맛도 똑닮아 식욕이 없을 때 입맛을 돋궈준답니다.

대파 고르는 법

① 잎의 푸른 부분이 굵고 색이 짙은 것
② 뿌리가 풍성하고 흰 부분이 곧고 긴 것
③ 흰 부분부터 푸른 부분으로 이어지는 부분이 단단하고, 색의 구분이 뚜렷한 것
④ 꽃대가 올라오지 않은 것
→자세한 손질, 보관법은 99쪽을 참고하세요.

양파 고르는 법

① 껍질이 축축하지 않고 잘 마른 것
② 광택이 있고 붉은 빛이 도는 것
③ 단단하고 중량감이 있는 것
→자세한 손질, 보관법은 99쪽을 참고하세요.

Key word

#대파는 9~12월
#양파는 7~9월 냉파추천! #알리신
#혈액순환개선 #감기치료 #피로회복
#펙틴 #콜레스테롤분해 #다이어트

1주일 냉파 식단 & 식비 예산

구매시기와 구매처에 따라 금액에 차이가 있으므로, 평균가로 잡았습니다.
모든 식재료가 다 있을 필요는 없습니다. 냉장고 속 재료만으로도 충분히 맛을 낼 수 있어요.

월 대파 페이스트 베이컨 채소볶음

□ 배추 1포기	₩4,000
□ 베이컨 1봉	₩2,400
□ 양파 1kg	₩3,000
□ 꽈리고추 1봉	₩2,500
월요일 식비	**₩11,900**

화 순두부 대파 된장국

□ 대파 1단	₩2,000
□ 순두부 1팩	₩1,400
화요일 식비	**₩3,400**

수 양파 장아찌

□ 양파 1kg	₩3,000
수요일 식비	**₩3,000**

목 파절이 & 쪽파무침

□ 대파 1봉	₩2,000
□ 쪽파 1봉	₩3,500
목요일 식비	**₩5,500**

금 해물파전

□ 오징어 1마리	₩1,700
□ 새우살 100g	₩2,500
금요일 식비	**₩4,200**

주말 특식 양파 100%카레

□ 고형카레 1팩	₩3,800
주말 식비	**₩3,800**

3~4인 가족 1주일 평균 식비 ₩200,000 — **파 & 양파 1주일 예상 식비** ₩31,800 = **1주일 식비** ₩168,200

절감 효과

대파 페이스트

있는 재료 다 볶아서
대파 페이스트만
부으면 향미 폭발!

2~3인분 | 조리 15분

재료

- □ 대파 4대(썰어서 4컵)
- □ 다진 마늘 1스푼
- □ 식용유 1+1/2~2컵 ×
- □ 소금 1/3스푼
- □ 후추 약간
- □ 참기름 1/4컵 ××

×
오일은 포도씨유, 카놀라유, 콩기름, 해바라기씨유 등 있는 걸로 사용. 올리브유는 특유의 향 때문에 비추

××
취향에 따라 생략 가능

1 | **대파 손질하기** | 대파는 깨끗이 씻어 물기를 제거하고 0.5cm 간격으로 썰어요.

2 | **끓이기** | 팬에 재료를 전부 넣고 약불에서 5분간 끓인 뒤, 불을 끄고 그대로 5분 정도 식혀요.

3 | **마무리하기** | 어느 정도 식은 2의 파기름을 믹서기나 블랜더에 넣고 간 다음 소독한 유리용기에 넣어 냉장보관해요.

tip

대파 페이스트로 만드는 간편 베이컨 채소볶음!

대파 페이스트 만드는 방법은 파기름 만드는 방법과 비슷한데, 대파 건더기를 걸러서 버리지 않고 부드럽게 갈아주면 맛과 향이 훨씬 진해져요. 어디든 조금씩 넣으면 색감도 좋고, 손쉽게 맛을 업그레이드할 수 있는 마법의 소스이지요. 각종 볶음요리나 나물무침, 양념장 등으로 활용할 수 있어요. 여기서는 대파 페이스트만 넣고 볶으면 완성되는 간편하고 맛있는 베이컨 채소볶음을 알려드릴게요.

재료 | □ 배춧잎 3~4장 □ 베이컨 3장 □ 양파 1/2개 □ 꽈리고추 4개
□ 대파 페이스트 2스푼 □ 깨소금 약간 □ 소금 1/4스푼

만드는 법 |

① 배춧잎은 흐르는 물에 깨끗이 씻어 물기를 제거하고, 포 뜨듯이 비스듬히 한 입크기로 잘라요.

② 양파는 채 썰고, 꽈리고추는 어슷하게 2~3등분해서 썰어요. 베이컨은 1cm 두께로 잘라요.

③ 달군 팬에 대파 페이스트를 2스푼 넣고 손질한 재료와 소금을 넣고 센불에서 3~4분간 볶아요. 접시에 담고 깨소금을 뿌린 뒤 부족한 간은 소금 또는 간장으로 맞춰요.

tip

육수 재료가 없을 때, 대파로만 만드는 대파육수!

집에 만들어 둔 육수가 없거나 멸치나 다시마 육수를 급하게 내려고 해도 재료가 없을 때, 집에 대파만 있으면 대파 특유의 달큰한 맛이 일품인 대파육수를 만들 수 있어요. 대파육수는 오래 끓이면 끓일수록 파의 단맛이 우러나와 맛있고, 소금이나 국간장보다는 액젓으로 간을 해야 풍부한 맛이 나요. 마땅한 재료가 없다면 대파만 썰어 오랜 시간 푹 끓여보세요.

재료 | □ 대파 4대(20cm) □ 물 5컵 □ 국간장 1스푼 □ 액젓 1/2스푼(까나리 또는 멸치)

만드는 법 |

① 대파는 큼직하고 길쭉하게 잘라요. 어슷 썰거나 너무 얇게 썰면 오래 끓이면서 실처럼 돼요.

② 냄비에 대파와 물 5컵을 붓고 센불에서 15분간 끓여요. 이때 냉동해둔 표고버섯 기둥이나 자투리 무조각 등을 함께 넣어도 좋아요.
→ 뚜껑을 덮으면 끓어넘치므로 반드시 열고 끓인다.

③ 국간장 1스푼, 까나리액젓 1/2스푼을 넣어 마무리해요. 기호에 따라 간장이나 액젓 양을 조절해요.

불타는 청춘

〈불타는 청춘〉에서 김완선이 만들어 눈길을 끌었던 만능 대파국!

인증샷 | **'하요비'님, '죽달이'님의 대파국** |

위의 방법대로 대파육수를 만들어 요리에 활용해도 좋지만, 여기에 계란을 풀어 대파국을 만들어 먹어도 좋아요. 실제로 이 대파국에 도전한 '하요비'님과 '죽달이'님은 심심하면서도 달큰한 파향이 매력적인 간편국이라고 평가하셨네요.

'하요비'님의 대파국(좌)과 '죽달이'님의 대파국(우)

순두부 대파 된장국

대파, 된장,
두부만 있으면
오늘 국 걱정 끝!

2인분 | 조리 8~10분

재료

- □ 대파육수 3컵
- □ 된장 1+1/2스푼 ×
- □ 순두부 1팩 ××

×
재래된장으로 대체 가능. 이때는 다진 마늘 1/3스푼 추가

××
순두부 대신 연두부 사용도 OK. 대파국에는 부드러운 두부 추천

1 | **대파육수 데우기** | 냄비에 대파육수를 넣고 보글보글 끓여요.

tip / 대파육수 만드는 방법은 왼쪽 페이지를 참고하세요.

2 | **된장국 끓이기** | 데운 대파육수에 된장을 넣고 잘 풀어요. 이때 간은 좀 짭짤해야 해요.

tip / 순두부를 넣으면 수분이 많이 나와 국물 양도 많아지고 간도 연해진다. 그러니 순두부를 넣기 전 간은 좀 짭짤한 것이 좋다.

국산콩
순두부

3 | **마무리하기** | 보글보글 끓어오르면 순두부를 넣고, 4~5분 정도 더 끓인 뒤 불을 꺼요.

양파 장아찌

햇양파가 나오는
5월에 담가두면
몇 달이 든든한
시원 새콤
양파장아찌!

약 4리터 분량 | 조리 30분

재 료

□ 장아찌용 양파 1망 ×

×
장아찌용 양파는 수분함량이 적고 단단하며 당도가 높아 장아찌용으로 적당하다. 적양파, 햇양파, 저장양파 등 구분없이 장아찌를 담아도 OK

절임물 ××
□ 간장 4컵
□ 설탕 4컵
□ 물 4~5컵
□ 식초 4컵

××
기본 장아찌 양념 비율은 간장, 설탕, 식초, 물을 1:1:1:1로 맞춘다. 저염으로 할 경우 물 비율을 늘리거나 간장 비율을 낮춰준다. 2리터 용기 기준으로 2컵씩 넣으면 OK

1 | **양파 담기** | 껍질을 벗겨서 깨끗이 씻어 물기를 제거한 양파를 용기에 담아요.

tip / 유리용기는 팔팔 끓는 물을 가득 붓고 10분 정도 그대로 뒀다가 물을 비우고 그대로 세워서 여분의 수분을 날린다. 거꾸로 엎어두면 수분이 날아가지 못해 용기에 습기가 찬다.

2 | **절임물 끓이기** | 냄비에 간장, 설탕, 물을 넣고 중불에서 끓여요. 바글바글 끓으면 식초를 넣고 불을 꺼요.

3 | **양파 절이기** | 장아찌물이 뜨거울 때 양파에 붓고 한김 식으면 뚜껑을 닫아 실온에 하루 정도 뒀다가 냉장고에 넣어요. 고추나 자투리 채소를 함께 넣어도 좋아요.

tip / 냉장고에 넣은 지 4일쯤부터 먹을 수 있고, 3주쯤 되면 속까지 완전히 맛이 든다.

tip

대파, 양파 보관법

집에서 가장 많이 사용하는 채소인 대파와 양파. 그러다 보니 한꺼번에 싸게 많이 샀다가 다 못 쓰고 물러져서 버리는 경우가 많아요. 이제 제대로 된 대파와 양파 보관법으로 오래오래 보관하세요.

대파 손질 및 보관법

① 구입 후 얇은 겉껍질을 벗겨요.

② 뿌리, 누렇게 변한 푸른 잎은 잘라내고 깨끗이 씻어요.

③ 반드시 물기를 제거한 후 냉장보관해요.

→ 씻지 않고 그대로 보관하는 것이 가장 좋지만, 쓸 때마다 세척하는 번거로움을 줄이려면 깨끗이 씻은 다음 물기를 잘 제거한다.

④ 세워서 보관하는 것이 가장 좋고, 용기 바닥에 키친타월을 깔고 보관하면 오래 싱싱하게 보관할 수 있어요.

→ 대파를 냉동보관하는 경우가 많은데, 냉동한 대파는 녹으면서 흐물흐물해져서 식감이나 맛이 잘 어울리지 않으므로 볶음용으로는 냉동하지 않는 편이 좋다. 반면 대파 푸른 부분 끝쪽의 질기고 진액이 많이 나오는 부분이나 어슷하게 썬 대파 흰 부분은 얼려서 해동 없이 국, 찌개, 탕, 육수용으로 사용하면 간편하다.

양파 보관법

① 구입 후 껍질째 바싹 마른 상태로 실온보관해요.

② 껍질을 벗겨 잘 씻은 다음 물기를 꼼꼼하게 제거해 하나하나 키친타월로 감싸 냉장보관해요.

→양파를 하나씩 감싸 보관하면 양파끼리 닿는 부분이 무르지 않아 오래 보관할 수 있다.

인증샷 | '다붕뜨'님의 양파 장아찌 |

매운 걸 좋아하는 '다붕뜨'님은 레시피대로 양파 장아찌를 담그면서 청양고추를 함께 썰어서 넣었다고 해요. 양파와 청양고추를 함께 담갔더니 새콤달콤한 절임물에 매콤한 맛이 배어 한층 더 맛있었다고 하네요. 매운 걸 좋아하는 분이라면 양파 장아찌에 청양고추를 넣어보세요.

파절이

삼겹살 필수 파절이!
눈물콧물 흘리며 써는
대신 어슷썰기로
훨씬 간편하고
맛있게!

2인분 | 조리 5분

재 료

□ 대파 2대 ×

×
뿌리만 잘라내고 전부 사용

양념 ××
□ 간장 1스푼
□ 식초 2스푼
□ 고춧가루 1+1/2스푼
□ 참기름 1스푼
□ 설탕 1/2스푼
□ 통깨 1/2스푼

××
이 레시피는 빼는 양념재료 없이 그대로 넣어 만든다.

1 | **대파 손질하기** | 파는 길게 한번 잘라준 다음 어슷하게 썰어요.

tip / 보통 길쭉하게 채 썰어서 파절이를 만드는데, 어슷하게 썰면 손질하기도 좋고 먹기도 편하다.

2 | **양념장 만들기** | 통깨를 제외한 나머지 재료로 양념장을 만들어요.

tip / 양념장을 찍어 맛보며 신맛, 단맛 조절

3 | **무치기** | 양념장을 넣어 파를 무치고 통깨를 뿌려 파절이를 완성해요.

tip / 스팸을 스틱모양으로 잘라 노릇하게 구워 함께 무치면 반찬이나 술안주로 딱!

쪽파 무침

찬물에 밥만 말아
먹어도 든든!
5분 초간단 반찬!

2~3인분 | 조리 5분

재 료

□ 쪽파 5~6컵(20~25줄기)

양념
□ 간장 3스푼
□ 참기름 2스푼
□ 고춧가루 1+1/2스푼
□ 통깨 1/2스푼

1 | **쪽파 손질하기** | 쪽파는 깨끗이 씻어서 4~5cm 길이로 잘라요.

2 | **무치기** | 분량의 양념장 재료를 모두 넣고 잘 섞은 다음 자른 쪽파를 넣고 무쳐요.

tip 쪽파무침에 멸치 투척! 초간단 반찬 만들기

중멸치를 조금 넣어 같이 무쳐 먹어도 맛있어요. 멸치를 넣을 때는 참기름을 1/2스푼 정도만 더 넣고, 맛의 균형을 잡기 위해 식초를 조금 넣어요(식초는 생략 가능해요). 멸치를 넣으면 경상도 느낌의 반찬이 되는데, 찬밥에 찬물 말아먹을 때 딱 알맞아요. 멸치가 눅눅하거나 비릴 때는 마른 팬에 살짝 볶아서 사용하세요.

해물파전

비 오는 날은
해물파전이 딱!
냉동실 떡까지 썰어
넣으면 냉파효과
극대화!

3~4인분 | 조리 25분

tip 눅눅하지 않게! 바삭한 전 부치기

전을 바삭하게 부치려면 다음 세 가지 방법을 따라해보세요.

① 부침가루에 튀김가루를 3:1 정도로 섞어서 반죽해요.

② 얼음물이나 차가운 탄산수로 반죽하면 더 좋아요. 익히면서 탄산수의 기포가 날아간 자리에 공간이 생겨서 더 바삭해지거든요.

③ 반죽을 도넛 모양으로 부치면 바삭한 면적을 늘릴 수 있어요.

트레비

인증샷 | '내공플러스'님의 해물파전 |

전날 파김치를 담그고 남은 파로 냉파했다는 '내공플러스'님! 막걸리가 너무 생각나는 맛이라 참기 힘들었다고 하네요. 바로 부쳐 따끈하게 먹어도 맛있지만 이렇게 밀폐용기에 넣어 냉장보관했다가 밥반찬으로 먹어도 맛있어요.

재 료

□ 쪽파 5컵(약 20줄기)
□ 오징어 1/2마리
□ 새우(살) 5~6마리
□ 다진 마늘 1/2스푼
□ 떡볶이 떡 또는 떡국떡 5~6개 ×
□ 꽈리고추 3개 ××
□ 홍고추 2개 ××
□ 식용유 넉넉히

×
취향에 따라 떡은 생략 가능
××
매운 것을 싫어하면 꽈리고추와 홍고추는 생략

반죽
□ 부침가루 1+1/2컵
□ 물 1+1/2컵
□ 국간장 1/2스푼 ×××

×××
국간장 대신 진간장, 또는 '연두'를 사용해도 OK

1 | **재료 손질하기** | 쪽파는 깨끗이 씻어 4~5cm 길이로 자르고, 꽈리고추와 홍고추는 어슷썰거나 다져요. 떡볶이 떡은 동글동글한 모양을 살려 얇게 썰어요. 오징어와 새우살은 냉동일 경우 완전히 해동하고 적당한 크기로 썰어요.

2 | **반죽하기** | 부침가루와 물을 섞어 반죽하고 국간장 또는 진간장을 넣어요.

tip / 얼음물로 반죽하면 더 바삭해진다. 오래 저으면 글루텐이 생겨 반죽이 질겨지니 너무 오래 휘젓지 않는다.

3 | **재료 섞기** | 반죽에 손질한 재료를 모두 넣고 잘 섞어요.

4 | **부치기** | 뜨겁게 달군 팬에 식용유를 넉넉히 두르고 반죽을 얇게 펴 모양을 잡아요. 전을 구울 때는 처음부터 끝까지 중불로 구워요.

5 | **마무리하기** | 밑면이 잘 익어 팬을 흔들면 사각사각 소리를 내며 자유롭게 움직일 때 기름을 살짝 더 두르고 전을 뒤집어 구워요.

tip / 반죽이 두꺼울 때는 한 번 뒤집은 다음, 젓가락으로 반죽을 서너 군데 뽕뽕 찔러 구멍을 내면 속을 좀 더 고르게 익힐 수 있다.

양파100% 카레

양파만 넣어도
맛난다!
인스턴트 커피는
거들 뿐!

5~6인분 | 조리 35~40분

tip 카레에 고기를 넣고 싶다면? 닭다리살 강추!

카레에는 기름기 있고 쫄깃한 닭다리살이 잘 어울려요. 소금, 후추에 밑간한 닭다리살을 버터에 먼저 익히고, 반쯤 익으면 양파를 넣고 갈색이 될 때까지 볶아요. 아니면 212쪽의 닭다리살 치킨 가라아게를 만들어서 위에 올려도 잘 어울려요.

tip 카레 요리 삼천포, 어니언수프 만드는 법

오른쪽 2번 과정에서 양파색이 좀 더 날 때까지 볶다가, 소고기육수나 닭육수를 넣고 끓인 후 바게트와 치즈를 곁들이면 영혼을 달래주는 어니언수프가 돼요.

재 료

□ 양파 2개
□ 버터 1스푼(30g)
□ 고형카레 1팩(240g)
□ 물 4컵
□ 인스턴트커피 1/2스푼
□ 우유 5스푼 ×

×
생크림 2~3스푼으로 대체 가능

새우 토핑 ××
□ 새우살 1컵
□ 버터 2/3스푼(20g)
□ 소금 두 꼬집
□ 후추 약간

××
새우 토핑은 취향에 따라 생략 가능

부드러운 카레 ×××
□ 우유 1/2컵

×××
부드러운 카레를 원하면 우유나 생크림을 더 첨가. 우유는 생크림 5~6스푼으로 대체 가능

1 | **양파 썰기** | 양파는 얇게 채 썰어요.

tip / 양파 말고 다른 채소도 넣고 싶다면 고구마나 단호박 추천. 고구마와 단호박의 달콤한 맛이 양파 카레와 잘 어울린다.

2 | **양파 카라멜라이즈 만들기** | 냄비에 버터(1스푼)를 녹이고, 채 썬 양파를 넣어 중약불에서 타지 않고 갈색이 될 때까지 볶아요.

tip / 양파가 투명한 갈색이 될 때까지 볶는 과정을 카라멜라이즈라고 한다. 이 과정을 거치면 양파 고유의 단맛이 극대화되고 풍미가 좋아진다.

3 | **고형카레 풀기** | 볶은 양파에 물과 고형카레를 넣고 잘 저어 덩어리지지 않게 풀어요.

KANU 카누

4 | **카레 끓이기** | 카레가 다 풀어지면 인스턴트 커피가루와 우유(5스푼)를 넣고 잘 저으면 완성이에요.

tip / 향신료의 일종인 커피를 카레에 넣으면 맛과 향이 훨씬 풍부해진다.

한 걸음 더 1 | **새우 토핑하기** | 취향에 따라 새우를 곁들이는 경우, 달군 팬에 버터(2/3스푼)를 녹인 다음, 완전히 해동한 후 물기를 제거한 새우살을 넣고 소금과 후추 약간 뿌려 중불에서 3~4분간 구워요.

한 걸음 더 2 | **부드러운 카레 만들기** | 4에서 완성된 카레를 절반 정도 덜어낸 다음 우유 1/2컵(또는 생크림 5~6스푼)을 넣고 끓이면 훨씬 부드러운 맛의 카레를 즐길 수 있어요.

tip / 생크림을 넣는 게 가장 맛있지만, 생크림도 우유도 없다면 프림과 설탕이 든 믹스커피 1봉을 넣어도 OK

TOP
4

냉파가
시급한
식재료

두부

어디나 어울리는
부드러운 두부가
4등!

두부는 밭에서 나는 고기라고 할 만큼 영양이 풍부한 콩으로 만들어져요. 두부는 순두부, 연두부, 판두부 등 만드는 방법에 따라 조금씩 모양에 차이가 있어요. 수분이 많아서 양에 비해 **포만감**도 들 뿐 아니라, **좋은 단백질**을 많이 갖고 있어 **다이어트**에도 좋아요. 게다가 **식이섬유의 일종인 올리고당**이 들어있어 **장운동을 활발하게** 해주고 **소화흡수**를 도와서 **장 건강**에도 좋아요. 특히 두부 자체의 식감이 부드러워 부담 없이 먹을 수 있고, 심심한 맛이 어디에나 어울리는 식재료 중 하나예요.

두부 고르는 법

① 국산콩으로 제조한 것
② 제조일자가 오늘과 가장 가까운 것
③ 모양이 깨지거나 불순물이 없는 것

두부 보관법

① 밀폐용기에 담아 두부가 잠길 만큼 충분히 물을 부어 냉장보관한다.
② 2~3일 이상 냉장보관할 경우 매일 물을 갈아주고, 물에 소금을 조금 넣어 냉장보관한다.
③ 냉동 보관할 경우 두부가 물에 잠기도록 용기에 넣어 보관하고, 사용할 때는 완전히 해동한 뒤 손으로 꾹 눌러 물기를 제거한 다음 사용한다. 얼린 두부는 구멍이 숭숭 나있어 양념이 잘 배어야 하는 요리에 활용하면 좋다.

두부 손질법

① 필요한 크기로 잘라 사용한다.
② 냉동보관한 두부는 냉장실에서 자연해동하거나 바로 요리에 사용한다.

Key word

#수분풍부 #포만감
#낮은 칼로리 #다이어트
#식이섬유 #변비예방
#단백질 #근육량 증가

1주일 냉파 식단 & 식비 예산

구매시기와 구매처에 따라 금액에 차이가 있으므로 평균가로 잡았습니다.
모든 식재료가 다 있을 필요는 없어요. 냉장고 속 재료만으로도 충분히 맛을 낼 수 있습니다.

월 해물 순두부찌개

□ 오징어 1마리	₩1,700
□ 애호박 1개	₩1,500
□ 양파 1kg	₩3,000
□ 순두부 1팩	₩1,400
월요일 식비	**₩7,600**

화 마파두부 덮밥

□ 두부 1모(300g)	₩1,300
□ 마늘 1봉	₩1,000
화요일 식비	**₩2,300**

수 저염 두부 쌈장+쌈밥

□ 땅콩 200g	₩5,000
수요일 식비	**₩5,000**

목 중국식 순두부탕 (산라탕)

□ 다진 돼지고기 300g	₩2,700
□ 순두부 1팩	₩1,400
목요일 식비	**₩4,100**

금 냉동만두 두부찌개

□ 두부 1모(300g)	₩1,300
□ 냉동만두 1봉	₩5,000
□ 대파 1단	₩2,000
금요일 식비	**₩8,300**

주말 특식 순두부 땅콩깨 국수

□ 국수 900g	₩2,000
□ 오이 1개	₩1,000
□ 닭가슴살 400g(4덩이)	₩6,000
주말 식비	**₩9,000**

3~4인 가족 1주일 평균 식비 ₩200,000 — **두부 냉파 1주일 예상 식비** ₩36,300 = **1주일 식비** ₩163,700

절감 효과

해물 순두부찌개

시판소스 보다,
맛집보다 더 맛있다!
냉동실 해물 다
털어넣기!

2인분 | 조리 20분

tip 돼지고기로 순두부찌개 냉파하기

해물순두부찌개가 아니라 고기순두부찌개를 끓일 때는 다진 돼지고기 1/2~2/3컵과 표고버섯을 같이 넣고 볶아서 만들면 맛있어요.

tip 쌀뜨물은 두 번째, 세 번째 씻은 물로!

쌀뜨물로 요리할 때 맨 처음 쌀을 씻은 물은 불순물이 많으므로 사용하지 않아요. 키우는 화초가 있다면 거기에 부어주세요. 요리에는 두 번째, 세 번째 씻은 쌀뜨물을 사용해요. 쌀의 영양소가 녹아있어서 몸에도 좋고 다른 육수에 비해 열량도 낮아요.

재 료

☐ 오징어 작은 것 1마리 (150g) ×
☐ 홍합살 1/2컵 ×
☐ 애호박 1/3개
☐ 양파 작은 것 1개
☐ 순두부 1팩
☐ 쌀뜨물 또는 멸치육수 1컵 ××

×
오징어, 홍합살이 없다면 냉장고 속 다른 해물 활용

××
쌀뜨물은 멸치육수로 대체 가능. 멸치육수에는 간이 되어있으므로 이때는 양념의 액젓을 1스푼만 넣기

볶은 고춧가루
☐ 식용유 2스푼
☐ 참기름 1스푼
☐ 다진 마늘 2스푼
☐ 고춧가루 2스푼

양념
☐ 국간장 2스푼
☐ 액젓 1+1/2스푼 (멸치 또는 까나리)
☐ 달걀 1개
☐ 장식용 대파 1대

1 | **재료 손질하기** | 오징어는 깨끗이 씻어서 다리는 2cm 정도 길이로 자르고, 몸통은 배쪽에 십자 모양으로 칼집을 여러 번 낸 뒤 한입크기로 썰어요. 애호박과 양파는 사방 1.5cm 정도 크기로 깍뚝썰기 해요. 홍합살은 흐르는 물에 흔들어 씻어 체에 밭쳐 물기를 제거하고, 수염도 있으면 제거해요.

2 | **고춧가루 볶기** | 뚝배기에 참기름과 식용유, 다진 마늘을 넣어 약불로 약하게 볶다가 마늘향이 올라오면 고춧가루를 넣고 타지 않게 볶아요.

tip / 건새우가 있다면 고춧가루 볶을 때 같이 넣어 볶으면 좋다.

3 | **해물 익히기** | 뚝배기에 손질한 홍합살, 오징어를 넣고 해물이 70% 정도 익을 때까지 중약불에 타지 않게 볶아요.

tip / 냉동실에 남은 새우살이나 주꾸미가 있으면 함께 넣어도 OK

4 | **채소 익히기** | 애호박과 양파를 넣고 잘 섞은 다음, 분량의 양념을 넣고 다시 한 번 섞어 중약불에 짭짤한 냄새가 올라올 때까지 볶아요.

5 | **찌개 끓이기** | 뚝배기에서 짭짤한 냄새가 훅 올라오면 쌀뜨물을 붓고 센불로 올려요. 바글바글 끓으면 순두부를 넣고 숟가락으로 큼직큼직하게 잘라 3분 정도 더 끓여요.

6 | **장식하기** | 달걀은 불을 끈 다음 넣어요. 대파를 송송 썰어 올리면 완성!

tip / 취향에 따라 달걀을 풀지 않고 그냥 넣어도 OK

마파두부 덮밥

굴소스와 고추장 넣어
자투리 채소 및 고기를
처리한다!

2~3인분 | 조리 20분

tip 두부 썰 때 잘 부스러지지 않게 하는 법

두부를 썰기 전에 소금을 약간 뿌려 두면 두부에서 수분이 빠져나와 덜 부스러져요.

tip 육수가 없을 때 응급조치 방법 2가지

만들어둔 육수는 없는데 물로만 요리하기에는 맛이 부족할 것 같은 때가 있어요. 그럴 땐 다시마 한 조각이라도 뜨거운 물에 담가두었다가 사용하면 좋아요(51쪽 참고). 혹시 냉장고에 건표고버섯이 있다면 물에 한 번 헹군 다음 뜨거운 물에 불려 사용해요. 버섯 불린 물을 육수로 사용하는 것도 방법이에요.

재 료

□ 두부 1/2모
□ 양파 1/2개
□ 마늘 6알
(다진 마늘 2+1/2스푼)
□ 대파 3대(10cm)
□ 다진 돼지고기 3/4컵
□ 표고버섯 2개 ×
□ 파, 부추 약간 ××

×
팽이버섯을 대신 넣을 경우에는 마지막에 넣어 식감을 살린다.
××
버섯, 파, 부추 등은 없으면 생략 가능. 당근, 호박, 연근 등 다른 채소를 다져 넣어도 OK

소스 ×××
□ 식용유 5스푼
□ 굴소스 2스푼
□ 후추
□ 고추장 3스푼
□ 국간장 1스푼
□ 물 1+1/2컵(또는 육수)

×××
바쁠 땐 시판 소스를 활용해도 좋다.

전분물
□ 전분 2스푼
(감자 또는 고구마 전분)
□ 물 4스푼

1 | **재료 손질하기** | 양파, 대파, 표고버섯, 마늘은 굵게 다지고 부추는 깨끗이 씻어 쫑쫑 썰어요.

tip / 재료가 꼭 전부 있어야 하는 건 아니다.

2 | **두부 손질하기** | 두부는 키친타월로 살살 눌러 수분을 살짝 제거하고, 사방 1cm 크기로 깍뚝썰기해요.

3 | **채소 볶기** | 달군 팬에 식용유(5스푼)를 두르고 분량의 대파와 마늘을 넣어 향이 배어나도록 중불에서 1분간 볶은 다음, 양파를 넣고 잠깐 볶아요. 그런 다음 다진 돼지고기, 다진 표고버섯, 굴소스, 후추를 넣고 볶아요.

4 | **고추장 군내 제거하기** | 고추장을 넣고 타지 않도록 중불에서 잘 볶아요.

tip / 고추장 같은 장류는 볶으면 군내나 잡내가 사라져 맛이 더 좋아진다. 고추장찌개를 끓이거나 다른 요리를 할 때도 고추장을 볶아 사용해보자.

5 | **소스 농도 맞추기** | 4에 물(1+1/2컵)을 넣고, 소스가 끓으면 두부를 넣고 잘 섞은 다음 전분물을 조금씩 넣어 농도를 조절해요.

tip / 물 대신 다시마육수(51쪽 참고)를 넣으면 맛이 더 좋아진다.

6 | **마무리하기** | 국간장을 넣어 간을 맞추고, 취향에 따라 마지막에 참기름을 살짝 둘러도 좋아요. 불을 끄고 부추를 넣어 완성!

저염 두부 쌈장 + 쌈밥

두부로 만들어
아이들도 먹기 좋은
저염 쌈장! 돌돌 말아
입맛 없는 날
하나씩 쏙쏙!

5~6인분 | 조리 15분

tip 아이들용 영양만점 한 입 쌈밥 만들기

아이들용 쌈밥은 안에 멸치볶음이나 참치, 햄 같은 것을 조금 넣어 작게 만드는 것이 좋아요. 이 책에서는 다소 맛이 강한 케일로 쌈밥을 만들었지만 상추, 쑥갓, 겨자잎 등 쌈채소에 밥과 함께 싸먹어도 맛있어요. 또 쌈채소 대신 오이를 필러로 길게 깎아서 밥을 놓고 말아 두부쌈장을 올려먹으면 시원하고 맛있어서 아이들이 먹기에도 부담 없지요. 두부쌈장은 염분이 낮아 아이들이 먹기에 좋으니 집에 아이가 있다면 한번 도전해보세요.

재 료

- ☐ 두부 1/2모
- ☐ 땅콩 1/4컵
- ☐ 양파 1/4개

쌈장

- ☐ 된장 3스푼
- ☐ 고추장 1/2스푼
- ☐ 고춧가루 1/2스푼
- ☐ 참기름 1스푼
- ☐ 물엿 1스푼
- ☐ 통깨 1스푼

쌈밥 ×

- ☐ 케일
- ☐ 밥

×

냉장고 사정에 맞는 채소를 사용해 쌈밥에 도전! 호박잎도 OK

1 | **땅콩 다지기** | 땅콩은 이미 갈아놓은 것을 사용하거나 알땅콩을 작게 다져요.

tip / 아몬드, 호두 등 기타 견과류도 OK

2 | **재로 손질하기** | 양파는 작게 다지고 두부는 키친타월로 눌러 물기를 뺀 다음 칼등으로 으깨요.

3 | **재료 볶기** | 팬에 기름 없이 다진 양파와 으깬 두부를 넣고, 질척해지지 않도록 수분을 날리며 중불에서 3분 정도 볶아요. 그런 다음 통깨를 제외한 모든 쌈장재료를 넣고 약불에서 3분 정도 볶아요.

4 | **마무리하기** | 불을 끄고 통깨를 넣어 잘 섞어요.

5 | **케일 데치기** | 끓는 물에 소금을 약간 넣고 케일을 넣어 20초 정도 데친 다음 차가운 물에 여러 번 헹궈 물기를 꼭 짜요.

6 | **쌈밥 말기** | 데친 케일에 작게 뭉친 밥과 쌈장을 넣어 동그랗게 감싸요.

tip / 여름에는 호박잎을 데쳐서 쌈밥으로 먹어도 좋다.

중국식 순두부탕 (산라탕)

중국 요리 특유의 맛을
좋아한다면 주목!
매콤새콤한 중화의 맛,
이제는 외식 타파!

2~3인분 | 조리 25분

tip 맑은 순두부탕 만드는 법

재료 | □ 순두부 1봉(350g) □ 멸치육수 2+1/2컵 □ 대파 약간 □ 새우젓 1+1/2스푼 □ 국간장 1/2스푼 □ 참기름 1스푼 □ 다진 마늘 1/3스푼(애호박 또는 버섯, 게맛살, 어묵 등 추가 가능)

만드는 법 |

① 대파는 어슷하게 썰고 새우젓은 곱게 다져요.

② 냄비에 멸치육수와 순두부, 다진 마늘, 새우젓을 넣고 중불에서 5분 정도 끓여요.

③ 국간장으로 부족한 간을 맞추고 대파와 참기름을 넣고 불을 꺼요.

행복한 콩
국산콩 순두부

재 료

☐ 다진 돼지고기 1컵(150g)
☐ 건표고버섯 3개 ×
☐ 순두부 1/2봉
☐ 양파 1/4개
☐ 대파 페이스트 2스푼 ××
☐ 물 2컵

×
건표고버섯은 따뜻한 물 1컵 조금 넘는 분량에 10분 이상 불려준다.

××
만들어둔 대파 페이스트가 없다면 고추기름으로 대체 가능

고추기름 ×××
☐ 다진 마늘 1스푼
☐ 고춧가루 1+1/2스푼
☐ 식용유 1/3컵

×××
이 음식에는 꼭 필요하니 반드시 사용

양념
☐ 간장 2스푼
☐ 다진 마늘 1/2스푼
☐ 굴소스 1스푼
☐ 국간장 1스푼
☐ 소금 1/4스푼
☐ 식초 1스푼

전분물
☐ 감자전분 2+1/2스푼
☐ 물 2+1/2스푼

1 | **고추기름 만들기** | 전자레인지용 그릇에 분량의 다진 마늘, 고춧가루, 식용유를 넣어 전자레인지에 30초씩 3번 돌려 고추기름을 만들어요.

tip / 한 번에 1분 30초간 돌리면 끓어넘칠 수 있으니 반드시 30초씩 끊어서 조리

2 | **재료 손질하기** | 불린 표고버섯은 물기를 꼭 짜고 기둥을 뗀 다음 채 썰어요. 양파도 채 썰어요. 표고버섯 불린 물은 국물에 사용하므로 놔둬요.

tip / 기둥은 버리지 말고 사용. 표고버섯 손질은 87쪽 참고

3 | **재료 볶기** | 냄비나 팬에 대파 페이스트를 넣은 다음 다진 돼지고기를 넣고, 뭉치지 않도록 젓가락으로 풀면서 중불에서 볶아요. 반쯤 익으면 간장(1스푼)을 가장자리에 두르고 다진 마늘을 넣어 볶아요.

tip / 대파 페이스트 만드는 방법은 94쪽 참고

4 | **재료 볶기** | 고기가 완전히 익으면 양파와 표고버섯을 넣고 간장(1스푼)과 1에서 만든 고추기름을 넣어 볶아요.

5 | **끓이기** | 4에 표고버섯 불린 물(1컵)과 물(2컵)을 붓고 순두부를 대충 잘라 넣어요. 굴소스, 국간장, 소금으로 간하고 센불에서 5분간 끓이다가 마지막에 식초를 넣어 맛을 내요.

tip / 중국식 순두부탕(산라탕)은 간이 싱거우면 신맛이 제대로 살지 않는다. 식초는 1스푼을 기본으로 기호에 따라 1스푼 정도 더 넣어도 맛있다.

6 | **마무리하기** | 간이 맞으면 전분물로 걸쭉하게 농도를 맞춰요. 그릇에 덜어 담고 마지막에 고추기름을 조금씩 뿌려요.

냉동만두 두부찌개

눈 씻고 봐도
고기 찾기 힘들 때,
만두만 있으면
OK!

2인분 | 조리 20분

tip 쫄깃한 두부찌개의 비밀, 두부 부치기

두부를 부쳐서 양념을 넣고 끓이면 식감이 약간 쫄깃하고, 부치지 않고 바로 끓이면 식감이 부드러워요. 레시피에서는 부쳐서 사용했지만 취향에 맞게 조리하세요.

tip 냉동만두 활용, 간단요리

냉동만두는 이미 간이 되어있고 소에 다진고기, 당면, 채소 등 다양한 재료가 들어있어 다른 마땅한 재료가 없을 때 활용하기 좋아요.

그대로 으깨서 접시에 담아 토마토소스, 치즈와 전자레인지에 돌려 그라탕처럼 먹어도 좋고, 찬밥과 함께 볶으면 간단한 볶음밥이 돼요.

bibigo
비비고 물만두

재 료

- □ 두부 1모(300~350g)
- □ 냉동만두 5알
- □ 대파 2대(15cm)
- □ 청양고추 2개
- □ 참기름 1스푼

육수

- □ 다시마 1장(6×6cm)
- □ 쌀뜨물 1컵 ×
  (육수로 대체가능)

양념

- □ 고춧가루 1스푼
- □ 고추장 1스푼
- □ 국간장 2스푼
- □ 진간장 2스푼
- □ 맛술 2스푼
- □ 다진 마늘 1/2스푼

×

108쪽 쌀뜨물 TIP 참고

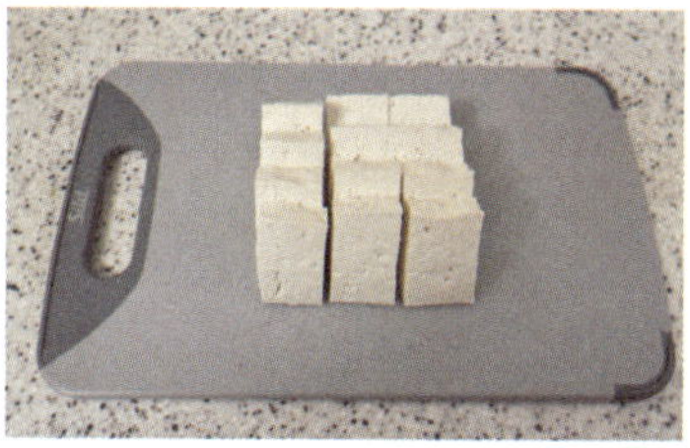

1 | **두부 손질하기** | 두부는 1.5cm 두께로 적당하게 썰어요.

2 | **재료 손질하기** | 대파는 굵게 어슷 썰고 청양고추도 어슷 썰어요. 냉동만두는 해동 후 만두피를 벗기고 속만 따로 모아둬요.

tip / 냉동만두 대신 캔 참치나 다진 고기를 넣어도 맛있다.

3 | **찌개 양념장 만들기** | 분량의 재료를 모두 섞어 양념장을 만들어요.

4 | **두부 부치기** | 전골냄비를 뜨겁게 달군 다음, 참기름을 두르고 두부를 넣어 중불에서 노릇하게 부쳐요.

tip / 스테인리스 냄비나 바닥이 얇은 냄비 등을 사용하면 두부가 바닥에 들러붙을 수 있다. 두부를 팬에 따로 부쳐서 조리하면 편리

5 | **끓이기** | 만두소와 양념장을 넣고 대파, 다시마를 올린 뒤 쌀뜨물을 붓고 중불에서 10분 정도 끓여요. 그런 다음 청양고추를 올리고 한소끔 끓이면 완성이에요.

tip / 조금 더 시간을 두고 졸이면 칼칼한 두부조림 완성

인증샷 | 두부 냉파요리 인기 No.1, 두부찌개!

카페에서 연재된 냉파 레시피 중 회원들의 사랑을 유난히 많이 받은 레시피가 몇 개 있어요. 그중 하나가 바로 '냉동만두 두부찌개'입니다. 아무래도 크게 필요한 재료가 없는 데다가 얼큰해서 추적추적 비가 오는 선선한 날이면 생각나기 때문이 아닐까 싶어요. 두부와 냉동만두, 정 없으면 두부만 있어도 칼칼하고 맛있는 찌개를 만들 수 있으니까요. 실제로 두부만 있으면 꼭 냉동만두가 없어도, 마땅히 넣을 고기가 없어도 두부찌개로 냉파를 하신 회원분들이 많아요.

'죽달이'님(좌)과 '9루무'님(우)의 두부찌개

하지만 냉동만두나 고기를 넣고 만든 분들이 꼭 얘기한 것이 있었어요. 바로 냉동만두소가 신의 한수라는 것! 마땅히 넣을 고기가 없어서 만두소를 넣었지만, 막상 넣어보니 이미 여러 가지 야채와 양념으로 간이 돼있어서 훨씬 감칠맛이 살아났다고 해요. 냉동만두가 없어서 다진 소고기를 넣은 '죽달이'님도 만두소로 만들었으면 더 맛있었겠다는 아쉬움이 있었다고 하네요.

'수피아zz'님(좌)과 '하요비'님(우)의 두부찌개

이미 카페에서 많은 사랑을 받은 레시피이니, 여러분도 집에 남는 두부가 있다면 한번 도전해보세요. 두부만 있으면 훌륭하게 한 끼를 해결할 수 있는 비장의 냉파 레시피랍니다.

'다붕뜨'님(좌)와 '1일맘'님(우)의 두부찌개

순두부 땅콩깨 국수

월남쌈
땅콩 소스를
좋아한다면,
넣고 드르륵
갈면 끝!

2~3인분 | 조리 15분

재 료

- □ 국수 한 줌(200g)
- □ 오이 1/3개
- □ 당근 약간
- □ 닭가슴살 1덩이

순두부 땅콩깨 소스

- □ 순두부 1/2봉
- □ 땅콩 3스푼(30g)
- □ 통깨 4스푼
- □ 참기름 3스푼
- □ 간장 5스푼
- □ 고추기름 4스푼 ×
- □ 물 2스푼 ××
- □ 다진 마늘 2스푼
- □ 식초 1스푼
- □ 설탕 2스푼

×
고추기름은 115쪽 참고
××
물을 닭육수로 대체 추천

1 | **순두부 땅콩깨 소스 만들기** | 블랜더에 분량의 재료를 모두 넣고 곱게 갈아서 소스를 만들어요.

tip / 월남쌈이나 감자튀김, 채소무침에 다양하게 활용해보자. 고소하면서 든든하고 묵직한 맛이 매력적. 단, 순두부 때문에 냉장보관하더라도 3~4일 내로 사용

2 | **국수 삶기** | 넉넉한 양의 끓는 물에 국수를 넣고 국수가 서로 달라붙지 않도록 재빨리 저어요. 물이 끓어오르면 찬물 2/3컵 정도를 부어 꺼뜨리기를 두세 번 정도 해요. 삶은 국수는 얼음물에 여러 번 헹궈 물기를 최대한 짜요.

tip / 면은 센불에서 3~4분 정도 삶으면 되지만, 다 익었는지 확인하려면 몇 가닥 얼음물에 헹궈 먹어보는 게 가장 정확하다.

3 | **마무리하기** | 그릇에 면을 담고 오이와 당근 채 썬 것, 닭가슴살을 올린 다음 만들어둔 소스를 넉넉히 부어요.

tip / 고명으로 닭가슴살 대신 고추기름에 볶은 돼지고기나 소고기를 얹거나 볶은 버섯을 곁들여도 OK

TOP
5

냉파가 시급한 식재료

통조림

간편해서 5등
통조림,
더 맛있게
요리하기!

햄, 참치, 고등어, 꽁치, 골뱅이…. **보관도 편리**하고, **유통기한도 긴** 통조림은 종류도 다양해요. 대부분 별다른 조리가 필요 없어서 편리하게 이용할 수 있어요. 명절에 선물세트로 들어오면 두고두고 먹기도 좋지요. 편리한 만큼 요리 방법도 별 다를 것 없는 식재료이기도 해요. 하지만 조금만 신경 써도 노력에 비해 다른 식재료보다 훨씬 쉽고 더 맛있게 요리할 수 있는 통조림! 쌓아뒀던 통조림으로 냉파하며 대접받는 느낌의 한 주를 만들어보세요.

통조림 고르는 법

① 유통기한이 넉넉한 것

② 찌그러지거나 부풀지 않은 것

→ 통조림은 내부가 멸균상태여서 오래 보관할 수 있어요. 통조림이 찌그러졌다면 내부로 세균이 들어갔을 가능성이 있고, 전체적으로 팽창한 느낌이 든다면 내용물이 부패했을 가능성이 있습니다.

통조림 보관법

① 개봉하지 않은 통조림은 실온에 보관한다.

② 개봉한 통조림은 남은 내용물을 밀폐용기에 옮겨 담아 냉장보관한다.

→ 개봉 순간부터 통조림 내부가 산화되기 때문에 남은 내용물을 통조림 통에 그대로 보관하는 것은 추천하지 않아요.

통조림 손질법

① 햄 통조림은 끓는 물에 1분 정도 데쳐서 사용하면 보관기간을 늘리기 위해 첨가된 성분들을 어느 정도 줄일 수 있다.

Key  word

#실온보관 #편리함

#긴 유통기한 #높은 저장성

#자취생 #바쁜 직장인

#귀차니스트 필수품

1주일 냉파 식단 & 식비 예산

구매시기와 구매처에 따라 금액에 차이가 있으므로 평균가로 잡았습니다.
모든 식재료가 다 있을 필요는 없어요. 냉장고 속 재료만으로도 충분히 맛을 낼 수 있습니다.

월 스팸 감자찌개

□ 스팸 1캔(200g)	₩3,600
□ 소시지 1팩	₩5,500
□ 대파 1단	₩2,000
□ 배추김치 1팩(1.9kg)	₩8,500
월요일 식비	**₩19,600**

화 햄카츠

□ 스팸 1캔(200g)	₩3,600
□ 달걀 30구	₩7,000
화요일 식비	**₩10,600**

수 묵은지 고등어지짐이

□ 총각김치 1팩(1.5kg)	₩11,000
□ 고등어통조림 1캔	₩1,500
□ 양파 1kg	₩3,000
□ 청양고추 1봉	₩900
수요일 식비	**₩16,400**

목 참치죽

□ 참치 1캔(100g)	₩1,050
목요일 식비	**₩1,050**

금 골뱅이무침

□ 골뱅이통조림 1캔(400g)	₩7,000
금요일 식비	**₩7,000**

주말 특식 참치 파스타

□ 스파게티면 1봉	₩1,800
□ 참치 1캔(100g)	₩1,050
□ 마늘 1봉	₩1,000
주말 식비	**₩3,850**

3~4인 가족 1주일 평균 식비 ₩200,000 — **통조림 1주일 예상 식비** ₩58,500 = **1주일 식비** ₩141,500

절감 효과

스팸 감자찌개

통조림 콩 없이도
부대찌개 맛이 나는
스팸 감자찌개!

3~4인분 | 조리 25 분

tip 부대찌개 육수, 취향대로 고르기

부대찌개 스타일의 찌개에는 보통 사골육수를 많이 사용해요. 파우치 제품으로 나오는 사골육수를 넣고 끓이면 더 진하고 깊은 맛을 낼 수 있어요. 사골육수가 없다면 쌀뜨물로 끓여 보세요. 찌개에서 묵직한 맛이 나요. 멸치육수는 깔끔하고 시원한 맛이 나지요.

사골육수

인증샷 | 'dal맘'님, '하요비'님의 스팸 감자찌개 |

얼큰하고 많은 재료 없이도 부대찌개 맛이 나서 추천하는 레시피입니다. 특히 라면사리를 넣어먹으면 부대찌개느낌이 나서 더 맛있다고 해요. 남는 라면까지 넣어 건더기 넉넉하고 푸짐하게 만들어 즐겨보세요.

'dal맘'님(좌)과 '하요비'님(우)의 스팸 감자찌개

재 료

☐ 스팸 1캔(200g)
☐ 비엔나 소시지 9개 ×
☐ 대파 2대(15cm)
☐ 익은 김치 1/2컵
☐ 참기름(식용유) 2스푼
☐ 감자 작은 것 3개 ××
☐ 애호박 1/3개 ××

×
부대찌개류의 찌개에는 훈연향이 나는 소시지나 베이컨이 들어가야 맛있다. 소시지가 없으면 베이컨을 3~4장 넣는다.
××
감자와 애호박은 생략 가능

양념장
☐ 고추장 1/2스푼
☐ 된장 1/3스푼
☐ 다진 마늘 1/2스푼
☐ 국간장 1스푼
☐ 고춧가루 1스푼
☐ 맛술 1스푼

육수 ×××
☐ 쌀뜨물 2+1/2컵
☐ 멸치육수 1컵

×××
미리 내놓은 사골육수나 마트에서 파는 사골육수 팩을 대신 사용해도 OK
(쌀뜨물은 108쪽 TIP 확인)

1 | **재료 손질하기** | 스팸은 5mm 정도 두께로 썰고 소시지는 반으로 잘라요.

tip / 끓는 물을 한 번 끼얹거나 끓는 물에 살짝 데치면 유해균을 없앨 수 있다.

2 | **재료 손질하기** | 감자와 애호박도 스팸과 비슷한 두께로 썰고, 대파는 송송 썰어요.

3 | **김치 볶기** | 냄비에 참기름이나 식용유를 두르고 중불에서 2분간 김치를 볶아 접시에 덜어둬요.

4 | **재료 담기** | 냄비에 스팸, 감자, 애호박을 번갈아서 둥글게 돌려 담고, 가운데에 자투리 스팸과 감자, 호박을 놓은 다음 소시지와 김치를 올려요.

5 | **양념장 만들기** | 분량의 재료를 볼에 모두 넣고 잘 섞어 양념장을 만들어요.

6 | **끓이기** | 냄비에 양념장을 넣고 쌀뜨물과 멸치육수를 부어요. 대파를 넣고 센불에서 5~6분 정도 바글바글 끓이다가, 식탁이나 밥상에 올려 약하게 끓이면서 먹으면 좋아요.

tip / 라면이나 우동, 당면이 있다면 넣어 먹어도 OK

햄카츠

돈까스는 먹고 싶은데
고기 손질이 귀찮다면?
햄카츠가 정답!
SPAM

2~3인분 | 조리 15분

재 료

- □ 스팸 1캔(200g)
- □ 달걀 1개
- □ 밀가루 1스푼
- □ 빵가루 1+1/2컵

양배추 샐러드 ×
- □ 양배추 약간
- □ 케첩 약간

×
느끼함을 잡아주는 샐러드. 샐러드 대신 와사비나 겨자를 곁들여도 OK

1 | **재료 손질하기** | 양배추는 얇게 채 썰고 스팸은 4등분해요.

tip / 스팸에 뜨거운 물을 끼얹거나 살짝 데쳐 사용하면 유해균을 없앨 수 있다.

2 | **튀김옷 입히기** | 자른 스팸에 밀가루→달걀물→빵가루 순서로 튀김옷을 입혀요.

tip / 시판 빵가루를 사용할 때 너무 말라서 잘 안 붙으면 스프레이로 물을 약간 뿌린다. 남은 식빵을 갈아 사용해도 좋다.

3 | **튀기기** | 160℃ 정도의 기름에 노릇하게 튀겨요.

tip / 빵가루를 넣어 3초 정도 뒤에 떠오르면 160℃. 스팸은 이미 조리된 것이므로 적당히 노릇해질 만큼 튀기면 된다.

묵은지 고등어 지짐이

고등어

처치곤란 묵은 김치,
고등어 통조림
한 캔이면 해결!

STAUB

3~4인분 | 조리 50분

재 료

- □ 배추김치 1/8포기
- □ 총각김치 8~10줄기
- □ 고등어통조림 1캔(400g)
- □ 양파 1/4개
- □ 대파 2대(15cm)
- □ 고춧가루 2스푼
- □ 후추 약간
- □ 청양고추 2개
- □ 쌀뜨물 3+1/2~4컵 ×

× 쌀뜨물은 108쪽 TIP 참고

양념

- □ 된장 1스푼
- □ 다진 마늘 1스푼
- □ 참기름 1스푼
- □ 고등어통조림 국물

1 | **김치 양념하기** | 배추김치, 총각김치는 양념을 털어내고 흐르는 물에 씻어 물기를 꼭 짠 다음, 먹기 좋은 크기로 썰어 냄비에 넣어요. 냄비에 왼쪽 분량의 양념을 넣고 조물조물 무쳐요.

2 | **김치 끓이기** | 센불에서 3분 정도 볶다가 쌀뜨물을 붓고, 김치가 약간 무를 때까지 뚜껑을 덮고 중약불에서 25~30분간 보글보글 끓여요.

tip / 쌀뜨물을 넣으면 국물이 구수해지고 비린내도 줄일 수 있다. 쌀뜨물이 없을 때는 다시마육수로 대체 가능

3 | **끓이기** | 국물이 약간 졸아들고 김치가 나긋나긋 익으면 고등어통조림, 굵게 채 썬 양파, 어슷 썬 대파, 고춧가루, 후추를 약간 넣고 중불에서 10분간 끓여요. 청양고추는 썰어서 마지막에 올려요.

tip / 생고등어로 조림, 찌개나 찜을 할 때는 뚜껑을 덮고 조리 중간에 뚜껑을 열거나 뒤적이지 않는 게 좋다.

참치죽

찬밥으로
후다닥 요리,
아플 때 먹으면
최고!

참치

1~2인분 | 조리 10분

재 료

- □ 찬밥 2/3공기
- □ 참치 1/2캔
- □ 다진 양파 약간 ×
- □ 다진 부추 약간 ×
- □ 참기름 1스푼
- □ 통깨 약간
- □ 멸치육수 1+1/2~2컵

×
꼭 양파와 부추가 아닌 냉장고 속 자투리 채소 다양하게 활용 가능

1 | **채소 볶기** | 냄비에 참기름을 두르고 다진 양파를 넣어 중불에서 투명해질 때까지 볶아요.

tip / 다른 채소를 죽에 활용할 때도 먼저 볶는다.

2 | **찬밥 끓이기** | 찬밥과 멸치육수를 넣고 밥알을 풀며, 중약불에서 5분간 눌러붙지 않게 저어가며 끓여요. 기호에 따라 끓이는 시간을 조절하세요.

3 | **마무리하기** | 밥알이 부드러워지면 참치 반 캔을 넣고 잘 저으며 끓이다가 마지막에 부추와 통깨를 솔솔 뿌려요.

tip / 참치를 넣은 뒤에는 뒤섞으며 잠깐만 끓여 고소함을 살린다.

골뱅이 무침

소면

소면, 라면,
당면 등
자투리 면을
탈탈 털어요.

2인분 | 조리 5~10분

재료

- □ 대파 1대 ×
- □ 청경채 1송이 ×
- □ 양파 1/2개
- □ 골뱅이 1캔
  (300g, 고형량 140g 정도)

×
대파는 뿌리만 제거하고 모두 사용

××
청경채는 상추, 오이 등으로 대체하거나 생략 가능

양념

- □ 초고추장 2스푼 ×××
- □ 고춧가루 1+1/2스푼
- □ 간장 2스푼
- □ 식초 3스푼
- □ 참기름 1/2스푼
- □ 통깨 1/2스푼

×××
초고추장 만드는 방법은 49쪽 준비마당 참고

1 | **재료 손질하기** | 대파와 청경채, 양파는 얇게 채 썰고 골뱅이는 체에 밭쳐 통조림 국물을 제거하고 한입크기로 썰어요.

2 | **무치기** | 볼에 채 썬 채소와 양념, 골뱅이를 넣고 무쳐요.

tip / 초고추장만 넣고 무쳐도 맛있지만, 초고추장의 양을 줄이고 다른 양념을 더하면 조금 더 깔끔하고 개운한 맛이 난다.

tip / 취향에 따라 소면을 삶아 같이 곁들여 먹어도 맛있다.

SPAM

참치 파스타

참치

캔 참치만
있으면
이탈리아 특식도
뚝딱!

1인분 | 조리 15분

tip 파스타 면 맛있게 삶는 방법

스파게티, 파스타 등을 삶을 때 올리브유를 넣는 경우가 있어요. 올리브유를 넣으면 나중에 소스가 면에 쏙쏙 배지 않으니 넣지 말고, 물 1리터에 소금 1스푼(10g) 기준으로 간을 해주면 좋아요. 물을 맛봤을 때 바닷물처럼 짠맛이 나야 면에 간이 쏙쏙 배어 맛있는 파스타를 만들 수 있어요. 면 삶은 물은 버리지 말고 파스타의 수분기와 간을 맞추는 데 사용하세요.

×

프레스코
올리브유

○

백설
오천년의 신비
명품꽃소금
꽃소금

재 료

□ 스파게티 면 한 줌 ×
(90~100g)

×
쥐었을 때 500원짜리 동전 정도가 1인분

□ 참치 1캔
□ 마늘 4알
□ 송송 썬 쪽파 2~3스푼
□ 올리브유 6스푼
□ 후추 약간
□ 화이트와인 또는 청주 2~3스푼 ××

××
생략 가능
×××
마늘종이나 아스파라거스, 방울토마토, 버섯, 애호박, 대파 페이스트 등을 활용해서 만들어도 OK

스파게티 삶는 물
□ 물 2리터
□ 소금 2스푼

1 | **면 삶기** | 끓는 물에 소금을 넣고 스파게티 면을 넣어 포장지에 적힌 시간보다 1분 정도 짧게 삶아요.

tip / 나중에 참치소스와 함께 1~2분 정도 볶으므로 포장지에 적힌 시간보다 1분 정도 짧게 삶아야 한다.

2 | **마늘 손질하기** | 마늘은 두툼하게 편으로 썰어요.

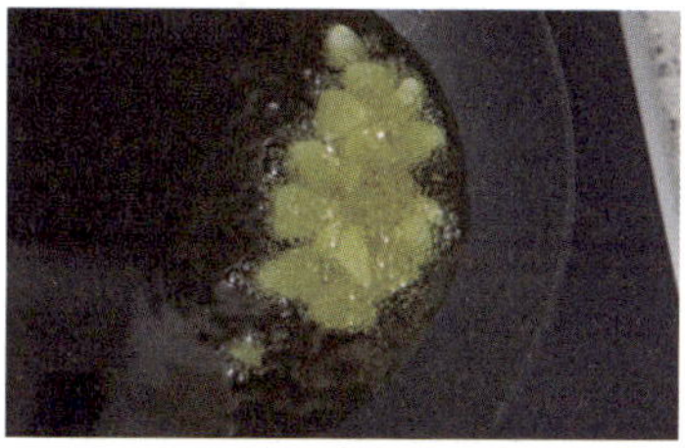

3 | **마늘 익히기** | 팬에 올리브유를 붓고 편으로 썬 마늘을 넣어, 중약불에서 마늘향이 잘 우러나오도록 팬을 살짝 기울여 튀기듯이 노릇하게 익혀요.

tip / 마늘을 미리 익히면 매운 맛이 거의 없어져 아이들이 먹기에도 좋다.

4 | **재료 볶기** | 마늘향이 향긋하게 올라오면 기름 뺀 참치를 넣고 한번 볶은 다음 삶은 스파게티와 면 삶은 물(4~5스푼)을 넣고 센불에서 1~2분 정도 볶아요.

tip / 화이트와인이나 청주를 넣을 경우, 면을 넣기 전에 참치와 같이 넣고 알코올을 날리면서 볶는다.

5 | **마무리하기** | 송송 썬 쪽파와 후추를 넣고 가볍게 볶아 접시에 담아내요.

6 | **완성하기** | 면을 먼저 건져서 접시 가운데에 잘 담은 다음, 팬에 남아있는 재료들을 가운데에 얹으면 예쁘게 담을 수 있어요.

인증샷 | 참치캔 하나로 만드는 간편 홈레스토랑!

참치 파스타도 카페 회원들에게 많은 사랑을 받은 요리 중 하나예요. 특히 참치캔이 가진 편리함도 있지만, 파스타라는 음식 자체가 오일, 토마토, 크림소스 등 종류도 다양하고 또 익숙한 음식이라 각자 냉장고 사정과 취향에 맞춰 응용할 수 있어서 더 인기가 많았던 것 같아요.

'죽달이'님은 집에 있던 재료들 위주로 참치 파스타를 만들었는데, 파프리카를 넣었더니 아삭한 식감과 화려한 색감이 살아났다고 해요. 이렇게 참치캔 말고도 다양한 냉장고 속 채소를 활용하면 훨씬 맛있고 건강한 파스타를 만들 수 있어요.
'하리미맘'님도 집에 있는 채소를 활용해서 이 책의 참치 파스타 레시피와 비슷하게 만들었는데, 강조 포인트는 바로 후추였어요. 오일 파스타이다보니 자칫 느끼해질 수 있지만 후추를 뿌리면 참치 맛과도 잘 어울리고 느끼함도 잡을 수 있다고 합니다. 오히려 후추가 부족하다고 느껴질 정도였다고 하니, 후추를 좋아한다면 넉넉하게 뿌려서 드시면 좋을 것 같아요.
'뾰로롱찐'님은 쪽파 대신 청양고추를 넣어 매콤한 맛을 살리고, 집에 있던 파슬리가루로 마무리했더니 레스토랑 못지않은 비주얼을 즐길 수 있었다고 해요. 집에 장식용 파슬리가루가 있다면 아낌 없이 뿌려주세요.

'죽달이'님의 파프리카 활용 참치 파스타

'하리미맘'님의 참치 파스타

'뾰로롱찐'님의 참치 파스타

이 책의 참치 파스타는 오일을 베이스로 하는데, 취향에 따라 토마토 소스를 조금 넣거나 일반 참치가 아닌 고추참치를 사용해서 만든 분도 있었어요. 토마토 소스로 만든 참치 파스타도 의외로 잘 어울리고, 고추참치로 만든 파스타는 살짝 매콤한 맛이 일품이라고 해요. 새로운 맛을 찾아내는 즐거움까지 있으니 여러모로 쓸모있는 레시피임이 분명하지요?

'노마드83'님(좌)의 토마토 참치 파스타와 '번개탄멍멍'님(우)의 고추참치 파스타

하지만 모두 신의 한 수였다고 입을 모아 말하는 건, 바로 팬을 기울여 기름에 마늘을 튀기는 거였어요. 단순한 과정이지만 요리에 전체적으로 마늘향이 은은하게 배고, 튀긴 듯 바삭바삭한 마늘이 식감을 살려주니 꼭 필요한 과정이랍니다. 여러분도 한번 냉장고 사정에 따라 취향껏 참치 파스타를 만들어보세요.

tip

요리의 빛, 소금! 어떤 걸 구입해야 할까?

백설
오천년의 신비
명품꽃소금
꽃소금

요리에 꼭 들어가며 없어서는 안 될 조미료 중 하나가 바로 소금입니다. 그런데 종류가 굉장히 많아 어떤 걸 구입해서 사용해야 할지 헷갈릴 때가 많지요. 자주 사용하니까 더 좋은 걸 구입해야 될 것 같은 기분도 들고요.
하지만 소금은 재료가 가진 맛을 최대한 끌어올려주는 조미료일 뿐, 특별히 영양소를 얻기 위해서 먹지는 않아요. 천일염에 미네랄이 많아 좋다고는 하지만 사실 소금 자체가 미네랄 화합물이니까요. 게다가 요즘은 건강을 위해 저염식단을 지향하는 분위기여서 소금 자체의 영양소를 따져서 구입하는 건 큰 의미가 없습니다. 가정에서는 용도에 따라 굵은소금, 가는소금(꽃소금)을 구비해두고, 필요에 따라 허브솔트 등을 활용하는 정도면 좋아요.

청정원
essential
1/2 나트륨 솔트
Less Sodium Salt
50 LESS SODIUM

굵은소금은 김장할 때나 생선 절임용, 생선구이용 등으로 사용하거나 프라이팬, 카펫 세척 등 살림 전반에 두루 사용하고, 가는소금은 요리의 간을 맞추는 데 사용하세요.

- **천일염**: 바닷물을 햇볕과 바람 등으로 자연증발시켜 만든 소금으로, 입자가 굵고 해수의 풍부한 미네랄을 함유하고 있는 것이 특징. 6~8월에 만들어진 천일염이 강렬한 햇살과 바람으로 빠르게 건조되어 가장 좋다고 한다. 생산된 지 1년 이내의 천일염은 간수가 제대로 빠지지 않아 약간 쓴맛이 나며, 3년 정도 지난 천일염은 간수가 빠져 요리에 사용하기 좋고, 5년 이상 되면 단맛이 깊어져 풍미가 좋아진다.
- **재제염(꽃소금)**: 천일염을 깨끗한 물에 녹인 후 불순물을 제거하고 다시 가열해 소금결정을 얻어내는 방식으로 만든 소금이다. 다시 만들어진 소금이라는 뜻으로 재제염이라고 부른다. 한 번 더 만들어졌기 때문에 입자가 작아 요리에 잘 녹고 잘 부서지는 특징이 있다. 국이나 찌개, 반찬 등 일반적인 요리에 두루 사용된다.
- **정제염**: 바닷물을 수지필터에 거른 다음 물을 증발시켜 얻어낸 것으로, 미네랄 없이 순수한 염화나트륨만 남은 상태의 소금이다. 염화나트륨이 99.8%를 차지하므로 매우 짜고, 입자가 가늘고 농도가 균일해 과자 등의 가공식품을 만드는 데 주로 사용된다.

TOP 6

냉파가 시급한 식재료 김치

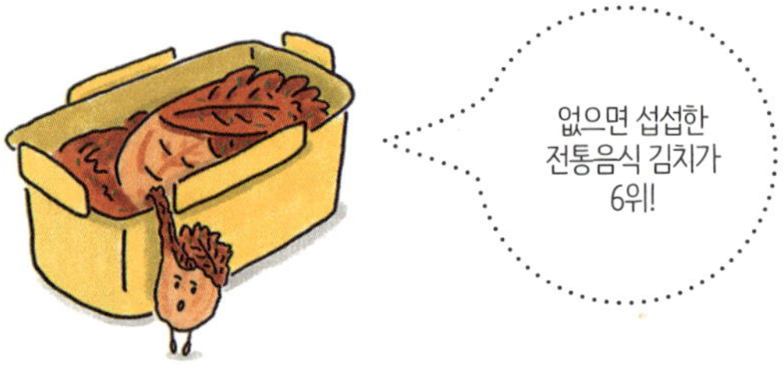
없으면 섭섭한
전통음식 김치가
6위!

긴 겨울을 준비하며 담그던 우리나라 전통 음식 중 하나가 바로 김치입니다. 요즘은 예전처럼 많이 담그진 않지만, 식탁에 김치가 없으면 또 섭섭하지요. 김치는 종류도 많고, 지역별로 담그는 법도 다양해요. 김치는 젓갈과 함께 대표적인 **발효 식품**으로 풍부한 **유산균이 장을 건강**하게 해주고, 톡 쏘는 맛과 시원한 맛을 내요. 알릴 설파이드, 인돌-3-카비놀 등의 성분이 들어있어 **항암효과**가 있는 것으로도 알려져 있습니다. 이번 주에는 냉장고에 묵히고 있는 김치를 꺼내 냉파와 건강을 동시에 챙겨보는 건 어떨까요?

김치 고르는 법

① 재료의 원산지가 국내산인지 확인하고 구매한다.

② 잘 익은 김치를 구입하고 싶다면, 포장지가 빵빵하게 부푼 것을 고르거나 제조일자를 확인해 숙성 정도를 확인한다.

→ 일반적으로 20일 정도 익힌 김치가 유산균 수가 가장 많아 영양적으로 우수하고 맛도 좋아요.

김치 보관법

① 전용 밀폐용기에 담고 비닐로 덮어 공기와의 접촉을 최소화한다.

→ 공기와 접촉하면 금방 익어버려요.

② 0~5℃ 정도로 냉장보관한다.

③ 통의 70~80% 정도만 담는다.

→ 김치가 숙성되는 과정에서 가스가 발생하기 때문에 어느 정도 공간을 비워두는 게 좋아요.

김치 손질법

① 김치를 썰 때 다 먹은 우유팩을 깨끗이 씻은 다음, 칼이나 가위로 잘라 넓게 펼쳐서 도마에 놓는다. 그 위에 김치를 놓고 썰면 도마에 김칫물이 배지 않아 깔끔하게 도마를 관리할 수 있다.

→ 우유팩이 나올 때마다 씻어 말린 다음 펼쳐서 보관하다가 필요할 때마다 꺼내 쓰면 편리하며, 김치 손질 외에도 생선, 육류 손질 시 유용해요.

Key  word

#전통음식 #발효음식 #유산균
#장건강 #식이섬유 #포만감
#변비해소 #항암효과 #염분조심

1주일 냉파 식단 & 식비 예산

구매시기와 구매처에 따라 금액에 차이가 있으므로, 평균가로 잡았습니다.
모든 식재료가 다 있을 필요는 없습니다. 냉장고 속 재료만으로도 충분히 맛을 낼 수 있어요.

월 김치 청국장찌개

□ 청국장 1팩(190g)	₩ 4,900
□ 배추김치 1팩(1.9kg)	₩ 8,500
□ 두부 1모(300g)	₩ 1,300
□ 양파 1kg	₩ 3,000
□ 대파 1봉	₩ 2,000
□ 표고버섯 1팩	₩ 2,000

월요일 식비 ₩ 21,700

화 김치볶음밥

□ 오징어 1마리	₩ 1,700

화요일 식비 ₩ 1,700

수 김치전

수요일 식비 무지출 ₩ 0

목 꽁치 김치찌개

□ 꽁치 1캔(400g)	₩ 2,400

목요일 식비 ₩ 2,400

금 김치 콩나물국

□ 콩나물 1봉	₩ 1,100

금요일 식비 ₩ 1,100

주말 특식 김치 삼겹살찜

□ 삼겹살 300g	₩ 7,000

주말 식비 ₩ 7,000

3~4인 가족 1주일 평균 식비		김치 1주일 예상 식비		1주일 식비 (절감 효과)
₩ 200,000	—	₩ 33,900	=	₩ 166,100

김치 청국장 찌개

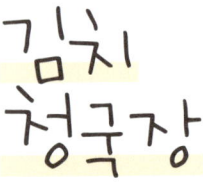

김치를 넣어
얼큰한 청국장!
순식간에 한소끔 끓여
올리면 한 끼 뚝딱!

3~4인분 | 조리 15~20분

재료

- □ 청국장 1팩(190g)
- □ 익은 배추김치 1/2컵
- □ 두부 1/2모
- □ 양파 1/4개
- □ 대파 2대(10cm)
- □ 표고버섯 4개
- □ 참기름 2스푼
- □ 식용유 2스푼
- □ 청홍고추 1개씩 ×

× 청홍고추는 생략 가능

육수

- □ 육수용 멸치 10마리
- □ 물 2+1/2컵

1 | **재료 손질하기** | 표고버섯은 기둥 아래의 딱딱한 부분을 잘라낸 뒤 깍뚝썰기하고 양파, 대파, 두부도 비슷한 크기로 썰어요. 청홍고추는 송송 썰고 멸치는 머리, 내장을 제거해요.

tip / 멸치 손질이 귀찮다면 그냥 넣어도 무방

2 | **볶기** | 뚝배기에 참기름, 식용유를 두르고 김치를 넣어 중약불로 2분간 지글지글 볶다가 다진 표고버섯, 양파를 넣고 1분간 달달 볶아요.

tip / 김치를 볶을 때 차돌박이나 대패삼겹살을 넣어 함께 볶으면 고소함이 배가된다.

3 | **끓이기** | 육수용 멸치와 물을 넣고 보글보글 끓으면 3분 정도 더 끓이고, 청국장을 넣은 다음 중불에서 5분 정도 끓여요.

tip / 청국장은 오래 끓이면 좋은 균이 다 죽으니 꼭 마지막에 넣을 것. 미리 만들어둔 멸치육수가 있다면 마지막에 넣고 끓여도 OK

김치 볶음밥

누구나 만들지만
맛있게 만들기는
의외로 어려운
김치볶음밥 해결책!

2인분 | 조리 15분

재 료

- □ 다진 김치 2컵
- □ 찬밥 2공기
- □ 다진 양파 2/3컵(1/4개)
- □ 다진 오징어 2/3컵 (1/2마리)
- □ 식용유 3스푼
- □ 김칫국물 8스푼
- □ 간장 2스푼
- □ 대파 페이스트 3스푼 ×
- □ 달걀 2개 ××
- □ 송송 썬 쪽파 약간 ××

×
없으면 식용유로 대체 가능
××
생략 가능

1 | **볶기** | 뜨겁게 달군 웍이나 팬에 식용유를 두른 다음, 다진 김치를 넣고 중불에서 2분 정도 볶다가 다진 오징어를 넣고 1분 정도 볶아요.

tip / 식용유 대신 향신기름을 사용하면 풍미가 한층 좋아진다. 향신기름 만드는 법은 47쪽 참고

2 | **볶기** | 다진 양파와 대파 페이스트(1스푼)를 넣고 센불에서 충분히 볶아요.

tip / 대파 페이스트는 94쪽 참고. 없다면 식용유로 대체

3 | **마무리하기** | 찬밥과 대파 페이스트(2스푼), 간장, 김칫국물을 넣고 밥알이 으깨지지 않도록 자르듯이 섞으며 볶아요. 누르면서 볶으면 밥알이 으깨져 맛이 없어요. 취향에 따라 쪽파를 넣고 달걀프라이를 얹어 완성하세요.

tip / 김칫국물이 부족할 때는 고추장을 1/4스푼 정도 넣고 볶으면 OK

김치전

비 오는 날은
김치전!
바삭하게 부치는 게
김치전의 생명!

3~4인분 | 조리 20분

재 료

- □ 다진 김치 2컵
- □ 김칫국물 5스푼
- □ 부침가루 1컵
- □ 얼음물 1컵 ×

×
얼음물로 반죽하면 더 바삭해진다. 찬물로 대체 가능

추가 ××

- □ 양파 1/2~1/4개
- □ 차돌박이 4~5장
- □ 떡국떡 5개

××
생략 가능

1 | **재료 손질하기** | 차돌박이는 살짝 얼어있는 상태에서 작게 썰고 떡국떡도 작게 썰어요.

tip / 차돌박이 대신 참치, 스팸도 OK

2 | **반죽하기** | 부침가루와 얼음물, 강판에 간 양파를 섞어 반죽하고 다진 김치와 김칫국물, 차돌박이, 떡국떡을 넣어 잘 섞어요.

tip / 반죽에 양파를 갈아넣으면 개운한 맛이 난다. 꼭 갈지 않고 다져넣어도 되고, 없으면 생략해도 OK

3 | **부치기** | 달군 팬에 식용유를 넉넉하게 두르고 김치전 반죽을 얇게 펴 앞뒤로 중불에서 노릇하게 부쳐요.

tip / 도넛 모양으로 부치면 바삭한 부분이 많아져 더 맛있게 먹을 수 있다.

인증샷 | 김치전에 떡국떡, 생각지도 못했던 신의 한수! |

비오는 날이면 꼭 생각나는 김치전. 그래서인지 비가 우르르 쏟아지던 여름밤 인증샷이 많이 올라왔던 메뉴예요. 비가 오는 소리와 프라이팬 위에서 전이 지글지글 익는 소리가 비슷해서 비오는 날 전이 생각난다고도 하지요. 특히 냉파요리 레시피에서 김치전은 냉장고에서 오랫동안 잠들어있던 김치뿐만 아니라 냉동실에 있던 떡까지 꺼내 냉파할 수 있어 일석이조인 메뉴이기도 해요.

아무래도 떡을 잘라서 전에 넣는 게 낯설어서 그런지 호기심에 만들어본 회원들도 많았어요. 직접 레시피대로 만들어본 회원분들에 따르면 떡국떡을 넣어 부친 전의 바삭하고 쫄깃한 식감 때문에 자꾸 떡이 들어있는 부분을 찾아먹게 된다고 해요. 고기 위주로 즐기고 싶다면 차돌박이도 넉넉하게 넣는 게 좋다고 하네요.

꼭 김치전이 아니더라도 전을 부칠 때 한번 떡을 잘라 넣어보세요. 재밌는 식감으로 자꾸자꾸 먹게 되는 마성의 전이 될 거예요.

오뚜기
우리쌀
떡국떡
국산 쌀 100%

'9루무'님(위), '죽달이'님(좌), '낭만베짱이'님(우)의 떡국떡을 넣은 김치전

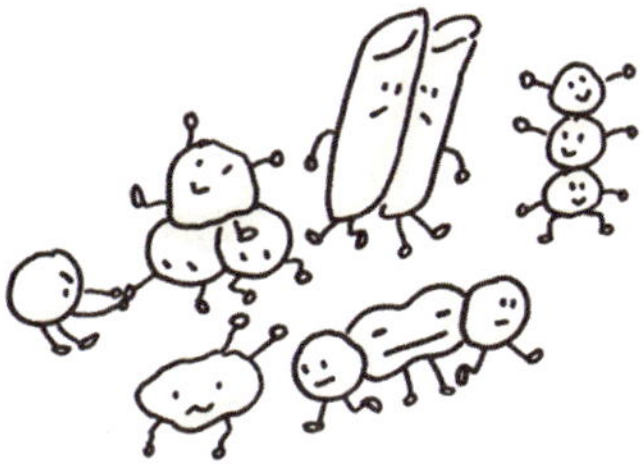

꽁치 김치찌개

묵은 김치
털어내는
밥도둑
꽁치통조림!
고등어

2~3인분 | 조리 40~50분

재 료

- □ 김치 2+1/2컵(1/4포기)
- □ 꽁치통조림 1캔(400g)
- □ 대파 1대(15cm)
- □ 설탕 1스푼
- □ 고춧가루 1+1/2스푼
- □ 참기름 2스푼

국물

- □ 김칫국물 5스푼
- □ 다진 마늘 1스푼
- □ 된장 또는 쌈장 1/2스푼 ×
- □ 물 2~2+1/2컵 ××

×
재래식 된장은 절반만 사용

××
물 대신 육수나 쌀뜨물을 써도 OK

1 | **김치 볶기** | 뜨겁게 달군 냄비에 참기름을 두르고, 김치를 4cm 정도 폭으로 썰어 넣어요. 설탕과 고춧가루를 넣고 김치가 숨이 죽도록 중약불에서 5분 정도 볶아요.

tip / 5분은 바닥이 두꺼운 냄비, 무쇠냄비를 사용했을 때의 조리시간이다. 양은냄비나 여행 가서 코펠 등에 조리할 때는 불을 줄이고 김치가 타지 않도록 볶는다.

2 | **끓이기** | 1에 꽁치통조림을 국물까지 모두 붓고, 왼쪽 분량의 국물재료를 넣어 센불에서 끓여요. 국물이 바글바글 끓으면 중약불로 줄여 20분 이상 뭉근하게 더 끓여요.

tip / 시간 여유가 있으면 더 오래, 물을 조금씩 추가하면서 뭉근하게 끓이는 것 추천

3 | **마무리하기** | 5cm 길이로 썬 대파를 올려 한소끔 더 끓여요.

tip / 마지막에 후추를 약간 뿌리면 칼칼하고 매콤해서 좋다.

김치 콩나물국

속 풀어주는
시원한
김치 콩나물국!
뚜껑은
꼭 열고 끓이세요.

2인분 | 조리 10분

재 료

- □ 김치 1+1/2컵
- □ 콩나물 한 줌(80g)
- □ 대파 1대(15cm)
- □ 청양고추 1개 ×

국물

- □ 멸치육수 3컵
- □ 새우젓 1/4스푼
- □ 청주 1스푼
- □ 국간장 1/2스푼 ×
- □ 참기름 1스푼

×
청양고추와 국간장이 없다면
'연두 청양초'로 대체 가능

1 | **재료 손질하기** | 대파는 어슷 썰고 청양고추는 잘게 썰어요. 콩나물은 깨끗이 씻어서 체에 밭쳐 물기를 제거해요.

2 | **끓이기** | 냄비에 참기름을 두르고 김치를 넣어 볶다가, 멸치육수를 붓고 청주와 국간장을 넣어요.

tip / 황태채를 멸치육수에 불려 사용하거나, 멸치육수 대신 황태채 불린 물을 사용해도 OK

3 | **마무리하기** | 손질한 콩나물, 대파를 넣고 한소끔 끓여요. 마지막에 새우젓으로 간을 맞추고 썰어둔 청양고추를 넣어요.

tip / 콩나물을 삶을 때 뚜껑을 덮고 익히다가 중간에 열면 비린내가 나므로, 처음부터 뚜껑을 열고 익히는 것을 추천

김치 삼겹살찜

환상적인 궁합,
김치 삼겹살찜!
말지 않고
그냥 먹어도 최고!

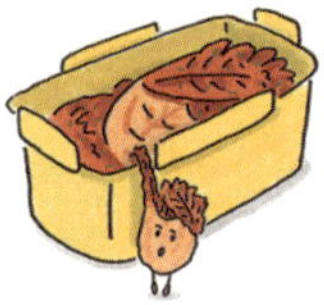

3~4인분 | 조리 40~50분

재료

- □ 김치 1/4포기 (큰 잎 16~17장)
- □ 삼겹살 3컵(300g)
- □ 대파 3대(20cm)

- □ 쌀뜨물 3컵 ×
- □ 설탕 1/2스푼
- □ 고춧가루 1스푼
- □ 김칫국물 16스푼
- □ 청주 또는 맛술 2스푼

×
멸치육수나 사골곰탕 국물로 대체 가능

1 | **재료 손질하기** | 삼겹살은 1.5~2cm 폭으로 썰고, 대파는 길게 반으로 갈라 4cm 길이로 썰어요.

2 | **김치 말기** | 김치를 펼친 다음 줄기 쪽에 삼겹살과 대파를 올리고, 돌돌 말아서 넓은 이파리로 양쪽 끝을 감싸요.

3 | **끓이기** | 얕은 전골냄비에 김치말이를 돌려 담고, 분량의 쌀뜨물, 김칫국물, 설탕, 청주를 넣어 센불에서 끓여요. 국물이 바글바글 끓으면 중약불로 줄여 뚜껑을 덮고 30분 이상 푹 끓여요. 국물이 반쯤 줄어들면 고춧가루를 넣고 김치가 푹 익을 때까지 끓이세요.

인증샷 | 비주얼 끝장 김치 삼겹살찜! 간단하게 만들어 생색내자! |

사실 카페에 냉파요리 레시피를 연재하면서 가장 중요하게 생각했던 건 바로 냉장고에 늘 있는 재료로 쉽고, 간편하고, 맛있게 만들 수 있도록 하자는 거였어요. 요리를 하기 위해 재료를 사야 한다면 기껏 생겼던 집밥 의지도 꺾일뿐더러 만들기가 어려우면 아예 포기하게 되니까요. 김치 삼겹살찜도 냉장고에 있는 묵은 삼겹살과 김치만 있으면 되는 쉬운 음식이에요. 하지만 김치로 삼겹살을 마는 과정이 귀찮게 느껴질 수도 있어서 카페 회원들의 관심이 적을까봐 내심 걱정이 되던 메뉴였어요.

그런데 오히려 과정이 간단한 걸 알아본 카페 회원들 덕분에 많은 사랑을 받은 메뉴가 되었어요. 삼겹살이 없다면 있는 고기로, 남는 채소도 함께 썰어 넣고 끓이기만 하면 보들보들 촉촉하고도 맛있는 김치 삼겹살찜이 완성돼요. 반으로 잘라 세팅하면 보기에도 그럴듯하고 한입에 먹기도 좋은 완벽한 요리가 되지요. 김치와 삼겹살, 집에서 구워먹는 것도 좋지만 한 번씩 이렇게 찜으로도 색다르게 즐겨보세요.

'내공플러스'님(위, 좌), 'dal맘'님(위, 우), '번개탄멍멍'님(아래, 좌), '르다엘'님(아래, 우)의 김치 삼겹살찜

TOP
7

냉파가 시급한 식재료

감자& 고구마

박스로 사서
쪄먹기만 하던 감자,
고구마가 7위!
고구마
감자

감자와 고구마는 둘 다 뿌리채소입니다. 포슬포슬한 감자와 보들보들한 고구마는 맛은 달라도 식사대용으로 사랑받는 건 같지요. **감자는 6~9월**이, **고구마는 8~10월**이 제철입니다. 감자와 고구마는 둘 다 **섬유질이 풍부해 변비해소**에 좋습니다.
또 감자에 들어있는 **비타민 C**와 고구마에 들어있는 **칼륨**은 **고혈압**에 좋지요. 한 박스씩 사두고 간편하게 쪄먹기도 하고 꼬들꼬들 말려서 간식으로 먹기도 하는 감자와 고구마. 조금만 신경 쓰면 다양한 한 끼 요리로 일주일 내내 질리지 않게 냉파할 수 있어요.

감자&고구마 고르는 법

감자

① 껍질이 얇고 단단한 것
② 알이 둥글고 울퉁불퉁하지 않은 것
③ 싹이 나지 않은 것

→ 감자에 싹이 나면 솔라닌이라는 독성이 생기므로, 싹이 난 부분은 충분히 잘라내고 사용하세요.

고구마

① 만져봤을 때 단단하고 매끈한 것
② 흠집이 없는 것
③ 껍질에 붉은빛이 나는 것

감자&고구마 보관법

감자

① 오래 보관할 때는 사과를 함께 넣어둔다. 사과의 '에틸렌 가스' 성분이 감자에 싹 나는 걸 늦춰준다.
② 바람이 잘 통하는 서늘한 그늘에 보관한다.
③ 적당한 크기로 삶거나 전자레인지에 익혀 냉동보관한다.

고구마

① 통풍이 잘되는 시원한 그늘에 상자째 보관한다.
② 신문지로 고구마를 하나씩 감싸 그늘에 보관한다.
③ 적당한 크기로 썰어 삶거나 전자레인지에 익혀 냉동보관한다.

Key  word

#감자는 6~9월이 제철 #하지감자
#고구마는 8~10월 #섬유질 #변비해소
#비타민C #칼륨 #고혈압 예방
#다이어트엔 고구마

1주일 냉파 식단 & 식비 예산

구매시기와 구매처에 따라 금액에 차이가 있으므로 평균가로 잡았습니다.
모든 식재료가 다 있을 필요는 없어요. 냉장고 속 재료만으로도 충분히 맛을 낼 수 있습니다.

월 감자 수프

- □ 감자 1상자(5kg) ₩9,000
- □ 베이컨 1봉 ₩2,400
- □ 우유 1L ₩2,500

월요일 식비 ₩13,900

화 감자채볶음

화요일 식비 무지출 ₩0

수 고구마 보트

- □ 고구마 1상자(5kg) ₩15,000
- □ 양파 1kg ₩3,000
- □ 체다슬라이스치즈 1팩 ₩3,500

수요일 식비 ₩21,500

목 고구마 맛탕

목요일 식비 무지출 ₩0

금 감자 불고기 피자

- □ 피망 1개 ₩1,000
- □ 소고기 불고기감 1kg ₩17,000
- □ 토마토소스 1병 ₩3,500
- □ 피자치즈 1봉 ₩6,000

금요일 식비 ₩27,500

주말 특식 일본식 소고기 감자조림(니쿠자가)

- □ 꽈리고추 1봉 ₩2,500

주말 식비 ₩2,500

3~4인 가족 1주일 평균 식비		감자&고구마 1주일 예상 식비		1주일 식비
₩200,000	—	₩65,400	=	₩134,600

절감 효과

감자 수프

끓여서 갈기만 하면
패밀리 레스토랑표
고급 감자수프 완성!

2인분 | 조리 15분

재 료

- □ 주먹 크기 감자 1개 (300g)
- □ 베이컨 1장
- □ 버터 1/3스푼(10g)
- □ 우유 1컵
- □ 물 1/2컵
- □ 쪽파 약간
- □ 소금 약간

×
양파 1/4개 정도 함께 사용해도 OK

1 | **감자 익히기** | 감자는 잘 익도록 반으로 잘라 1cm 정도 두께로 썰어요. 냄비에 우유, 버터, 물, 소금과 함께 감자를 넣고, 다 익을 때까지 중약불에서 10분 정도 뭉근하게 끓여요.

tip / 우유가 갑자기 끓어넘칠 수 있으니 자리를 지킨다. 베이컨을 반 장 정도 작게 잘라 함께 끓이면 더 깊고 풍부한 맛이 난다.

2 | **베이컨칩 만들기** | 베이컨은 잘게 썰어 팬에 바삭하게 구워요. 또는 접시에 키친타월을 깔고 잘게 썬 베이컨을 올린 다음 다시 키친타월을 덮어 전자레인지에서 1분~1분 30초 정도 돌려요.

tip / 키친타월로 위를 덮어야 베이컨 기름이 전자레인지에 튀는 것 방지

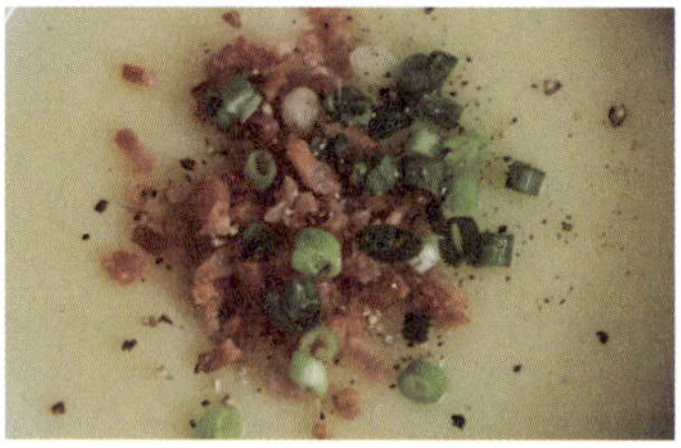

3 | **마무리하기** | 감자가 완전히 익으면 믹서기나 블랜더에 넣고 곱게 갈아요. 수프볼에 수프를 담고 베이컨칩과 쫑쫑 썬 쪽파를 올리면 완성!

감자채 볶음

감자에 싹 나기 전,
탈탈 털어
우리집 기본반찬
준비하기!

4~5인분 | 조리 15분

재 료

- □ 감자 3개(500g)
- □ 향신기름 5스푼 ×
- □ 소금 1/2스푼
- □ 식초 1스푼 ××

×
향신기름 만드는 법은 47쪽 참고. 식용유로 대체 가능

××
식초를 넣는 것은 중국식으로, 살짝 넣으면 상큼한 맛이 난다.

소금물

- □ 소금 1스푼
- □ 물 5컵

1 | **전분 제거하기** | 감자는 최대한 얇게 슬라이스해서 채 썬 다음, 분량의 소금물에 10분 정도 담가뒀다가 체에 밭쳐 물기를 제거해요.

tip / 소금물에 담가두면 감자의 전분기가 제거돼 서로 엉겨 붙지 않고 약하게 밑간이 밴다.

2 | **볶기** | 팬에 향신기름을 두르고 물기를 뺀 감자채와 소금을 넣어 센불에서 4분 정도 볶아요. 감자가 어느 정도 숨이 죽으면 식초를 넣고 잘 섞은 다음 불을 꺼요.

tip / 식초를 넣지 않은 감자채볶음에 우유를 조금 넣고 끓여서 갈면 순식간에 수프로 변신!

tip 감자채볶음 부서지지 않게 볶는 방법

감자채볶음은 볶을 때 감자가 부서져서 생각보다 만들기 어려워요. 하지만 아래 두 가지를 지키면 감자가 잘 부서지지 않아요.

① 감자는 최대한 얇게 썬다.
② 감자를 썰어서 소금물에 10분 정도 담가뒀다가 물기를 제거하고 사용한다.

고구마 보트

고구마+신김치
조합을 극대화한
퓨전 음식!
고구마
감자

1~2인분 | 준비 30~40분 + 조리 10분

tip 밍밍한 고구마 달콤하고 맛있게 먹는 방법

고구마가 충분히 달지 않고 밍밍한 맛이 나거나 단 걸 좋아한다면, 실온에 둬서 부드러워진 버터 2스푼에 꿀 1스푼을 섞어 만든 허니버터를 곁들여요. 삶거나 찐 고구마에 허니버터를 섞으면 어떤 고구마도 맛있게 즐길 수 있어요.

tip 떠먹는 감자 & 고구마 피자 만들기

피자 도우를 만들기가 부담스러운가요? 그럴 때는 삶은 감자나 고구마를 으깨서 용기 바닥에 깔고 토마토소스, 토핑, 치즈 순서대로 얹어 떠먹는 피자로 만들면 편리하고 맛도 있어요.

용기에 랩을 씌우거나 뚜껑을 살짝 덮어 전자레인지에 넣고 치즈가 녹을 때까지 5~6분 정도 돌리면 완성!

재 료

☐ 고구마 2개(350~400g)
☐ 양파 1/3개
☐ 베이컨 3장
☐ 버터 2/3스푼(20g) ×
☐ 체다슬라이스 치즈 1장
☐ 대파 2대(15cm) ××

×
가염버터 추천
××
대파는 장식용으로 사용
×××
고구마와 버터를 제외한 모든 재료는 냉장고 상황에 따라 교체 가능

☐ 깍두기 5개 ××××
☐ 플레인요거트 1/2통
☐ 캔 옥수수 2스푼
☐ 꿀 1스푼

××××
깍두기 대신 배추김치를 사용하거나, 베이컨과 함께 볶아서 올리면 자칫 느끼할 수 있는 맛에 포인트가 된다.

1 | **고구마 삶기** | 고구마는 끓는 물에 통째로 30~40분 정도 삶아요. 젓가락으로 찔렀을 때 푹 들어갈 정도로 삶으면 돼요.

tip / 잘라서 삶으면 시간은 단축되지만 단맛이 빠지므로 주의!

2 | **치즈 자르기** | 체다슬라이스 치즈는 포장지째로 칼집을 내요.

tip / 포장지를 벗기고 칼집을 내면 치즈가 칼에 들러붙는다. 포장지째로 칼로 누르기만 해도 잘 잘린다.

3 | **재료 손질하기** | 베이컨은 작게 썰고 양파, 깍두기는 잘게 다져요. 대파는 송송 썰어요.

4 | **재료 볶기** | 달군 팬에 식용유(1스푼)를 두르고 베이컨과 양파를 넣어 중불에서 1분 정도 노릇하게 볶아요.

tip / 베이컨에 지방이 많으면 베이컨 기름만으로 볶아도 OK

5 | **고구마 맛내기** | 삶은 고구마는 길게 반으로 잘라 숟가락으로 속을 살살 판 다음 버터를 조금 넣고 섞어요.

tip / 고구마에 단맛이 부족하면 이때 꿀 1스푼 추가

6 | **마무리하기** | 버터를 넣고 섞은 고구마 위에 베이컨양파볶음 → 깍두기 → 치즈 → 옥수수 → 플레인요거트 → 대파 순서로 토핑해요. 전자레인지에 2분 정도 돌리면 치즈가 살짝 부드러워져서 더 맛있어요.

고구마 맛탕

초간단!
달다구리 바삭한
고구마!

고구마
감자

2~3인분 | 조리 10분

재 료

- □ 고구마 6개(400g)
- □ 설탕 3스푼 ×
- □ 식용유 1컵

×
설탕은 고구마 300~400g 기준으로 3스푼 정도 사용

1 | **재료 손질하기** | 고구마는 껍질을 벗기고 한입 크기로 썰어 물에 헹군 다음, 물기를 완전히 제거해요.

tip / 고구마는 껍질을 벗기면 빠르게 갈변하므로 물에 담가서 사용. 바로 씻어서 물기 제거 후 조리해도 OK

2 | **볶기** | 달구지 않은 팬에 고구마를 넣고 설탕을 골고루 뿌린 다음 식용유를 부어요. 고구마가 식용유에 1/3 정도만 잠기면 돼요.

tip / 기름 온도가 올라가면서 설탕이 고구마에 달라붙는데, 설탕이 너무 많으면 여분의 설탕이 조금씩 타면서 색이 빨리 날 수 있으므로 주의!

3 | **마무리하기** | 중불에서 5분 정도 노릇하게 튀긴 다음 체에 밭쳐 기름기를 빼고 접시에 담아내요. 고구마가 어느 정도 익어서 노릇해지면 젓가락으로 톡톡 쳤을 때 까슬까슬하고 딱딱한 느낌이 나요.

tip / 기호에 따라 시나몬 가루를 살짝 뿌려 먹어도 맛있다.

tip

달콤한 고구마 간식 Best 3!

고구마는 특유의 단맛과 부드러운 식감 덕에 누구나 좋아하는 간식이에요. 그냥 쪄서 먹어도 맛있지만 조금만 신경 쓰면 더 맛있는 식감을 즐길 수 있어요. 아주 쉽고 간단한 고구마 간식만 골랐으니 한번 따라해보세요.

1. 쫀득쫀득 고구마 말랭이

① 고구마는 잘 씻어서 껍질째 찐다.

tip / 껍질까지 먹으려면 솔로 깨끗하게 씻어요.

② 한김 식은 찐고구마를 얇은 막대모양으로 썬다.

③ 접시에 넓게 펴서 전자레인지에 돌린다. 이때 한 번에 오래 돌리지 말고 짧게 여러 번 돌리며 상태를 확인한다.

tip / 채반에 펼쳐 자연건조해도 되지만, 습도가 높은 날에는 곰팡이가 생길 수 있으니 조심하세요. 오븐에 살짝 말려도 좋아요.

2. 바삭바삭 고구마 스틱

① 고구마는 잘 씻어서 얇고 긴 막대모양으로 썬다.

② 물에 10분 정도 담가 전분기를 제거한 다음, 키친타월로 물기를 꼼꼼하게 제거한다.

tip / 물기가 남아있으면 튀길 때 기름이 튀어 위험해요.

③ 팬에 기름을 넉넉히 붓고 중약불에서 뒤적이며 튀긴다.

3. 달콤달콤 고구마 라떼

① 찐고구마는 껍질을 벗겨 포크로 으깨거나 믹서기로 간다.

② 우유를 조금씩 넣으며 섞는다.

tip / 우유를 한 번에 많이 넣으면 농도 맞추기가 어려워요. 조금씩 더하면서 원하는 농도로 맞추세요.

③ 단맛이 부족하면 꿀이나 올리고당을 조금 섞는다.

인증샷 | 'dal맘'님의 고구마 맛탕 |

정말 고구마만 있으면 되는 너무 간단한 레시피예요. 'dal맘'님이 만들어보니 옛날 길에서 팔던 바삭바삭한 고구마맛탕 맛이 나서 너무 좋았다고 해요. 쓰고 남은 식용유에 여러 번 만들어 드실 정도였다고 하니, 여러분도 속는 셈치고 한번 만들어보세요.

감자 불고기 피자

밀가루 도우 없이
맛있는
피자를 즐겨요!

2인용(지름 24cm 1판) | 조리 30분

인증샷 | **익숙한 감자전을 피자로!**

카페에서 제일 인기 있었던 레시피가 바로 감자불고기피자예요. 감자를 해치우기 위해 만들어먹었던 감자전에 소스와 채소 몇 가지를 올려, 도우를 만들지 않고도 맛있는 피자를 완성할 수 있었기 때문인데요. 많은 사람들의 사랑을 받은 레시피에 지금 당장 도전해보세요.

'딩동'님(좌), '빛나는사람'님(가운데), '뚤뚤새댁'님 남편분(우)의 각양각색 감자불고기피자

재 료

□ 감자 4개(400g)
□ 피망 1/4~1/2개
□ 양파 1/4개 ×
□ 양송이버섯 5개 ×
□ 소고기 불고기감 1컵 (100g)
□ 토마토소스 8~10스푼
□ 피자치즈 2컵(150g)
□ 소금 1/4스푼
□ 식용유 4스푼
□ 후추 약간

×
버섯, 양파 등의 재료는 냉장고 상황에 따라 조절 가능. 단, 피망은 넣어야 맛있다.

소고기 양념
□ 간장 1스푼
□ 설탕 1/2스푼
□ 다진 마늘 1/4스푼
□ 후추 약간
□ 참기름 약간

전분물 ××
□ 감자전분 1스푼
□ 물 2스푼

××
1에 넣으면 도우가 탄탄해진다. 생략 가능

1 | **감자 밑간하기** | 감자는 껍질을 벗기고 채칼로 얇게 슬라이스해서 채 썰어요. 그런 다음 분량의 소금과 후추를 뿌리고 전분물을 넣어 버무려요.

tip / 감자채끼리 달라붙어 하나의 도우가 되도록 전분기를 제거하는 과정은 생략. 감자전분물을 함께 버무리면 도우가 좀 더 바삭하고 탄탄해진다.

2 | **소고기 밑간하기** | 소고기에 분량의 소고기 양념을 넣고 조물조물 무쳐요. 양파, 피망, 양송이버섯은 3~4mm 두께로 채 썰어요.

3 | **볶기** | 손질한 채소는 팬에 식용유(1스푼)를 두르고 센불에서 1분간 볶아 접시에 덜어내요. 이 팬에 양념한 소고기를 넣어 젓가락으로 뭉친 것을 풀며 센불에서 물기 없이 3분 정도 볶아요.

4 | **도우 만들기** | 원하는 크기의 팬을 뜨겁게 달궈 식용유(3스푼)를 두른 뒤 감자를 도톰하게 펼쳐 깔아요. 중약불에서 아랫면이 노릇하고 까슬까슬하게 익을 때까지 4~5분 정도 구운 다음, 뒤집어서 뒷면도 노릇하게 구워요.

tip / 감자도우가 너무 얇으면 힘이 없어 먹기 불편하니 충분한 두께로 익힌다. 중불~중약불에서 한 면을 충분히 구운 뒤 뒤집는다.

5 | **토핑하기** | 도우가 앞뒤로 바삭하게 익으면 약불로 줄이고, 도우에 토마토소스를 넉넉하게 펴 바른 다음 볶아둔 토핑을 올려요.

6 | **마무리하기** | 토핑 위에 피자치즈를 듬뿍 올린 다음, 뚜껑을 덮어 치즈를 녹이면 완성이에요.

tip / 피자집 같은 비주얼을 원한다면 오븐의 그릴 기능으로 윗면만 열이 나오게 해서 5분 정도 구우면 OK

일본식 소고기 감자조림 (니쿠자가)

남은 감자와 얼려둔
고기만 있으면
고급스러운
밥반찬으로 한 끼!

2~3인분 | 조리 40분

tip 조림 또는 찜 요리시 야채 손질법 – 모서리 둥글게 깎기

조림이나 갈비찜을 할 때 들어가는 감자, 당근 등의 채소는 모서리를 둥글게 깎아 정리하면 깔끔해요. 모서리를 정리하면 채소가 뭉개져서 국물이 탁해지거나 걸쭉해지는 것을 막을 수 있어요. 모서리를 정리할 때 나온 채소는 버리지 말고 밥할 때 넣으세요. 맛있는 감자밥, 색감 예쁜 당근밥이 돼요.

→ 156쪽 자투리 채소밥 참고

재 료

□ 감자 작은 것 4개(500g)
□ 양파 큰 것 1/4개
□ 꽈리고추 8개
□ 다시마 2장(5×5cm)
□ 소고기 불고기감 1+1/2컵 (200g) ×
□ 물 3+1/2컵
□ 식용유 2스푼
□ 당근 1/3개 ××
□ 쪽파 약간 ××

×
차돌박이나 얇게 썬 돼지고기 불고기감, 대패삼겹살을 이용해도 OK

××
당근과 쪽파는 없으면 생략 가능

양념

□ 설탕 3스푼
□ 맛술 5스푼
□ 간장 6스푼 (기호에 따라 7스푼까지)

1 | **재료 손질하기** | 감자는 껍질을 벗긴 뒤 4등분하고, 양파는 한입크기로 썰고 꽈리고추는 2등분해요. 당근은 1/3개 정도를 연필 깎듯 썰어요.

tip / 감자 모서리는 둥글게 깎는다. 자투리는 밥 짓기에 사용

2 | **감자 익히기** | 뜨겁게 달군 냄비에 식용유를 두르고 감자를 넣어 표면이 투명해질 때까지 중약불에서 4분 정도 익혀요. 전분기 때문에 감자가 바닥에 눌러 붙을 수도 있으니, 감자에 기름이 골고루 묻도록 중간중간 냄비를 흔들어줘요.

tip / 냄비가 뜨거우니 주의! 행주나 장갑 사용

3 | **육수 내기** | 감자 표면이 익으면 당근을 넣어 살짝 볶은 다음 양파, 다시마와 물을 넣고 중불에서 10분간 끓여요. 거품은 중간중간 걷어내요.

4 | **끓이기** | 분량의 설탕, 맛술을 넣고 다시 중불에서 10분간 끓여요.

tip / 일본식 조림을 할 때는 양념 넣는 순서가 매우 중요한데, 맛이 잘 배지 않는 설탕 → 소금 → 식초 → 간장 → 미소(된장) 순서로 양념한다.

5 | **졸이기** | 다시마를 건져낸 뒤 소고기를 뭉치지 않도록 펼쳐 넣고, 간장을 넣은 다음 중불에서 10분 정도 조려요.

tip / 다시마는 작게 썰어 다시 조림에 넣어도 OK

6 | **마무리하기** | 꽈리고추를 넣고 30초 정도 끓인 후 불을 끄고 송송 썬 쪽파를 뿌리면 완성!

TOP

8

냉파가 시급한 식재료

밥&떡

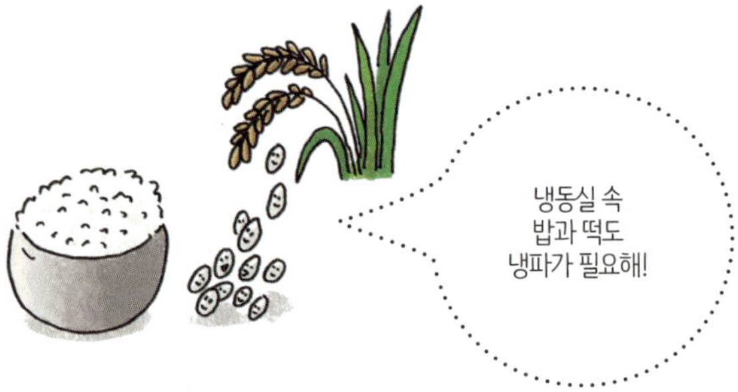
냉동실 속
밥과 떡도
냉파가 필요해!

옛날 조상들은 밥을 먹어야 식사를 한 걸로 쳤다고 해요. 요즘에야 밥 대신 다른 음식으로 끼니를 챙기는 경우도 많지만 그래도 따끈한 쌀밥에 국 생각이 날 때가 있죠. 기본 음식이지만 **잘 지은 밥이 주는 만족감**은 다른 음식과 비교하기 어려워요. 전통 디저트인 떡도 마찬가지예요. 가끔 먹는 꿀떡이나 쑥떡도 맛있지만 역시 **냉파의 대상은 바로 떡국떡**이 아닐까요? 막 뽑아 따끈하고 말랑말랑한 가래떡일 때는 좋지만, 떡국떡은 설 지나고 나면 다음 설까지도 냉동실에 그대로 얼어있는 경우가 대부분이니까요. 또 언제 사서 넣어놨는지 기억도 가물가물한 떡볶이떡도 마찬가지고요. 자, 이제 냉동된 떡들을 냉동실에서 내보내보자고요!

Key word

#쌀은 9~10월이 추수철

#펩타이드 #혈압상승 억제

#항산화제 #세포노화 억제

#말랑말랑 밀떡 #쫄깃쫄깃 쌀떡

떡 고르는 법

① 표면이 매끄럽고 갈라지지 않은 것

② 주원료인 쌀의 원산지를 확인한다.

밥 & 떡 보관법

① 밥은 보온보관하기보다는 굳기 전에 소분해서 냉동보관한다.

→ 식기 전에 얼리면 밥맛이 그대로 유지돼서 해동했을 때 갓 지은 밥 같아요.

② 떡 역시 냉장온도(0~5℃)에서 노화가 급격하게 진행되므로 냉장보관은 피한다.

밥 & 떡 손질법

① 갓 지은 밥을 주걱으로 살살 뒤적이면 밥알이 알알이 살아 윤기가 난다.

② 떡은 하나씩 떼어 찬물에 헹군 다음 사용한다.

1주일 냉파 식단 & 식비 예산

구매시기와 구매처에 따라 금액에 차이가 있으므로 평균가로 잡았습니다.
모든 식재료가 다 있을 필요는 없어요. 냉장고 속 재료만으로도 충분히 맛을 낼 수 있습니다.

월 자투리 채소밥

월요일 식비 무지출 ₩ 0

화 국물 촉촉 떡볶이

- □ 떡볶이떡 1봉 ₩2,500
- □ 어묵 1봉 ₩1,500

화요일 식비 ₩ 4,000

수 떡국

- □ 떡국떡 1봉 ₩5,000
- □ 애호박 1개 ₩1,500
- □ 다진 소고기 150g ₩5,000

수요일 식비 ₩ 11,500

목 생곤드레 버섯 솥밥

- □ 곤드레 1봉 ₩3,500

목요일 식비 ₩ 3,500

금 불고기 떡볶이

- □ 소고기 불고기감 1kg ₩17,000
- □ 양파 1kg ₩3,000

금요일 식비 ₩ 20,000

주말 특식 떡국떡 크림소스 그라탕

- □ 베이컨 1봉 ₩2,400
- □ 방울토마토 1팩(1kg) ₩6,000
- □ 피자치즈 1봉 ₩6,000
- □ 크림소스 1병 ₩6,000
- □ 우유 1L ₩2,500

주말 식비 ₩ 22,900

3~4인 가족 1주일 평균 식비		밥&떡 1주일 예상 식비		1주일 식비 (절감 효과)
₩200,000	−	₩61,900	=	₩138,100

자투리 채소밥

애매하게 남은
자투리 채소!
밥 지을 때 넣으면
영양만점!

2인분 | 준비 20분 + 조리 35분

재 료

□ 쌀 2컵
□ 물 2컵

채소 ×
□ 방울토마토 4개
□ 당근 자투리
□ 작은 고구마 1~2개 (50~100g)
□ 마늘종 2대(20cm)
□ 버터 1/3~2/3스푼 (10~20g) ××

×
자투리 채소는 뭐든 가능. 단, 채소에 수분이 많다면 밥물 줄이기
××
참기름으로 대체 가능

1 | **재료 손질하기** | 쌀은 깨끗이 씻어 20분 정도 불리고, 방울토마토는 윗부분에 십(十)자 모양으로 칼집을 넣어요.

tip / 취향에 따라 채소는 가감 OK! 토마토가 입에 맞지 않으면 생략 가능

2 | **밥 짓기** | 밥솥에 불린 쌀과 물을 넣고 한입크기로 썬 고구마, 다진 당근, 잘게 썬 마늘종, 칼집 낸 토마토를 얹어서 밥을 지어요.

tip / 밥 짓는 법은 준비마당 54쪽 참고. 일반 전기밥솥에는 분량의 채소를 넣고 취사를 누르면 끝! 단, 채소에서 물이 나오니 밥물은 조금 줄일 것

3 | **마무리하기** | 불을 끄고 10분간 뜸들이기까지 끝나면, 밥에 취향에 따라 버터나 참기름을 넣고 잘 섞어요.

국물 촉촉 떡볶이

설날 이후
까맣게 잊었던
냉동실 떡국떡이
한순간에 소멸각!

2~3인분 | 조리 15분

재 료

☐ 떡 2컵(200g)
☐ 어묵 3~4장(200g)
☐ 볼소시지 5개 ×
☐ 곤약 100g ×

×
떡을 제외한 나머지는 생략 가능

양념
☐ 육수 2컵(멸치 또는 다시마)
☐ 고추장 2스푼
☐ 볶음간장 2스푼 ××
☐ 설탕 1스푼
☐ 다진 마늘 1/2스푼
☐ 통깨 약간
☐ 올리고당 1스푼 ×××

××
간장 1스푼과 맛술 1스푼으로 대체 가능
×××
기호에 따라 단맛 조절하는 용도로 사용

1 | **재료 손질하기** | 어묵과 곤약은 먹기 좋은 크기로 자르고 떡은 하나하나 떼어 찬물에 한 번 헹궈요.

tip / 떡을 제외한 모든 재료 생략 가능

2 | **떡볶이 양념 만들기** | 냄비에 육수를 붓고, 양념 재료를 모두 넣고 잘 섞어요. 그런 다음 떡을 제외한 모든 재료를 넣고 중불에서 3분 정도 끓여요.

tip / 국물이 많은 떡볶이를 원하면 육수를 3+1/2컵까지 늘려도 OK. 육수 만드는 법은 51~52쪽 참고

3 | **마무리하기** | 양념이 보글보글 끓으면 약불로 줄이고, 떡을 넣어 잘 섞고 뚜껑을 닫아 5분 정도 더 끓여요. 취향에 따라 올리고당을 넣고 통깨로 마무리해도 좋아요.

tip / 좋아하는 채소를 같이 넣거나 케첩을 반 스푼 넣어도 맛있다. 육수가 없으면 물에 다시마를 한 장 넣어 끓인다.

떡국

설날이 아니어도
떡국 한 그릇이면
속이 따뜻해질 텐데….

2인분 | 준비 20분 + 조리 10분

재 료

- □ 떡국떡 4컵
- □ 멸치육수 3+1/2컵 ×
- □ 애호박 1/2개
- □ 다진 소고기 3스푼(70g)
- □ 국간장 1스푼

×
사골육수로 대체 가능

고기양념

- □ 국간장 1/2스푼
- □ 다진 마늘 1/3스푼
- □ 참기름 1/2스푼
- □ 후추 약간

1 | **재료 손질하기** | 애호박은 채 썰어 팬에 식용유를 두른 뒤 볶고, 소고기는 분량의 재료를 넣어 양념한 다음 달군 팬에 물기 없이 볶아요.

2 | **끓이기** | 냄비에 멸치육수와 떡국떡을 넣어 떡이 떠오를 때까지 중불에서 7~8분 정도 끓이고 국간장으로 간해요. 그릇에 떡국을 담고 1의 고명을 올려서 내요.

tip / 두부를 넣으면 담백하고 영양학적으로도 완성도 있는 떡국이 된다.

tip 떡국떡 불리는 시간

일반 떡국떡은 물에 10분 이상 담가 불리고, 냉동된 경우엔 20분 이상 충분히 불리세요. 떡은 그냥 사용해도 되지만 최소 20분 정도 불려서 사용하는 게 더 좋습니다.

생곤드레 버섯 솥밥

밥만 지었을 뿐인데
완벽해지는 상차림!

2인분 | 준비 20분 + 조리 35분

재 료

- □ 쌀 2컵
- □ 물 1+2/3컵 ×
- □ 표고버섯 5개 ××
- □ 생곤드레 15장

×
곤드레와 버섯에서 물이 나올 것을 감안, 밥물 조금 줄이기
××
표고버섯은 양송이버섯 등으로 대체 가능

양념

- □ 국간장 2스푼
- □ 참기름 1스푼

1 | **곤드레 손질하기** | 끓는 물에 소금을 조금 넣고 깨끗이 씻은 생곤드레를 넣어 2분간 데쳐요. 데친 곤드레는 찬물에 두어 번 헹군 다음 물기를 꼭 짜서 폭 1~1.5cm로 썰어요.

tip / 말린 곤드레를 사용할 경우 찬물에 6시간 이상 불려 흐르는 물에 헹구고, 40분 이상 삶는다. 냄비째 식혀 찬물에 헹군 뒤 물기를 짜서 사용. 손질에 시간이 많이 걸리니 한꺼번에 많이 삶아 냉동보관하는 것 추천

2 | **무치기** | 표고버섯은 기둥을 떼어내서 아래쪽 딱딱한 부분을 잘라낸 뒤 결대로 찢고, 갓을 얇게 썰어 데친 곤드레와 함께 분량의 양념에 조물조물 무쳐요.

tip / 버섯 손질법은 87쪽 참고

3 | **밥 짓기** | 미리 불려서 체에 밭쳐 물기를 뺀 쌀을 솥에 넣고, 물을 부은 다음 양념한 곤드레와 버섯을 넣어 밥을 지어요.

tip / 밥 짓는 법은 준비마당 54쪽 참고. 일반 전기밥솥에는 채소를 넣고 취사를 누르면 끝! 단, 채소에서 물이 나오니 밥물은 조금 줄일 것

불고기 떡볶이

매콤한 떡볶이 대신
달달한 불고기 떡볶이!
불고기 양념 황금비율은
보너스!

2~3인분 | 조리 20분

tip 불고기 양념 황금비율

불고기 양념은 기본적으로 아래 비율을 유지하며 만들면 좋아요. 기호에 따라 단맛을 좋아하면 설탕 양을 늘리고, 매콤한 맛을 좋아하면 고추장을 조금 섞어요.

간장 4 : 설탕 2 : 다진 마늘 1 : 참기름 1/4 : 후추 많이

재 료

□ 떡볶이떡 2컵(200g)
□ 소고기 불고기감 3/4컵 (100g)
□ 양파 1/2개
□ 당근 약간 ×
□ 물 10스푼
□ 식용유 약간

×
취향에 따라 식감 좋은 파프리카나 감칠맛 나는 버섯을 추가해도 OK

불고기양념 ××
□ 간장 4스푼
□ 설탕 2스푼
□ 다진 마늘 1스푼
□ 참기름 1/4스푼
□ 후추 약간

××
매콤한 걸 좋아하면 청양고추 반 개 또는 고추장 1/3스푼 정도 넣기

1 | **재료 준비하기** | 분량의 불고기양념 재료를 모두 섞어 준비하고, 불고기감에 이 양념을 2스푼 먼저 넣어 밑간을 해요. 양파와 당근은 채 썰어 준비해요.

tip / 냉동 떡은 해동 후 물에 20분 정도 불려 사용

2 | **볶기** | 팬에 식용유를 두르고 양파와 당근을 각각 볶은 다음 접시에 덜어두세요.

3 | **익히기** | 달군 팬에 양념한 소고기를 넣고 볶다가 소고기가 반쯤 익으면 분량의 떡볶이떡과 남은 불고기양념, 물을 넣고 중약불에서 4~5분간 조리듯 끓여요.

4 | **마무리하기** | 양념이 바작하게 졸아들고 떡이 말랑말랑해지면 양파와 당근을 넣고 볶아요. 마지막에 참기름을 살짝 두르고 통깨를 뿌려요.

인증샷 | **'상자밖인간ing'님의 불고기 떡볶이** |

불고기 떡볶이를 만들어 아들과 둘이 드셨다는 '상자밖인간ing'님! 처음에는 떡볶이라며 툴툴거리던 아들이 너무 맛있게 먹어서 떡 하나 더 먹기가 힘드셨다고 하네요. 매콤한 고추장 떡볶이도 좋지만, 가끔은 이렇게 아이를 위해 달달한 불고기 떡볶이도 만들어보세요.

tip 불고기와 최고 궁합, 표고버섯 활용하기

불고기에는 표고버섯이 가장 잘 어울려요. 건표고버섯을 사용하는 경우 미지근한 물에 10분 이상 불려서 채 썰어 넣고, 3번 과정에서 넣었던 물(10스푼) 대신 표고버섯 불린 물을 넣으면 떡볶이 맛이 훨씬 더 좋아져요.

떡국떡 크림소스 그라탕

냉동실 터줏대감
떡,
그라탕으로
대변신!

1~2인분 | 조리 15분

tip 다양한 떡국떡 그라탕 만드는 방법

크림소스와 우유 대신 시판 토마토소스를 듬뿍 넣어 만들면 토마토소스 떡국떡 그라탕이 됩니다. 여기에 다진 고기를 볶아 넣으면 미트소스 그라탕을 만들 수도 있지요. 떡 대신 찬밥을 넣어 리조또처럼 먹을 수도 있고, 베이컨 대신 소시지나 햄을 활용해도 좋아요.

여러 가지 재료들로 변화를 줄 수 있지만, 한 가지 꼭 기억해야 할 점은 소스가 넉넉해야 맛있다는 것!

인증샷 | **있는 재료 백배 활용한 떡국떡 크림소스 그라탕** |

모든 요리를 레시피대로 만들면 가장 맛있겠지만, 냉파의 묘미는 있는 재료를 최대한 활용하는 것! 여기에 냉파의 목적을 그대로 실천해 떡국떡 크림소스 그라탕을 만든 두 분이 있어요. 만두를 좋아하는 '하늘별땅'님은 떡국떡에 냉동만두까지 추가해 그라탕을 만들었고, '죽달이'님은 있는 채소와 슬라이스 치즈를 활용해 요리했어요. 크림소스가 덕분에 여러 재료가 섞여도 튀지 않고 잘 어우러져 맛있는 요리랍니다.

'하늘별땅'님(좌)의 냉동만두 그라탕과 '죽달이'님(우)의 냉파 떡국떡 크림소스 그라탕

재 료

□ 떡국떡 1+1/2~2컵 ×
□ 베이컨 3장
□ 방울토마토 3개
□ 양송이버섯 2개 ××

×
떡국떡은 찬물에 담가 20분 정도 불리기
×
파스타면이나 마카로니를 넣어도 OK
××
양송이버섯 대신 다른 버섯도 활용 가능

소스
□ 피자치즈 1컵(100g)
□ 크림소스 1/2병
□ 우유 1/2컵

1 | **재료 손질하기** | 베이컨은 0.5cm 정도 간격으로 썰고 양송이는 편으로, 방울토마토는 반으로 썰어요.

2 | **재료 볶기** | 뜨겁게 달군 팬에 베이컨을 굽다가 베이컨에서 기름이 나오면 양송이버섯을 넣고 노릇하게 볶아요.

3 | **끓이기** | 2에 크림소스와 우유, 떡국떡을 분량대로 넣고, 떡이 부드럽게 익을 때까지 약불에서 끓여요. 떡이 익으면 방울토마토를 넣고 1~2분 정도 더 끓여요.

4 | **마무리하기** | 전자레인지용 그릇에 담고 피자치즈를 듬뿍 올려 전자레인지로 6분간 조리해요.

한 걸음 더 | 전자레인지에 돌리기만 해도 맛있지만, 토치로 위를 살짝 그을려 맛있는 비주얼을 만들 수도 있어요.

TOP

9

냉파가
시급한
식재료

당근 &우엉

Sure!
살까 말까
늘 고민하는
당근과 우엉이 9위!

당근과 우엉은 사실 특유의 맛과 향 때문에 호불호가 많이 갈리는 식재료입니다. 하지만 둘 다 자신만의 색이 있는 대체불가 식재료이기도 하지요. 둘 다 1년 내내 구입할 수 있지만 **당근은 9~11월이, 우엉은 1~3월**이 제철이에요. 당근이 눈에 좋다는 사실은 많이 알려져 있는데요. 당근의 **베타카로틴**이라는 성분이 몸에 흡수되면서 **시력개선**에 도움을 준다고 합니다. **비타민**이 풍부해 **피부미용**에도 효과적이라고 해요. 또 우엉에 들어있는 **이눌린**이라는 성분은 이뇨작용을 도와줘 **신장 기능**을 개선해주고, 껍질에 들어있는 **사포닌**이라는 성분은 **대장기능**을 강화시켜준다고 합니다. 그러니 껍질을 전부 벗겨내지 말고 사용하는 게 좋겠지요?

당근 & 우엉 고르는 법

당근

① 색이 진하고 표면이 매끄러운 것

② 잔뿌리가 적고 단단한 것

③ 잎 부분이 푸르지 않은 것

우엉

① 표면에 흙이 묻어있고 겉흙이 건조하지 않은 것

→ 흙이 건조할수록 우엉이 질겨요.

② 수염뿌리가 없고 흠 없이 매끈한 것

③ 대가 너무 가늘지 않고 100원 동전 정도 크기인 것

당근 & 우엉 보관법

① 흙이 묻은 상태로 신문지에 싸서 보관한다.

② 물기가 묻었거나 이미 씻었다면 살짝 말려서 신문지로 감싸 냉장보관하거나, 밀폐용기에 넣어 냉장보관한다.

③ 당근은 얇게 채 썰거나 원하는 모양으로 썰어서 냉동보관한다.

④ 우엉은 얇게 썰어 식촛물에 담가 쓴맛을 빼고, 1분간 데친 다음 식혀서 냉동보관한다.

→ 자세한 우엉 손질법은 166쪽을 참고하세요.

Key word

#당근은 9~11월이 제철

#우엉은 1~3월 냉파추천

#베타카로틴 #시력개선 #이눌린

#신장강화 #사포닌 #대장기능강화

#장트러블예방

1주일 냉파 식단 & 식비 예산

구매시기와 구매처에 따라 금액에 차이가 있으므로 평균가로 잡았습니다.
모든 식재료가 다 있을 필요는 없어요. 냉장고 속 재료만으로도 충분히 맛을 낼 수 있습니다.

월 우엉 샐러드

□ 우엉 1봉	₩4,000
월요일 식비	**₩4,000**

화 당근 냉수프

□ 당근 1봉	₩1,800
□ 양파 1kg	₩3,000
□ 베이컨 1봉	₩2,400
화요일 식비	**₩7,200**

수 우엉 피클

수요일 식비	**무지출 ₩0**

목 우엉 된장

□ 고추 1봉	₩1,000
□ 마늘 1봉	₩1,000
목요일 식비	**₩2,000**

금 밥솥 당근 케이크

□ 달걀 30구	₩7,000
□ 핫케이크가루 1봉	₩2,500
□ 계피가루 1통	₩2,500
□ 견과류 믹스 1통	₩10,000
□ 크림치즈 1통	₩4,000
금요일 식비	**₩26,000**

주말 특식 우엉 대패삼겹볶음

□ 대패삼겹살 500g	₩5,000
주말 식비	**₩5,000**

4인 가족 1주일 평균 식비 ₩200,000 — **밥&떡 1주일 예상 식비** ₩44,200 = **1주일 식비** ₩155,800

절감 효과

우엉 샐러드

오독오독 새콤한
우엉 샐러드!
닭가슴살을 찢어
함께 무치면
다이어트 식단 완료!

2인분 | 조리 20분

tip 우엉 손질하기

우엉 껍질은 보통 수세미로 문지르거나 칼등으로 껍질을 긁어내려 벗겨요. 하지만 껍질에 장에 좋은 성분인 사포닌이 들어있으므로 깨끗이 씻어 껍질째 사용하는 것이 좋아요. 우엉의 갈변을 막으려면 식초를 2~3방울 떨어뜨린 물에 담가 두면 돼요.

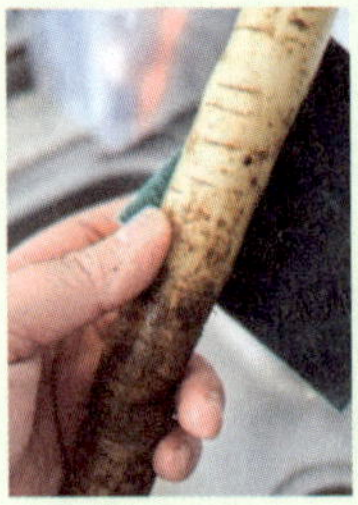

수세미

칼등

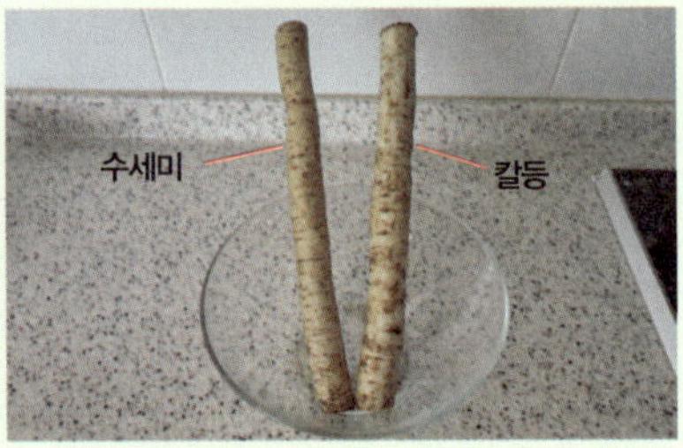
수세미
칼등

양조식초

재 료

- □ 우엉 1대(20cm)
- □ 양파 1/4개
- □ 양배추 2장
- □ 당근 약간

×
우엉을 제외한 모든 재료는 생략 가능

무침소스1

- □ 볶음간장 1스푼
- □ 연유 1스푼 ××
- □ 깨소금 1스푼
- □ 식초 1/2스푼
- □ 소금 2꼬집
- □ 참기름 약간
- □ 후추 약간

××
연유가 없으면 무침소스2 활용

무침소스2

- □ 마요네즈 3스푼
- □ 볶음간장 1+1/2스푼
- □ 식초 1/2스푼
- □ 깨소금 1+1/2스푼
- □ 참기름 약간
- □ 후추 약간

×××
무침소스는 취향에 따라 고르기

1 | **재료 손질하기** | 양파와 양배추는 얇게 채 썰어 준비해요.

2 | **우엉 손질하기** | 우엉은 채 썰어서 식초를 2~3방울 떨어뜨린 물에 10분 정도 담가둬요.

3 | **우엉 데치기** | 식촛물에 담가둔 우엉을 끓는 물에 4분간 데쳐서 체에 밭쳐 물기를 제거해요.

tip / 이때 당근도 채 썰어 1분 정도 데쳐준다.

4 | **소스** | 왼쪽의 두 가지 소스 중 취향에 맞는 소스 재료를 모두 섞어 무침소스를 만들어요. 1번 소스는 약간 땅콩버터 같은 맛이 나면서 우엉의 고소한 맛이 더 도드라지게 살려주고, 2번 소스는 맛이 좀 더 강해서 우엉 특유의 향을 조금 감춰줘요.

5 | **마무리하기** | 모든 재료와 소스를 함께 넣고 섞어요.

tip / 그냥 먹어도 되고 냉장고에 1~2시간 넣어 시원하게 먹으면 OK. 맛살이나 결대로 찢은 닭가슴살을 섞어 먹으면 더 맛있다.

당근 냉수프

Sure!
밥맛 없을 때
냉장고에 뒀다
먹으면 꿀맛인
시원한 냉수프!

1~2인분 | 조리 20분

재 료

- □ 당근 1개(180g)
- □ 양파 1/2개(90g)
- □ 베이컨 1장
- □ 천도복숭아 1개 ×
- □ 물 1+1/2컵
- □ 소금 2꼬집
- □ 설탕 1/2스푼
- □ 올리브유 2스푼 ××

×
냉동망고, 황도, 사과 등의 과일도 OK

××
식용유로 대체 가능

×××
토핑으로 플레인 요거트를 올려도 OK

1 | **재료 볶기** | 당근은 얇게 슬라이스하고 양파는 채 썰어요. 베이컨은 폭 0.5cm로 작게 잘라요. 팬에 올리브유 또는 식용유를 두른 뒤 모두 넣고 중불에서 3~4분간 타지 않게 충분히 볶아요.

2 | **끓이기** | 1에 물을 붓고 중불에서 10분 정도 끓인 뒤 한김 식혀요.

3 | **마무리하기** | 2를 식힌 후 천도복숭아를 잘라 소금, 설탕과 함께 믹서기에 넣고 곱게 갈아요. 냉장고에 넣어 차갑게 식혀뒀다가 빵과 곁들이면 든든한 한 끼 완성!

tip / 당근을 얇게 채 썰어 기름에 타지 않게 튀긴 당근채튀김을 토핑으로 올려도 좋다.

tip / 천도복숭아가 없다면 다른 과일로 대체 가능

우엉 피클

비만을 막고
신장기능을 올려주는
우엉! 피클로 만들어
매끼 새콤하게
곁들여요.

1~2인분 | 준비 10분 + 조리 20분

재 료

- □ 우엉 1대(20cm)
- □ 통깨 약간
- □ 참기름 약간
- □ 검은깨 약간
- □ 양파 ×

×
참기름, 검은깨, 양파는 생략 가능

절임물

- □ 식초 6스푼
- □ 설탕 6스푼
- □ 소금 1/2스푼
- □ 물 4스푼

1 | **우엉 손질하기** | 우엉은 필러로 얇게 깎아서 식초를 2~3방울 떨어뜨린 물에 10분 정도 담가뒀다가, 체에 밭쳐 물기를 제거해요.

tip / 껍질 벗긴 우엉은 식초에 담가둬야 갈변을 막을 수 있다.

2 | **우엉 절이기** | 절임물 재료를 모두 넣고 끓이다가, 팔팔 끓으면 우엉을 넣고 중불에서 3분 정도 가끔 뒤적이며 끓여요.

3 | **마무리하기** | 우엉을 밀폐용기에 옮겨 담고 냄비의 절임물을 부어요. 양파를 넣을 경우 이때 넣어야 물러지지 않고 맛있어요. 통깨를 솔솔 뿌려 한김 식힌 다음 냉장고에 넣어 최소 2~3시간에서 반나절 지난 다음 먹어요.

tip / 절임물에 참기름을 넣고 끓이면 참기름 향이 날아가니 참기름은 마지막에 넣는다.

우엉 된장

견과류로 건강식 완성!
고등어쌈장,
두부쌈장으로
활용도 100배!

2~3인분 | 조리 15~20분

tip 우엉 된장 200% 활용법 – 고등어쌈장, 저염 두부 된장

우엉 된장 마지막 단계에서 고등어통조림 반 정도 분량을 살만 발라서 통조림국물 5스푼과 함께 넣고 조리면 고등어쌈장이 돼요. 꼭 고등어통조림이 아니어도 캔에 든 참치나 다진 고기를 마지막에 넣으면 참치 쌈장, 고기 쌈장으로도 활용 가능해요.

살코기
동원참치

오뚜기
고등어

또 두부 1/6모를 으깨서 물기를 꼭 짠 다음, 마른 팬에 보슬보슬하고 노릇하게 볶아 한김 식혀서 된장에 섞으면 저염 두부 된장 완성!

국산콩
국산콩
순두부

재 료

- □ 우엉 1대(15cm)
- □ 청고추 1개
- □ 홍고추 1개
- □ 마늘 2알
- □ 참기름 2스푼
- □ 된장 2스푼
- □ 물 4스푼
- □ 맛술 3스푼

×
냉장고 속 자투리 채소를 다져서 우엉과 함께 볶아도 OK

××
기호에 따라 견과류를 다져넣으면 좀 더 고소하다.

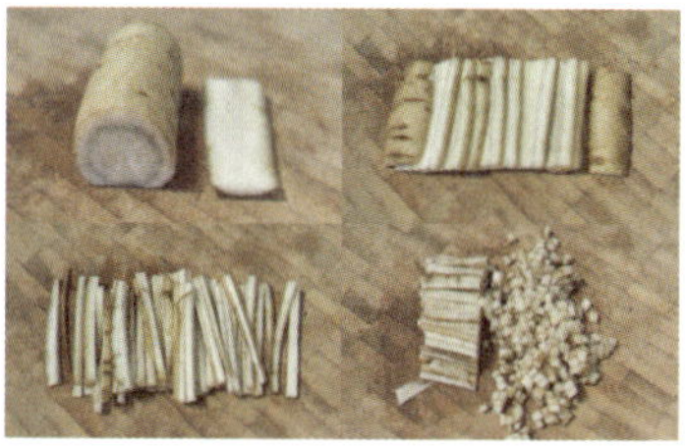

1 | **우엉 손질하기** | 우엉은 채 썬 다음 잘게 다져요.

tip / 우엉의 한쪽면을 잘라 단면이 도마와 닿도록 놓으면 이리저리 굴러다니지 않는다.

2 | **재료 손질하기** | 청홍고추는 잘게 다지고 마늘은 굵직굵직하게 다져요. 통마늘이 없으면 다진 마늘 1/3스푼으로 대체해도 좋아요.

tip / 고추를 다질 때는 꼭지부분을 약간 남기고 끝까지 칼집을 낸 다음 다지면 편하다. 고추가 없다면 생략 가능

3 | **재료 볶기** | 작은 냄비에 참기름을 두르고 다진 마늘과 청홍고추를 넣어 약불에 3분간 볶다가, 다진 우엉을 넣고 3분 정도 더 볶아요.

4 | **된장 볶기** | 3에 분량의 된장을 넣어 볶아요.

tip / 된장은 한 번 볶아서 사용하면 군내가 날아가서 더 맛있다. 볶다보면 냄비 바닥에 약간 눌어붙기도 하는데 시커멓게 타지만 않으면 괜찮다.

5 | **된장 졸이기** | 4에 물과 맛술을 넣고 약불에서 저어가며 졸여요.

tip / 우엉 된장은 냉장 1주일, 냉동 한 달까지 보관 가능

한 걸음 더 | 우엉 된장에 견과류, 고등어통조림, 두부 등을 넣어 밥에 비벼먹거나, 양배추를 쪄서 양배추쌈으로 먹어도 맛있어요.

밥솥 당근 케이크

Sure!

오븐 없이 남는
핫케이크가루로
카페보다 멋진 비주얼
케이크 완성!

4~5인분(케이크 1판) | 조리 1시간 30분

tip 케이크 남았을 때 보틀케이크로 보관

만들어둔 당근케이크가 남아 보관하기 어렵다면, 보틀케이크로 만들어 냉장보관 해보세요. 밀폐용기나 유리병 크기에 맞게 케이크를 잘라 케이크 → 크림치즈 → 케이크 → 크림치즈 순으로 쌓아 마지막에 견과류를 살짝 뿌리면 보기에도 예쁜 보틀케이크가 완성돼요. 만들기도 쉽고 보관과 휴대가 간편해 아이들 간식으로도 좋아요. 하나씩 꺼내서 그대로 떠먹으면 돼요.
집에 남은 카스테라를 한입크기로 잘라 잼, 과일과 쌓아도 그럴듯한 보틀케이크를 만들 수 있어요.

재 료

- □ 당근 1개(190~200g)
- □ 달걀 2개
- □ 핫케이크 가루 4+1/2컵
- □ 우유 2컵
- □ 식용유 1스푼
- □ 계피가루 1/3스푼 ×
- □ 다진 견과류 1/3컵 ××

×
계피가루는 집에 흔히 있는 재료는 아니지만, 당근케이크에는 웬만하면 넣는 것 추천

××
캐슈넛, 피스타치오 등 뭐든 좋지만 특히 색과 맛이 뛰어난 피스타치오가 제격

토핑

- □ 크림치즈 1통
- □ 꿀 3스푼
- □ 우유 3스푼

1 | **당근 손질하기** | 당근은 깨끗이 씻어 얇은 채칼로 채쳐요. 채칼이 없으면 다져서 넣어도 상관없어요.

넛츠
핫케이크가루

2 | **반죽하기** | 볼에 달걀 2개를 넣고 거품기로 잘 풀고, 우유(2컵)를 넣고 잘 섞은 다음 핫케이크 믹스를 넣고 대충 섞어요.

3 | **반죽하기** | 채 친 당근과 식용유, 계피가루, 다진 견과류를 조금 넣고 완전히 섞어요.

tip / 토핑할 견과류는 남겨둔다.

4 | **굽기** | 키친타월에 식용유를 묻혀서 밥통 내솥의 1/2 정도 높이까지 잘 바른 다음, 반죽을 붓고 만능찜 모드로 1시간 조리해요.

tip / 밥솥 제조사와 모델에 따라 조리시간이 달라질 수 있다. 젓가락으로 찔러봐서 반죽이 묻어나오면 10분씩 추가로 조리한다.

5 | **식히기** | 조리가 끝난 당근케이크는 밥솥을 뒤집어 빼서 접시나 도마에 올리고 완전히 식혀요.

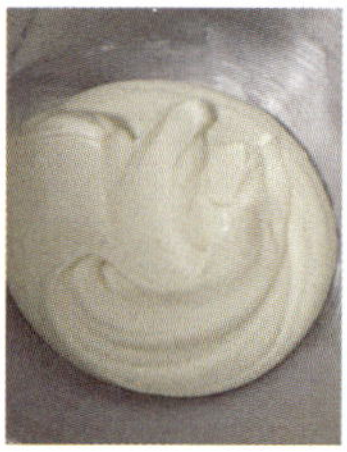

6 | **토핑하기** | 당근케이크가 식을 동안 크림치즈, 꿀, 우유를 잘 섞어 냉장고에 차갑게 보관해요. 케이크가 다 식으면 위에 크림치즈를 부드럽게 바르고 다진 견과류로 장식해요.

tip / 크림치즈를 실온에 두면 말랑해져서 어렵지 않게 섞을 수 있다.

우엉 대패삼겹볶음

비만,
골다공증 예방에
생리통 개선까지!
여성이라면
1일 1우엉식!

2인분 | 조리 20분

tip 여성에게 좋은 수제 우엉차 만들기

우엉을 껍질째 깨끗하게 씻어서 얇게 썰거나 가늘게 채 썰어 하루 정도 말린 뒤, 마른 팬에서 타지 않도록 불을 조절하며 10분 정도 볶아 우엉차를 만들어요. 수분을 충분히 날리지 않으면 곰팡이가 생길 수 있으니 충분히 말려서 볶아요.

말린 우엉 4g에 물을 1리터 정도 부어 끓여 마시거나 우엉 한 조각을 컵에 담고 뜨거운 물을 부어 우려 마시면 돼요.

tip 우엉 대패삼겹덮밥 만들기

우엉 대패삼겹볶음 완성 단계에서 물과 볶음간장을 조금 더 넣고 끓이다가, 전분물(감자 또는 고구마 전분가루 1 : 물 1의 비율)로 농도를 맞춰 덮밥으로 만들어도 좋아요.

고구마맛 전분
감자 전분

재 료

- □ 우엉 2대(15cm) ×
- □ 대패삼겹살 5~6장 ××
- □ 볶음간장 4스푼 ×××
- □ 후추 약간
- □ 통깨 약간

×
남은 우엉은 잘게 다져 밥이나 된장국에 넣어도 OK

××
대패삼겹살 대신 다지거나 잡채용으로 채 썬 돼지고기, 소고기 또는 닭고기 등 다양한 고기 활용

××
아예 고기 없이 식용유를 두르고 우엉에 볶음간장만 넣고 볶아도 OK

×××
볶음간장이 없으면 간장 2스푼, 맛술 2스푼으로 대체 가능. 만드는 법은 46쪽 참고

1 | **우엉 손질하기** | 우엉은 필러를 사용하거나 칼로 연필 깎듯이 얇게 깎아서 식초를 2~3방울 넣은 물에 담가둬요. 재료가 모두 준비되면 체에 밭쳐 물기를 제거하고 사용해요.

tip / 우엉을 어슷 썰면 섬유질 때문에 조금 단단하고 질긴 느낌이 나지만, 이렇게 손질하면 좀 더 부드럽다.

2 | **고기 손질하기** | 대패삼겹살은 폭 2cm로 썰어요.

tip / 녹으면 흐물흐물해지므로 얼어있을 때 썬다.

3 | **재료 볶기** | 달군 팬에 대패삼겹살을 넣고 뭉치지 않도록 젓가락으로 저으며 센불에서 볶아요. 대패삼겹살이 반쯤 익으면 손질한 우엉을 넣고 서너번 뒤적여요.

4 | **양념하기** | 불을 중약불로 줄인 다음 볶음간장을 넣고 볶아요.

tip / 뜨거운 팬에 양념을 바로 넣으면 양념이 끓어오르며 튀어 화상을 입거나 너무 빨리 타버릴 수 있다. 팬을 불에서 잠깐 내리고 양념을 가장자리로 얌전히 흘려넣는 방법 추천

5 | **마무리하기** | 2~3분 정도 볶으면 우엉이 익어 부드러워져요. 후추와 통깨를 취향에 맞게 뿌리면 완성돼요.

TOP
10

냉파가 시급한 식재료 돼지고기

구워 먹기만 하는
삼겹살은
이제 그만!

사시사철 먹을 수 있는 돼지고기는 **싼값**과 **높은 영양가**로 사랑받는 식재료 중 하나입니다. 특히 미세먼지로 **목이 칼칼할 때 삼겹살**을 구워 먹으면 별미이지요. 돼지고기에는 **비타민 B**가 소고기나 닭고기보다 5~10배 정도 많아서 **피로회복**에 효과적이에요. **피부미용**에도 좋아서 탄력 있는 피부를 원한다면 채소만 먹기보다는 돼지고기를 함께 먹는 것이 더욱 좋습니다. 이렇게 좋은 돼지고기, 부위별로 식감도 다른데 그동안 잘 모른다는 이유로 신문지 깔고 기름 튀기면서 삼겹살만 구워 먹지는 않았나요? 이제 기름으로 바닥이 미끌미끌해지는 일 없이 다양한 방법으로 더 맛있게 돼지고기를 요리할 때입니다.

돼지고기 고르는 법

① 냄새가 나지 않고 눌러봤을 때 탄력있는 것
② 윤기가 돌고 색이 연한 핑크빛인 것
③ 지방의 색이 유백색인 것
→ 오래된 고기는 색이 검붉게 변하고 핏물이 스며나오며, 표면이 미끌거리고 불쾌한 냄새가 나요.
→ 장볼 때 냉장보관해야 하는 고기와 생선류는 마지막에 구입하세요.

돼지고기 보관법

① 고기를 비닐 위에 올리고 다시 비닐로 덮어 층층이 쌓아 랩으로 감싸서 지퍼백 등으로 밀봉해 냉동보관한다.
② 다진 돼지고기는 얇게 펴 젓가락으로 눌러 자국을 내서 얼리면, 나중에 하나씩 떼어 쓸 수 있어서 편하다.
③ 냉장보관 시에는 표면에 식용유를 발라 랩을 씌우면 3~4일 정도 신선하게 보관할 수 있다.

돼지고기 손질법

① 핏물은 누린내의 원인이 되니 키친타월로 눌러서 제거한다.
② 냉동한 고기는 냉장실에 옮겨 서서히 해동하는 게 가장 좋고, 고기에 물이 닿지 않도록 밀봉해 찬물에 담가 해동하거나 전자레인지의 해동 기능을 이용한다.

Key  word

#비타민B #피로회복
#피부미용 #항산화효과
#노화방지 #노폐물배출
#미세먼지에는 돼지고기

1주일 냉파 식단 & 식비 예산

구매시기와 구매처에 따라 금액에 차이가 있으므로, 평균가로 잡았습니다.
모든 식재료가 다 있을 필요는 없습니다. 냉장고 속 재료만으로도 충분히 맛을 낼 수 있어요.

월 고추잡채 & 꽈리고추 대패삼겹볶음

□ 잡채용 돼지고기 1팩	₩7,000
□ 피망 6개	₩6,000
월요일 식비	**₩13,000**

화 애호박 돼지고기 짜글이

□ 애호박 1개	₩1,500
□ 삼겹살 300g	₩7,000
□ 양파 1kg	₩3,000
□ 청양고추 1봉	₩900
화요일 식비	**₩12,400**

수 태국식 돼지고기 덮밥

□ 다진 돼지고기 300g	₩2,700
□ 대파 1단	₩2,000
□ 깻잎 1봉	₩1,700
□ 생강 1봉	₩2,000
수요일 식비	**₩8,400**

목 김치 탕수육

□ 돼지고기 등심 300g	₩5,500
목요일식비	**₩5,500**

금 라이스페이퍼 군만두 짜조

□ 라이스페이퍼 1봉	₩2,400
□ 다진 돼지고기 450g	₩4,000
□ 표고버섯 1팩	₩2,000
□ 당면 1봉	₩3,500
금요일식비	**₩11,900**

주말 특식 수육 & 차슈요리

□ 돼지고기 앞다리 600g	₩8,500
주말식비	**₩8,500**

3~4인 가족 1주일 평균 식비 ₩200,000 — **돼지고기 1주일 예상 식비** ₩59,700 = **1주일 식비** ₩140,300

절감 효과

고추잡채

꽃빵이 없다면
밀가루로 밀전병을
만들면 끝!
귀찮으면
밥 한 그릇이랑
뚝딱!

4인분 | 조리 25분

tip 밀전병 만드는 방법(20~22장 분량)

집에 밀가루 한 봉지쯤은 다 있지요? 밀전병을 만들어 고추잡채뿐만 아니라 라이스페이퍼 대용으로 사용해 월남쌈도 즐겨보세요. 냉장고 속 자투리 재료 처리에 최고랍니다.

재료 | □ 밀가루 2/3컵 □ 물 2/3컵 □ 참기름 1/3스푼 □ 소금 한 꼬집

만드는 법 |

① 재료를 모두 넣고 멍울지지 않게 잘 섞어 반죽해요.

② 키친타월에 식용유를 묻혀 중약불로 달군 팬에 얇게 펴 바른 다음, 반죽을 3/4스푼씩 떠 넣어 전병을 부쳐요. 반죽이 익으면서 반투명해지면 뒤집고 10초 뒤에 꺼내요.

→ 전병 반죽에 참기름을 넣으면 반죽이 팬에 잘 들러붙지 않고, 밀가루 냄새가 줄어들 뿐 아니라 촉촉함이 오래간다.

재 료

- □ 잡채용 돼지고기 1팩 (260g) ×
- □ 피망 6개 ××
- □ 식용유 5스푼
- □ 다진 마늘 1스푼

×
등심, 안심 등 기름기가 적은 부위 사용

××
피망과 파프리카를 섞어 써도 되지만, 피망과 파프리카 비율이 2:1을 넘을 정도로 파프리카를 많이 넣는 건 금물. 수분이 많은 파프리카를 사용할 경우 간을 조금 강하게 하고 센불에서 빠르게 볶기

고기 밑간

- □ 볶음간장 2스푼
- □ 후추 약간

전분옷 ×××

- □ 달걀 흰자 1개
- □ 전분가루 3스푼

×××
생략 가능

양념

- □ 볶음간장 2스푼
- □ 굴소스 3스푼
- □ 물 3스푼

1 | **고기 밑간하기** | 잡채용 돼지고기에 밑간을 한 다음, 간이 충분히 배면 전분옷을 입혀 버무려요.

tip / 전분 종류(감자, 고구마, 옥수수 등)는 상관없지만, 반드시 밀가루 아닌 전분 사용

tip / 전분옷을 입히면 얇은 고기에 볼륨감이 생기고, 다 먹을 때까지 고기에서 수분이 빠져나오지 않아 촉촉한 식감을 즐길 수 있다.

2 | **피망 손질하기** | 피망은 꼭지를 떼어내고 일정한 두께로 채 썰어요. 이때 피망 안쪽의 하얀 부분을 칼로 제거한 뒤 채 썰면 고추잡채가 깔끔해져요.

tip / 피망 꼭지를 아래로 꾹꾹 누른 다음 꼭지를 잡아당기면 씨가 붙은 채로 쏙 빠져서 편리

tip / 강한 매운맛을 원하면 청양고추도 함께 준비

3 | **재료 볶기** | 뜨겁게 달군 웍이나 큰 팬에 식용유를 두르고, 돼지고기를 넣어 덩어리지지 않게 젓가락으로 풀며 익혀요. 고기가 거의 다 익으면 채 썬 피망과 다진 마늘을 넣고 센불에서 2분 정도 더 볶아요.

4 | **양념하기** | 센불을 유지하며 분량의 양념을 넣어 수분이 거의 없어질 때까지 볶아요.

tip / 좀 더 강한 양념맛을 원하면 볶음간장 1스푼을 진간장이나 국간장으로 대체하고, 고추기름이나 통후추를 바로 갈아 넣으면 더 풍부한 맛과 향을 느낄 수 있다.

tip / 볶음간장 2스푼은 진간장 1스푼, 맛술 1스푼, 설탕 1/2스푼으로 대체 가능. 볶음간장 만드는 법은 46쪽 참고

꽈리고추 대패 삼겹볶음

고추잡채
사촌요리,
제육볶음덮밥
스타일!

2~3인분 | 조리 10분

재료

- □ 꽈리고추 20개
- □ 대패삼겹살 15롤
- □ 마늘 4알
- □ 식용유 1/2스푼

양념

- □ 볶음간장 3스푼
- □ 다진 마늘 1/3스푼
- □ 고춧가루 1/2스푼
- □ 후추 약간

1 | **고기 익히기** | 달군 팬에 식용유를 두르고 대패 삼겹살을 넣어 볶아요. 취향에 따라 한입크기로 잘라도 좋아요.

tip / 대패삼겹살은 얼어있는 상태에서 썰어야 잘 썰 수 있다.

2 | **볶기** | 삼겹살이 노릇해질 때쯤 큼직하게 썬 통마늘과 2~3등분한 꽈리고추를 넣고 볶듯이 뒤적이며 볶아요.

3 | **마무리하기** | 꽈리고추에 열이 입혀지면 왼쪽 분량의 양념을 넣고 볶아요.

tip / 촉촉한 것을 원하면 물 4스푼, 볶음간장 2스푼 추가. 여기에 전분물로 농도를 맞추면 덮밥도 OK

애호박 돼지고기 짜글이

돼지고기와
각종 채소만
있으면 OK!
양배추쌈과 함께라면
냉장고 탈탈탈!

2~3인분 | 조리 20분

재 료

- □ 애호박 2/3개
- □ 찌개용 돼지고기 또는 삼겹살 2컵(280~300g)
- □ 양파 작은 것 1개
- □ 청양고추 2개
- □ 돼지껍데기 1장 (10×15cm) ×

×
쫄깃한 식감을 더할 수 있지만 없으면 생략 가능

양념

- □ 식용유 1스푼
- □ 다진 마늘 2스푼
- □ 국간장 2스푼
- □ 고춧가루 4스푼
- □ 쌀뜨물 1컵
- □ 새우젓 1/2스푼 ××

××
새우젓이 없으면 소금 1/3스푼으로 대체

1 | **재료 손질하기** | 애호박, 양파는 사방 1~1.5cm 크기로 깍뚝썰기하고 돼지고기와 돼지껍데기도 비슷한 크기로 썰어요. 청양고추는 잘게 다지세요.

2 | **고기 볶기** | 냄비에 식용유를 두르고, 찌개용 돼지고기와 다진 마늘(1스푼)을 넣고 중불에서 볶아요. 돼지고기가 반쯤 익으면 국간장과 고춧가루를 넣고 타지 않게 3분 정도 볶아요.

3 | **졸이기** | 2에 애호박과 양파를 넣고 잘 섞어요. 쌀뜨물을 넣고 국물이 보글보글 끓어오르면 새우젓과 다진 마늘(1스푼)으로 간하고, 중불에서 국물이 자박해질 때 까지 졸여요.

tip / 쌀뜨물 대신 멸치육수나 다시마육수를 사용해도 OK

태국식 돼지고기 덮밥

강추!
다진 돼지고기로
만드는 고품격 태국요리,
액젓이 포인트!

2인분 | 조리 15분

tip 다진 돼지고기볶음 백배 활용 요리

태국식 돼지고기덮밥은 태국에서 주로 사용하는 피쉬소스 대신 액젓으로 비슷한 맛을 냈어요. 액젓에 거부감이 있다면 볶음간장(46쪽 참고)을 대신 넣어 달콤 짭짤한 일본식 덮밥으로 만들 수 있어요. 고기볶음 마지막 단계에 찬밥을 넣어서 볶음밥으로도 즐길 수 있고, 삶은 국수에 고기볶음을 올려 고기볶음비빔국수로 먹을 수도 있어요.

tip 돼지고기 냄새 잡는 생강즙 만들기

생강과 물을 1:1 비율로 넣어 간 다음 면보에 거르면 생강즙이 생겨요. 얼음틀에 얼려놓고 하나씩 꺼내 사용하면 편리하지요. 생강즙 대신 생강가루를 사용하면 한층 더 편리해요.

재 료

- □ 다진 돼지고기 1+1/2컵 (240g)
- □ 대파 2대(20cm)
- □ 깻잎 5장
- □ 양파 1/2개
- □ 생강 1쪽 ×
- □ 다진 마늘 1스푼
- □ 청양고추 2개
- □ 향신기름 또는 식용유 3스푼
- □ 달걀 2개 ××

×
다진 생강 1/2스푼 또는 생강즙 1스푼도 가능

××
달걀프라이는 생략 가능. 달걀프라이를 올릴 때는 고춧가루를 살짝 뿌리면 더 맛있어 보인다.

양념

- □ 액젓 2스푼 (멸치 또는 까나리)
- □ 굴소스 2스푼
- □ 설탕 1/2스푼
- □ 후추 약간

×××
남는 양상추나 오이를 곁들이면 식감과 영양균형이 더 좋아진다.

1 | **핏물 제거하기** | 다진 돼지고기는 키친타월로 눌러 핏물을 제거해요.

tip / 핏물은 돼지 누린내의 원인이니 반드시 제거

2 | **재료 손질하기** | 양파는 사방 0.5~1cm 크기로 다지고, 대파는 세로로 4등분해 폭 1cm로 듬성듬성 썰어요. 생강은 곱게 다지고 청양고추는 얇게 썰어요. 깻잎은 세로로 반을 잘라 폭 0.5cm로 썰어요.

3 | **볶기** | 팬에 향신기름 또는 식용유를 두르고 대파와 다진 마늘, 생강을 넣어 타지 않게 약불에서 1분간 볶아요.

tip / 생강 대신 생강즙이나 생강가루를 사용할 경우 4에서 넣는다.

tip / 볶음요리에서는 조리도구의 역할이 중요하다. 열전도율이 높아 열을 빠르게 전달하면서도 눌러붙지 않도록 코팅된 프라이팬 사용을 추천(사진의 제품은 '락앤락 하드앤라이트 프라이팬')

4 | **볶기** | 다진 양파와 다진 돼지고기를 넣고, 고기가 뭉치지 않도록 젓가락으로 풀며 중불에서 5분간 볶아요.

tip / 너무 센불에서 볶으면 고기를 풀기 전에 한 덩어리로 익어버린다. 중불에서 젓가락 한 쌍을 모아 쥐고 볶거나 나무주걱으로 고기를 자르듯 볶는다.

5 | **볶기** | 돼지고기가 어느 정도 익으면 분량의 양념 재료를 넣고 중불에서 볶아요. 돼지고기가 완전히 익으면 불을 끄고 청양고추와 깻잎을 넣어요.

tip / 액젓이 맛의 포인트. 한 스푼으로 시작해 간을 보며 기호에 맞게 조금씩 추가

6 | **달걀프라이 하기** | 노른자가 터지지 않도록 조심하며 달걀프라이를 해서 덮밥 위에 올려요.

tip / 팬을 뜨겁게 달구고 식용유를 넉넉히 부어 튀기듯 익히면, 흰자가 바삭한 중국집 달걀프라이도 가능!

김치 탕수육

김치 넣으면
느끼함 OUT!
안 넣으면
일반 탕수육!

2인분 | 준비 60분 + 조리 30분

tip 탕수육에 곁들일 가지튀김 만들기

가지를 깨끗이 씻어 돌려가면서 연필 깎듯 듬성듬성 썬 다음, 전분반죽으로 만든 튀김옷을 묻혀 노릇하게 튀기면 끝! 탕수육과 함께 튀겨 맛있게 즐겨보세요.

재 료

□ 돼지고기 등심 (돈가스용, 300g)

튀김옷

□ 전분가루 1+1/2컵
□ 물 1+1/2컵
□ 향신기름 2스푼×

×
식용유 2스푼으로 대체 가능. 만드는 법은 47쪽 참고

고기 밑간

□ 소금 1/3스푼
□ 후추 약간

소스

□ 익은 김치 1컵
□ 간장 4스푼
□ 식초 4스푼
□ 설탕 7+1/2스푼
□ 물 1+1/2컵
□ 김칫국물 1스푼
□ 굴소스 1+1/2스푼××
□ 양파 1/4개

××
생략 가능

전분물

□ 전분 2+1/2스푼
□ 물 2+1/2스푼

1 | **튀김옷 만들기** | 전분가루(1+1/2컵)를 같은 양의 물에 풀어 1시간 정도 가만히 둬요. 시간이 지나면 전분층과 물이 분리되는데, 물은 따라내고 불린 전분만 사용해요.

tip / 고구마 전분과 감자 전분 혹은 옥수수 전분을 섞어 사용하면 좋다. 전분이 없으면 튀김가루도 OK.

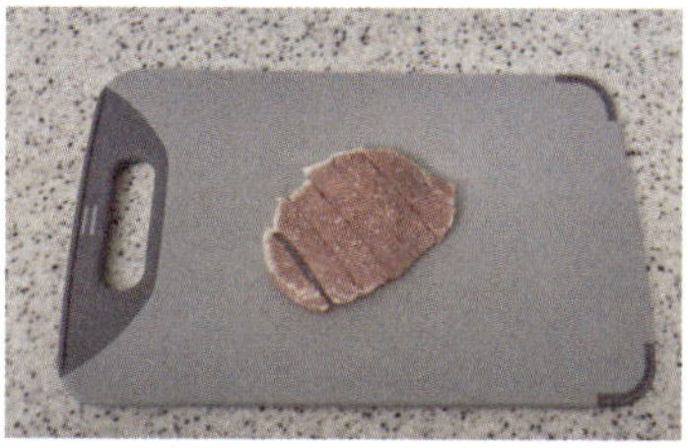

2 | **고기 밑간하기** | 돼지고기는 키친타월로 눌러 핏물을 제거해요. 소금, 후추로 밑간해서 10분간 재운 뒤 두께 2cm 정도로 길쭉하게 썰어요.

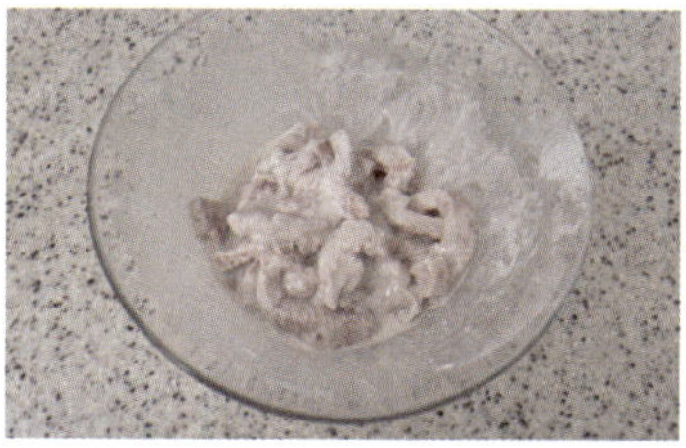

3 | **튀김옷 반죽하기** | 불린 전분은 뻑뻑하므로 향신기름 또는 식용유를 넣고 고기와 함께 반죽해요.

4 | **탕수육 소스 만들기** | 냄비에 양파를 제외한 소스재료를 모두 넣고 중불에서 끓여요. 김치는 양념을 씻어내고 한입크기로 썰어 넣고, 소스가 끓어오르면 전분물을 조금씩 넣어 농도를 맞춰요.

tip / 조금 되직한 소스를 원하면 전분가루와 물의 양을 조금 늘려서 각 3스푼씩 섞어 넣는다.

5 | **탕수육 소스 만들기** | 소스를 불에서 내리고 양파를 마지막에 넣어 아삭함과 향을 살려요.

tip / 이때 다른 자투리 채소를 함께 넣어도 OK. 채소를 팬에 따로 볶아 넣어도 맛있다.

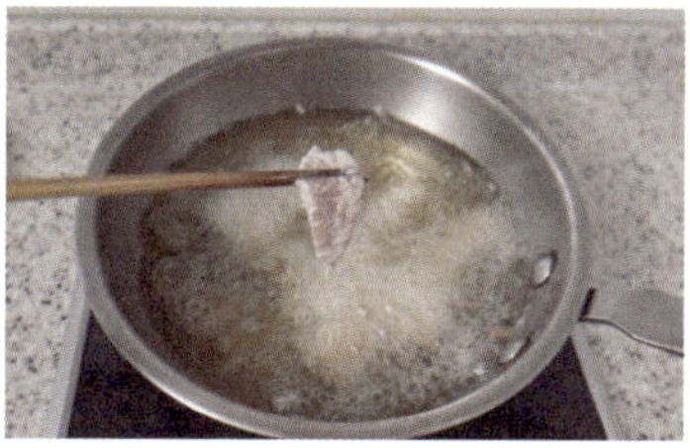

6 | **탕수육 튀기기** | 바닥이 깊은 웍이나 냄비에 식용유를 넉넉히 붓고 170℃로 달궈요. 튀김옷 입힌 돼지고기를 넣고 튀겨서 노릇하게 올라오면 건져내요.

tip / 튀김옷을 조금 떼어 넣었을 때 튀김옷 주위로 부글부글 기름이 끓으며 떠오르면 170℃

라이스페이퍼 군만두 짜조

월남쌈 냉파하고
남은 라이스페이퍼,
이젠 구워서
남김없이 먹어요!

3~4인분(25~26개 분량) | 조리 35분

tip 만두에 넣을 당면은 데치지 말고 불려서 사용!

당면을 데쳐서 사용하면 수분이 남아서 구울 때 기름이 튀어요. 당면을 사용할 때는 뜨거운 물과 찬물을 3:1의 비율로 섞은 물에 30분 이상 충분히 불려 잘게 썰고, 키친타월에 올려 물기를 완전히 제거한 후 사용하세요.

tip 라이스페이퍼 요리에 활용하기

남은 라이스페이퍼는

① 샤브샤브를 먹고 나서 국수 넣는 타이밍에 넣어 먹거나

② 멸치육수를 뜨겁게 데워서 국간장과 다진 마늘로 간하고, 달걀물 넣고 불 끈 다음 라이스페이퍼를 넣고 잠시 뒀다가 아침으로 먹거나

③ 찬물에 살짝 불려 채소볶음이나 고기볶음에 넣어도 좋아요.

MORN
몬 월남쌈
MORN RICE PAPER

재 료

□ 라이스페이퍼 25~26장

만두소

□ 다진 돼지고기 3컵 ×
(450g)
□ 표고버섯 4개
□ 대파 2대(20cm)
□ 다진 당근 1/2컵
□ 다진 양파 1/3컵
□ 당면 1컵(30g)
□ 간장 1스푼 ××

×
돼지고기 양을 줄이고 새우살을 다져 넣거나, 돼지고기가 없으면 햄, 소시지, 베이컨을 넣어도 OK

××
간장은 입맛에 따라, 채소는 냉장고 사정에 따라 조절 가능

양념

□ 다진 마늘 2스푼
□ 굴소스 2스푼
□ 후추 넉넉히

찍어먹는 소스

□ 액젓 2스푼
(까나리 또는 멸치)
□ 레몬즙 2스푼 ×××
□ 설탕 1스푼
□ 물 3스푼
□ 다진 마늘 1/2스푼
□ 홍고추 약간

×××
식초 1+1/2스푼으로 대체 가능

1 | **재료 손질하기** | 표고버섯, 당근, 대파, 양파는 모두 잘게 다져요. 당면은 따뜻한 물에 불려 잘게 썬 다음 키친타월에 올려 물기를 완전히 제거해요.

tip / 감자의 경우 얇게 채 썰어 물에 여러 번 헹군 다음, 전분기를 제거한 뒤 물기 빼서 넣기

2 | **만두소 만들기** | 넓은 볼에 만두소 재료를 모두 넣고 잘 섞어요.

tip / 잘 섞은 만두소 재료를 위생봉지에 담은 다음, 한쪽 귀퉁이를 잘라내고 짜서 이용하면 손에도 안 묻고 양도 균일하게 조절 가능

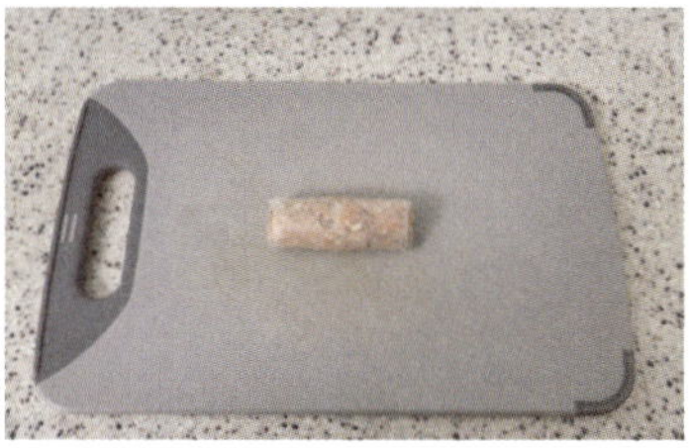

3 | **만두 빚기** | 라이스페이퍼는 찬물에 살짝 담갔다가 뺀 다음 만두소를 넣고 돌돌 말아요.

tip / 찬물에 담가야 라이스페이퍼가 쫀쫀해져서 말기 쉽다. 너무 오래 담가두면 들러붙어서 말기 어려우니, 스프레이로 찬물을 뿌려서 라이스페이퍼를 불리는 것도 방법

tip / 빈 공간 없이 쫀쫀하게 말아야 튀길 때 기포가 크게 생기지 않는다.

4 | **만두 굽기** | 라이스페이퍼 표면의 수분이 약간 날아가면, 팬에 식용유를 두르고 서로 붙지 않도록 굴리며 약불에서 노릇하게 구워요. 분량의 소스를 만들어 찍어먹어요.

tip / 식용유를 넉넉하게 둘러서 튀겨도 맛있다. 기름양이 너무 많으면 짜조가 둥둥 떠다니다가 서로 달라붙어 터져버리니 주의!

Sure!

전기밥솥 수비드 수육 & 맥주 수육

두 가지 방법으로
만들어 즐기는 수육!
상황에 맞게 즐겨요.

자세한 레시피는 189쪽, 190쪽 참고

tip 불 없는 전기밥솥 수육 vs 빠른 맥주 수육

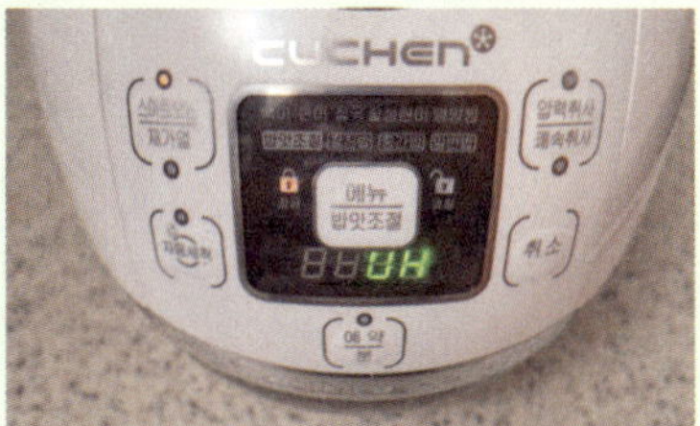
CUCHEN

전기밥솥으로 수육을 만들면 불앞에서 땀 흘릴 필요도 없고 냄새도 적게 나요. 고기 자체의 맛과 육즙이 많이 빠져나오지 않아 맛도 진하지요. 하지만 시간이 오래 걸리는 게 단점이에요(189쪽 참고). 맥주 수육은 별도의 향신채소 없이 누린내 안 나게 고기를 삶을 수 있고, 전기밥솥 수육에 비해 비교적 빨리 만들 수 있어요. 대신 집 안에 퍼지는 냄새와 열기가 단점이지요(190쪽 참고).

미세한 온도변화도 예민하게 느껴지는 여름이나 시간적 여유가 있을 때는 전기밥솥으로 느긋하게 만들어보길 권하고, 지금 당장 수육이 먹고 싶다고 할 때는 냄비에 삶는 맥주 수육을 추천해요. 맥주 수육도 맥주의 탄산이 연육작용을 하므로 육질은 부드러워요.

다만, 전기밥솥으로 만든 수육은 탄력이 조금 약하면서 부드럽고, 맥주에 삶은 수육은 탱글탱글하면서 부드럽지요. 어르신들과 함께하는 식사자리라면 전기밥솥으로 수육을 만드는 것을 추천해요.

전기밥솥 수비드 수육

땀 흘릴 일 없이,
밥솥에 넣어두기만 하면
육즙 폭발 수육 완성!

3인분 | 조리 8시간

재 료

- □ 돼지고기 앞다리 600~650g ×
- □ 다진 마늘 2스푼
- □ 간장 2스푼
- □ 대파 3대(12cm)
- □ 지퍼백
- □ 위생백

×
삼겹살이나 목살로 대체 가능

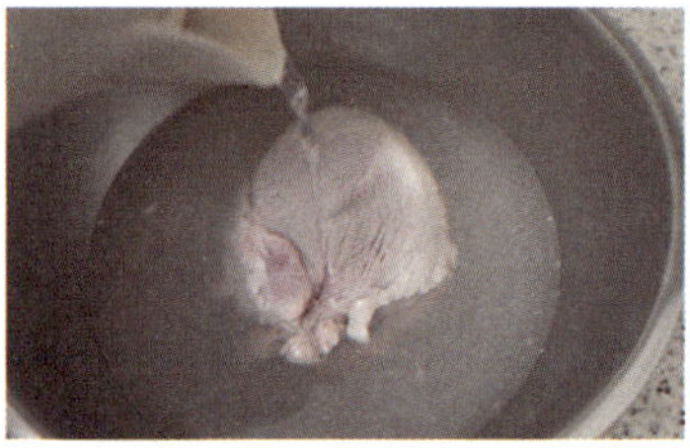

1 | **불순물 제거하기** | 돼지고기는 펄펄 끓는 물에 넣어 3분 정도 데치거나, 볼에 넣고 뜨거운 물을 부어 3분 정도 그대로 뒀다가 찬물에 헹궈요.

2 | **지퍼백에 넣기** | 지퍼백에 분량의 다진 마늘, 간장, 대파, 돼지고기를 넣고 양념이 골고루 묻을 수 있도록 문지른 다음 최대한 공기를 빼고 지퍼를 꼼꼼하게 닫아요. 그리고 이것을 다시 위생백에 넣고 이중으로 봉해요.

3 | **익히기** | 전기밥솥에 뜨거운 물을 반 정도 채우고, 돼지고기가 담긴 위생백을 넣어 보온으로 설정한 뒤 7~8시간 동안 조리해요. 조리가 끝나면 돼지고기를 꺼내 양념을 털어내고 썰어요.

tip / 위생백이 바닥에 닿으면 그 부분이 너무 많이 익을 수 있으므로, 밥솥 바닥에 접시를 엎고 그 위에 위생백을 놓는다.

맥주 수육

김빠진 남은 맥주로 고기 잡내 싹 잡은 부들부들 맥주 수육!

3인분 | 조리 1시간 20분

재료

- □ 돼지고기 앞다리 600~650g ×
- □ 맥주 4~8컵 ×× (800~1500mL)
- □ 물 ×××

×
삼겹살이나 목살로 대체 가능

××
맥주 대신 콜라나 탄산수도 가능

×××
맥주 양에 따라 고기가 잠길 만큼 넣기

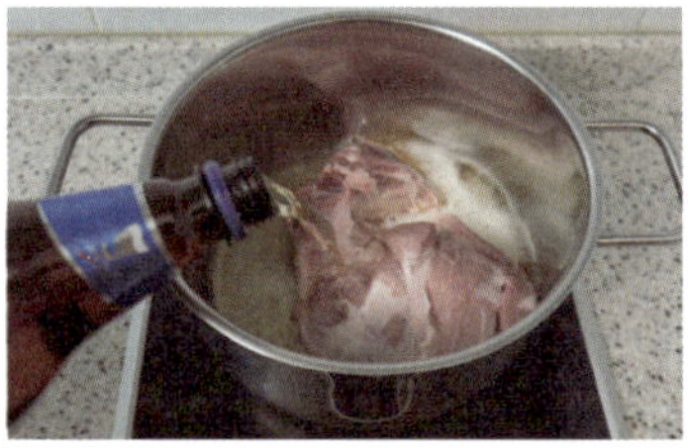

1 | **끓이기** | 냄비에 돼지고기를 넣고 맥주와 물을 부은 뒤 센불에서 끓여요.

tip / 맥주만으로 누린내를 잡으려면 최소한 맥주와 물이 1:1은 되어야 한다. 맥주가 부족하다면 마늘, 대파, 생강, 통후추 같은 향신채소도 함께 넣는다.

2 | **익히기** | 끓이는 동안 거품이 부글부글 무섭게 올라와요. 이때 차가운 물을 조금 붓거나 거품을 재빨리 걷어내고 중불에서 1시간가량 뭉근하게 끓여요.

tip / 끓이면서 알콜이 다 날아가므로 아이들이 먹어도 OK

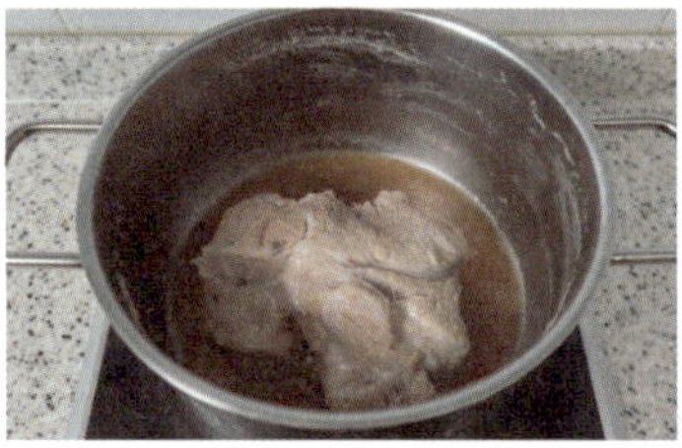

3 | **식히기** | 냄비에서 10분 정도 그대로 식힌 다음 꺼내서 썰어요.

tip

요즘 뜨는 저온조리법, 수비드란?

수비드(sous-vide)란 프랑스어로 '진공포장'이라는 뜻이에요. 지퍼백처럼 밀폐되는 비닐에 식재료를 넣고, 55~60℃ 정도의 미지근한 물에서 오랜 시간 익히는 저온조리법을 가리켜요.
이 방법을 사용하면 재료에서 수분이 빠져나가지 않아 촉촉함이 유지되지요. 혹시라도 지퍼백에서 환경호르몬이 나오진 않을까 걱정한다면 안심하세요. 온도가 100℃를 넘어가야 환경호르몬이 나오므로 저온에서 조리하는 수비드법에는 문제가 없답니다.
그런데 오랜 시간 물을 같은 온도로 유지하는 것이 중요한 수비드법, 집에 있는 전기밥솥으로도 가능하답니다. 전기밥솥에 물을 넣고 보온으로 맞춰두면 온도가 70~80℃로 일정하게 유지되거든요. 원래 수비드 온도보다는 조금 높지만 실제로 해보면 고기가 촉촉하게 잘 익는답니다. 익히는 시간은 몇 시간 정도로 오래 걸리지만 넣어두고 신경 쓰지 않아도 된다는 장점이 있어요.
이 책에서는 돼지고기와 닭가슴살을 수비드 방식으로 조리할 거예요.

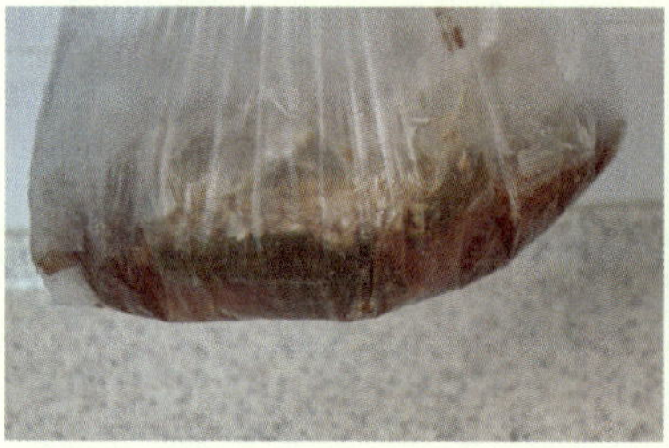

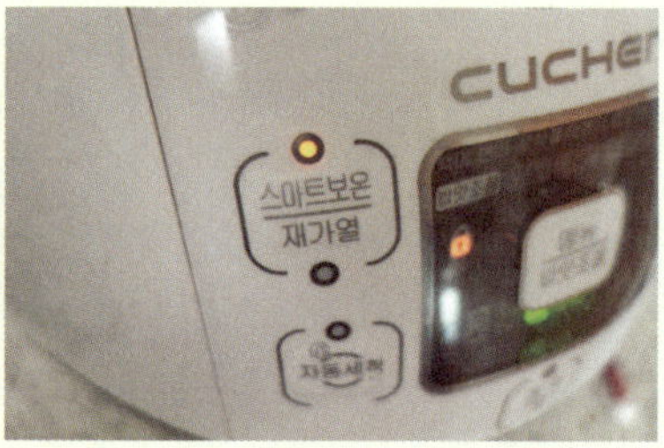
스마트보온
재가열

tip

먹고 남은 수육으로 만드는 차슈 요리

수육은 만드는 데 시간이 오래 걸리다보니 아무래도 한 번에 많이 삶게 되지요. 그러다보면 먹고 남은 수육을 그대로 냉장고에 묵히는 경우가 종종 있어요. 남은 수육을 맛있는 차슈로 바꾸는 방법을 알려드릴게요. 중국식 돼지고기 요리인 차슈는 고기를 겉만 한 번 구운 다음 향신료, 술 등이 들어간 간장에 졸이듯이 약불로 익혀내는 음식이에요. 원래 차슈 양념은 오향, 꿀, 셰리와인, 붉은콩 두부, 해선장 등을 넣고 만드는데, 이 레시피에서는 간단하게 볶음간장을 활용해서 졸일 거예요.

수육 차슈 만들기

재료 | □ 수육고기 8점(270g 정도) □ 볶음간장 6스푼 □ 물 4스푼(볶음간장 만드는 법은 46쪽 참고)
볶음간장이 없다면 | □ 간장 3스푼 □ 맛술 3스푼 □ 설탕 1/2스푼 □ 올리고당 또는 물엿 1/2스푼

만드는 법 |
① 수육고기는 먹기 좋은 크기로 썰어 기름을 두르지 않은 팬에 앞뒤로 노릇하게 구워요.
② 볶음간장과 물을 섞어 팬에 붓고 양념장이 고기에 잘 배도록 약불에서 졸여요.

인증샷 | **'번개탄멍멍'님의 삼겹 차슈덮밥** |

'번개탄멍멍'님은 수육 대신 집에 있던 삼겹살을 구워 차슈를 만들었다고 해요. 꼭 수육을 만들어야 해먹을 수 있는 음식이 아니라는 것, 참고하세요! 집에 있는 다른 부위 고기로도 얼마든지 만들 수 있어요. '번개탄멍멍'님이 말하는 차슈덮밥의 포인트는 파예요. 파를 넉넉하게 넣어야 맛있다고 하니 잊지 마세요.

차슈 덮밥

간단하지만
영양은 놓치지 않은
차슈덮밥!

1인분 | 조리 5분

재 료

- □ 차슈 3~4점(130g)
- □ 차슈 소스 2~3스푼
- □ 달걀노른자 1개
- □ 쪽파 약간
- □ 통깨 약간

1 | **소스 뿌리기** | 192쪽에서 차슈를 만들고 팬에 남은 소스를 뜨거운 밥 위에 2~3스푼 뿌려요.

2 | **토핑하기** | 밥 위에 차슈를 돌려 담아요. 차슈가 너무 크면 반으로 잘라 올려도 좋아요.

3 | **마무리하기** | 송송 썬 쪽파를 듬뿍 올린 다음, 취향에 따라 달걀노른자를 올리고 통깨를 뿌려요.

차슈 나가사끼 짬뽕

차슈 하나면
인스턴트 라면이
일본식 라멘으로
변신!

1인분 | 조리 5분

재 료

- □ 차슈 3~4점(130g)
- □ 양배추 2/3컵
- □ 대파 1뿌리(10cm)
- □ 나가사끼 짬뽕 라면 1개
- □ 물 3컵(600ml)
- □ 간장 또는 된장 1/2스푼
- □ 식용유 1스푼
- □ 숙주 한 줌

1 | **양배추 익히기** | 냄비에 식용유를 두르고 양배추를 넣어 익히다가, 간장을 뿌려 약간 태우듯 볶은 다음 물을 붓고 센불에서 끓여요.

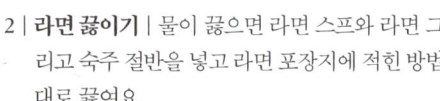

tip / 취향에 따라 간장 대신 된장을 넣는 경우, 양배추를 볶다가 물을 넣고 물이 끓으면 된장을 풀어 넣는다.

2 | **라면 끓이기** | 물이 끓으면 라면 스프와 라면 그리고 숙주 절반을 넣고 라면 포장지에 적힌 방법대로 끓여요.

3 | **마무리하기** | 라면이 다 익으면 남은 숙주와 차슈, 얇게 송송 썬 대파를 올려요.

tip

돼지고기의 주요 부위별 특징

목살

목살은 지방의 양이 적당해 기름기가 적고 담백한 맛이 납니다. 식감이 좋아 스테이크, 구이용, 제육볶음용으로 많이 사용해요.

전지

전지는 앞다리 살로, 운동양이 많은 부위라 근육이 많고 지방이 적은 부위예요. 제육볶음, 찌개, 육개장 등에 많이 사용합니다.

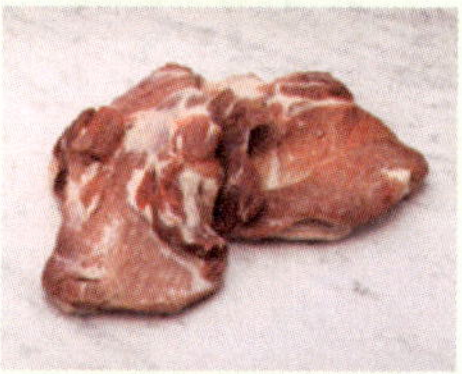

삼겹살

삼겹살은 고기와 지방이 3층으로 형성된 배 부위의 고기로, 우리가 가장 많이 즐겨 먹는 부위이기도 해요. 구이, 베이컨, 편육, 찜 등 다양하게 활용됩니다.

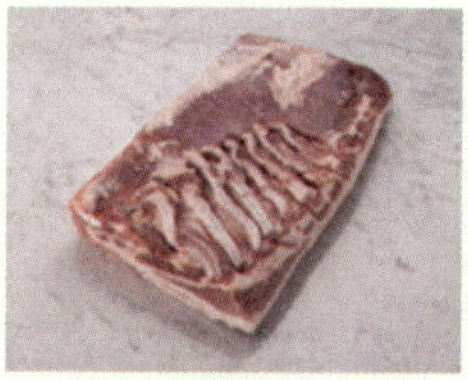

등심

등심은 결이 조밀하고 지방이 조화롭게 붙어있어 색이 연하고 식감이 부드러워요. 스테이크, 돈까스, 샤브샤브, 카레 등에 사용하면 좋습니다.

안심

안심은 지방이 적고 부드러우며 맛이 담백합니다. 조림, 카레, 찌개, 돈가스용으로 좋아요.

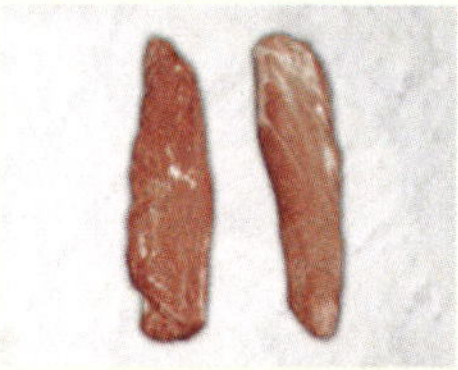

사태

사태는 다리 부위로, 지방이 적고 담백해요. 찜, 장조림, 찌개 등으로 주로 사용합니다.

* 출처 : 미국육류수출협회

TOP
11

냉파가
시급한
식재료

버섯

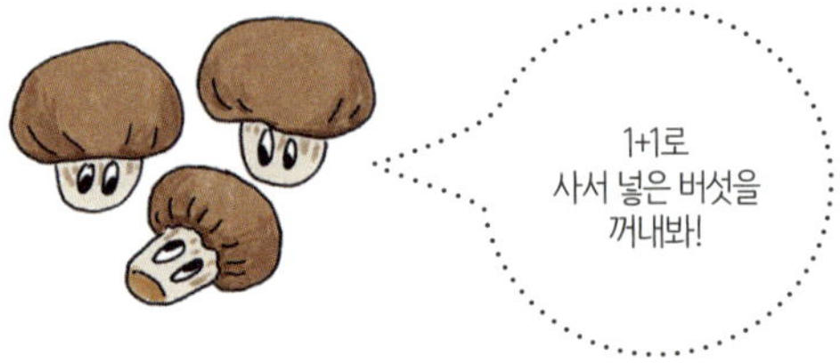
1+1로
사서 넣은 버섯을
꺼내봐!

버섯은 부드럽고 말캉한 특유의 식감을 가진 식재료로 팽이, 표고, 양송이 등 종류도 다양합니다. 수분이 많아 **칼로리에 비해 포만감이 높고**, 구우면 고기와 식감이 비슷해서 **다이어트**에도 많이 활용되지요. 뿐만 아니라 트립신, 아밀라아제 같은 소화효소도 풍부해 **장건강을 도와주며**, 풍부한 식이섬유는 혈중 콜레스테롤 수치를 낮춰 **동맥경화증을 예방**해줘요.

가격도 저렴하지만 한 봉지 사면 꼭 남는 식재료인 버섯. 다양한 방법으로 맛있게 냉파해볼까요?

버섯 고르는 법

① 팽이버섯은 뿌리 색이 진하지 않고 전체적으로 흰색, 크림색이며 갓이 작고 가지런한 것

② 표고버섯은 수분이 없고, 갓부분이 둥글고 갈라져 있으며 대가 굵은 것

③ 양송이는 둥근 갓부분이 하얗고 단단하며 상처가 없는 것

버섯 보관법

① 씻지 않고 키친타월로 감싸서 냉장실 채소칸에 보관한다.

② 팽이버섯은 밑둥을 아래로 갓을 위로 오게 세워서 보관하고, 밑둥을 잘라냈다면 키친타월로 감싸 비닐에 넣어 보관한다.

③ 냉동보관할 때는 씻지 않고 원하는 크기나 모양으로 썰어서 보관하고, 별도의 해동 없이 사용한다.

버섯 손질법

① 물에 씻지 말고 젖은 행주나 솔, 키친타월로 겉에 묻은 이물질이나 흙을 닦아낸다.

② 물에 씻었다면 재빨리 마른 행주 등으로 물기를 닦아낸다.

→ 버섯을 물에 씻으면 향, 맛, 식감, 영양이 떨어지고, 물을 잘 흡수해 식감이 물컹해지므로 물에 씻지 않고 사용해요.

③ 팽이버섯은 밑둥을 잘라 씻지 않고 사용한다.

④ 양송이는 기둥의 단단한 아랫부분을 잘라내고, 갓의 얇은 껍질을 살살 벗겨내고 사용한다.

Key 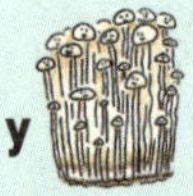 word

#저칼로리 #수분촉촉

#식이섬유 #포만감

#혈중 콜레스테롤감소

#성인병예방 #소화효소

#장건강

1주일 냉파 식단 & 식비 예산

구매시기와 구매처에 따라 금액에 차이가 있으므로 평균가로 잡았습니다.
모든 식재료가 다 있을 필요는 없어요. 냉장고 속 재료만으로도 충분히 맛을 낼 수 있습니다.

월 버섯볶음

□ 느타리버섯 1팩	₩1,000
□ 당근 1개	₩900
□ 양파 1kg	₩3,000
월요일 식비	**₩4,900**

화 팽이버섯 샐러드

□ 팽이버섯 1봉	₩600
□ 파프리카 1개	₩800
화요일 식비	**₩1,400**

수 팽이버섯 된장 덮밥

□ 팽이버섯 1봉	₩600
□ 대파 1봉	₩2,000
□ 무 1개	₩2,500
수요일 식비	**₩5,100**

목 취나물 표고버섯볶음

□ 취나물 3봉	₩5,400
□ 표고버섯 1팩	₩2,000
목요일 식비	**₩7,400**

금 양송이 만두

□ 양송이버섯 1팩	₩3,000
□ 배추김치 1팩(1.9kg)	₩8,500
□ 다진 돼지고기 300g	₩2,700
□ 달걀 30구	₩7,000
금요일 식비	**₩21,200**

주말 특식 팽이버섯 차돌박이 고추장찌개

□ 팽이버섯 1봉	₩600
□ 차돌박이 300g	₩20,000
□ 당면 1봉	₩3,500
□ 청양고추 1봉	₩900
주말 식비	**₩25,000**

3~4인 가족 1주일 평균 식비 ₩200,000 — **버섯 1주일 예상 식비** ₩65,000 = **1주일 식비** ₩135,000

절감 효과

버섯볶음

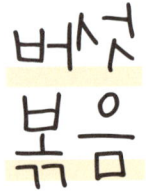

기름을 먹어
느끼해지기 쉬운 버섯볶음!
맛있는 버섯볶음 비법을
소개할게요.

2인분 | 조리 5분

재 료

- □ 느타리버섯 1줌(120g)
- □ 당근 1/3개
- □ 양파 작은 것 1/2개
- □ 소금 1/3스푼
- □ 식용유 2스푼

1 | **재료 손질하기** | 버섯은 먹기 좋은 크기로 찢고, 양파와 당근은 얇게 채 썰어요.

2 | **버섯 볶기** | 마른 팬을 뜨겁게 달군 다음 버섯을 넣고 센불로 3분간 노릇하게 볶아요.

tip / 아무것도 넣지 않아도 버섯에서 수분이 생겨 타지 않는다.

3 | **마무리하기** | 버섯이 어느 정도 노릇해지면 당근과 식용유를 넣고 1분 정도 더 볶다가, 소금과 양파를 넣고 살짝 볶아 마무리해요.

tip / 버섯을 기름 없이 볶다가 마무리 직전 기름을 넣는 게 포인트! 그래야 기름을 덜 먹는다.

tip

물기 없는 버섯볶음 만들기

보통 볶음에 물기가 많이 생기는 이유는 다음의 다섯 가지예요.

① 한 번에 너무 많은 재료를 넣고 볶았거나
② 물기를 제대로 제거하지 않았거나
③ 불 세기가 너무 약했거나
④ 간을 너무 빨리했거나
⑤ 약불에 오래 볶았거나

위의 원인을 피하면 물기 없이 맛있는 볶음 요리를 만들 수 있어요. 표고버섯, 새송이버섯, 느타리버섯은 기름을 잘 흡수해서 팬에 기름을 두르고 손질한 버섯을 넣어 볶으면 금세 기름을 빨아들여요. 그래서 자꾸만 기름을 더 넣다보면 기름범벅의 느끼한 버섯볶음이 되기 쉽지요. 기름 없는 팬에 버섯을 볶아 버섯이 가진 수분을 이끌어 낸 다음 기름을 넣고 볶으면, 담백하면서도 버섯 고유의 맛과 향이 진한 버섯볶음을 만들 수 있습니다.

팽이버섯을 볶음요리에 이용할 때는 조리 마지막 단계에서 넣고, 센불에 단시간 볶아 내야 수분이 생겨 질척거리고 미끈거리는 것을 피할 수 있어요.

물기 없이 볶은 맛난 느타리버섯볶음

나는 센불에
잠깐만 볶아줘.

팽이버섯 샐러드

500원짜리
팽이버섯으로
5분 요리 완성!
자투리 야채,
닭가슴살, 새우까지
털어넣기!

2~3인분 | 조리 5분

재 료

- □ 팽이버섯 1/2봉
- □ 새우(살) 9마리
- □ 양파 1/2개 ×
- □ 파프리카 1개 ×
- □ 당근 1/4개 ×

×
팽이버섯을 제외한 채소는 냉장고 상황에 따라 가감. 새우 대신 닭가슴살을 함께 넣어도 OK

겨자소스

- □ 다진 마늘 1/3스푼
- □ 식초 2스푼
- □ 설탕 2스푼
- □ 소금 1/3스푼
- □ 따뜻한 물 2스푼
- □ 연겨자 1/2스푼 ××

××
시판 연겨자를 사용

연겨자

1 | **겨자소스 만들기** | 분량의 겨자소스 재료로 소스를 만들어서 냉장고에 넣어둬요.

tip / 소스는 뜨거운 물이나 미지근한 물로 만들어야 소금, 설탕도 잘 녹고 재료도 더 잘 어우러진다.

2 | **재료 손질하기** | 당근과 양파, 파프리카는 5cm 정도 길이로 얇게 채 썰고 팽이버섯은 밑동을 잘라낸 다음 반으로 잘라요. 팬에 식용유 1스푼을 두르고, 해동한 새우살을 소금과 후추로 간해서 익혀요.

3 | **마무리하기** | 팽이버섯을 제외한 재료에 겨자소스를 넣어 잘 섞은 다음, 마지막에 팽이버섯을 넣고 버무려요.

tip / 오이, 얇게 채 썬 양배추 등 다양한 채소를 활용해도 좋고, 새우 대신 닭가슴살을 찢어 넣거나 소고기 구이, 불고기에 곁들여도 맛있다.

팽이버섯 된장 덮밥

냉장고 속 해산물과
각종 버섯 털어넣는
간편한 한 그릇 밥!

2~3인분 | 조리 10분

재 료

□ 팽이버섯 1봉
□ 대파 2대(10cm)
□ 양파 작은 것 1/2개
□ 무 1/4토막(50g)
□ 식용유 3스푼
□ 참기름 1스푼
□ 고춧가루 1/2스푼
□ 굴소스 3스푼
□ 소금 한 꼬집
□ 후추 약간

전분물
□ 전분 1스푼
(감자 또는 고구마 전분)
□ 물 1스푼

된장물
□ 된장 2스푼
□ 물 1+1/2컵

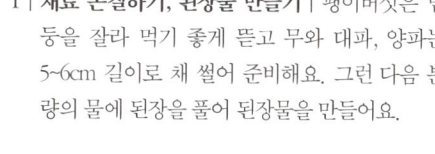

1 | **재료 손질하기, 된장물 만들기** | 팽이버섯은 밑동을 잘라 먹기 좋게 뜯고 무와 대파, 양파는 5~6cm 길이로 채 썰어 준비해요. 그런 다음 분량의 물에 된장을 풀어 된장물을 만들어요.

2 | **재료 볶기** | 팬에 식용유와 참기름을 두르고 채 썬 무와 고춧가루를 넣어 약불로 타지 않게 볶다가 대파, 양파를 넣고 볶아요. 마지막에 팽이버섯과 굴소스를 넣고 볶아요.

tip / 다진 고기나 오징어, 새우, 베이컨 등 남는 재료가 있으면 함께 넣어도 OK

3 | **농도 맞추기** | 된장물을 넣고 중불에서 끓이다가 보글보글 끓으면 전분물로 농도를 맞춘 다음 불을 꺼요. 따뜻한 밥 위에 얹으면 완성.

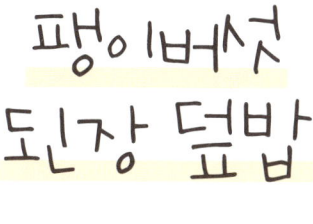

취나물 표고버섯볶음

향긋한 취나물과
자투리 버섯의 조화,
밥도둑 반찬!

4~5인분 | 조리 15분

tip 나물 주먹밥 만들기

반찬이 없을 때는 취나물이나 다른 나물을 잘게 썰고 멸치볶음을 조금 넣어서 섞어요. 여기에 밥을 섞어 동그랗게 뭉쳐 주먹밥으로 만들면, 나물도 빨리 처리할 수 있고 먹기도 편해요. 나물을 아주 잘게 썰면 아이들도 거부감 없이 쏙쏙 잘 먹어요.

tip 각종 나물 데치는 법

취나물, 참나물, 시금치, 콩나물, 숙주, 부추, 원추리, 깻잎순 등 우리가 나물로 먹는 채소의 종류는 수를 셀 수 없을 정도로 많고 각각 손질법이 달라요. 잎채소와 봄나물은 끓는 물에 소금을 넣고 냄비 뚜껑을 연 상태에서 재빨리 데친 다음 찬물이나 얼음물에 담가야 비타민 손실이 적어요. 참나물, 취나물, 머위처럼 줄기도 함께 먹는 경우 줄기부터 넣고 데쳐야 잎이 물러지지 않으면서 골고루 데칠 수 있지요. 콩나물, 숙주를 나물로 먹을 경우엔 끓는 물에 뚜껑을 열고 데친 다음 건져서 뜨거울 때 마늘, 참기름, 소금, 고춧가루 등으로 양념해요. 냉채나 샐러드 등의 용도로 사용할 경우엔 데친 뒤 얼음물에 담가 씻지 않고, 넓은 접시에 펼쳐 담아 냉장고에서 재빨리 식힙니다.

재 료

□ 취나물 4줌(400g)
□ 표고버섯 5개
□ 물 6스푼
□ 통깨 약간

취나물 데침물
□ 물 9컵
□ 소금 1스푼

나물양념
□ 다진 마늘 1스푼
□ 참기름 2스푼
□ 국간장 2스푼 ×

×
간장을 된장 1~1+1/2스푼으로 대체하면 된장양념이 된다.

1 | **취나물 데치기** | 무르거나 시든 잎을 골라낸 취나물을 찬물에 여러 번 씻어요. 그런 다음 분량의 데침물을 센불에 팔팔 끓인 뒤 취나물을 줄기부터 넣어요. 20초 뒤 잎을 모두 담가 4분간 데쳐요.

tip / 줄기가 더 단단하기 때문에 먼저 넣어야 골고루 데쳐친다.

2 | **물기 제거하기** | 데친 취나물은 곧바로 찬물에 담가 흔들어 헹군 다음 물기를 꼭 짜요. 4~5컵, 야구공 두 개 정도 분량의 취나물이 나와요.

tip / 찬물에 헹궈야 색도 선명해지고, 잎이 너무 흐물거리지 않는다.

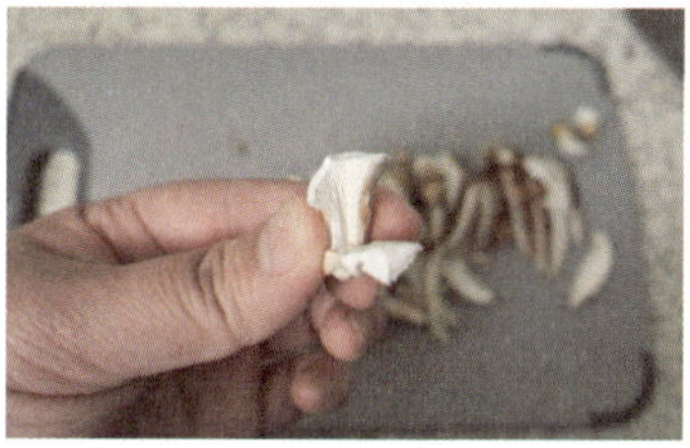

3 | **버섯 손질하기** | 표고버섯은 흐르는 물에 살짝 헹구거나 젖은 행주로 닦아내요. 기둥은 떼어내고 갓부분은 채 썰어요. 기둥은 딱딱한 부분만 잘라내고 장조림 고기 찢듯 결대로 찢어요.

tip / 자세한 손질법은 87쪽 참고

4 | **취나물 손질하기** | 데친 취나물은 도마에 넓게 펼쳐놓고 4~5cm 길이로 썰어요. 한 줄기씩 다듬을 필요 없이 대충 펼쳐놓고 썰면 돼요.

5 | **무치기** | 볶음냄비나 팬에 취나물과 나물양념을 넣고 조물조물 무쳐요.

tip / 취나물로만 먹으려면 이 상태로 OK

6 | **마무리하기** | 썰어둔 표고버섯을 넣고 다시 한 번 무친 다음, 물(6스푼)을 넣고 센불로 1분간 볶아요. 물기가 졸아들면 통깨를 약간 뿌려 마무리해요.

tip / 표고버섯을 미리 살짝 데쳐뒀다가 볶지 않고 취나물과 함께 양념에 무쳐도 된다.

양송이 만두

양송이 하나면 아이들 간식으로, 어른들 접대용으로도 손색없는 고급 요리 완성!

2~3인분(8~10개 분량) | 조리 30분

tip 잣소스 활용하기

양송이만두 레시피에 나오는 잣소스는 나물 무칠 때 써도 되고, 살짝 절인 오이를 무쳐 먹을 때 써도 맛있어요. 사용하고 남는 소스로 한번 시도해보세요.

tip 견과류 가루 내기

호두나 잣 같은 견과류는 치즈그레이터를 사용하면 쉽게 갈 수 있어요. 만약 치즈그레이터가 없다면 키친타월 위에 잣을 얹고 그 위에 키친타월을 덮어 곱게 다지면 돼요. 블랜더를 사용해도 좋아요.

재 료

□ 양송이버섯 8~10개
□ 올리브유 또는 식용유 약간

만두소
□ 양파 1/4개
□ 마늘 1알
□ 익은 배추김치 1/2컵 (40g)
□ 다진 돼지고기 3/4컵 (100g)
□ 파마산 치즈가루 1스푼
□ 달걀노른자 1개
□ 소금 1꼬집
□ 후추 약간

잣소스×
□ 잣 3스푼(30g)
□ 뜨거운 물 4스푼
□ 참기름 1스푼
□ 소금 2꼬집
□ 다진 마늘 1/2스푼
□ 깻잎 1장
□ 파마산 치즈가루 1스푼

×
케첩이나 좋아하는 소스에 찍어 먹어도 괜찮지만, 좀 더 완성도 있게 만들고 싶다면 도전
××
오븐이 없다면 프라이팬에 뚜껑을 덮고 중약불에서 천천히 구워 내도 OK

1 | **버섯 손질하기** | 양송이버섯은 기둥을 살짝살짝 밀어서 갓과 분리해서 준비해요.

tip / 분리한 기둥은 버리지 말고 끝부분만 잘라낸 다음 작게 다져서 소에 사용

2 | **고기소 반죽하기** | 양념을 씻고 물기를 꼭 짜서 다진 김치와 다진 양파, 마늘을 다진 돼지고기, 양송이버섯 기둥 다진 것과 함께 섞어요. 그런 다음 달걀노른자와 파마산 치즈가루(1스푼), 소금(1꼬집), 후추를 넣고 다시 한번 잘 섞어 반죽해요.

tip / 김치와 파마산 치즈가루에 이미 간이 돼있으므로 아이들용에는 소금 생략. 부족한 간은 나중에 케첩을 뿌리면 OK

3 | **만두 빚기** | 양송이버섯 갓을 뒤집어서 고기소 반죽을 볼록하게 채워요.

tip / 고기 반죽이 익으면서 부피가 조금 줄어드니 원하는 것보다 고기를 살짝 더 볼록하게 채운다.

4 | **만두 굽기** | 오븐은 220~225℃에서 10분 정도 예열해둬요. 오븐팬에 종이호일을 깔고 양송이만두를 올린 다음, 올리브유나 식용유를 조금씩 뿌려요. 예열된 오븐에 양송이 만두를 넣고 200℃에서 13~15분간 구워요.

tip / 오븐은 요리할 온도보다 20~30℃ 높게 꼭 예열하는 것 추천. 오븐에 따라 굽는 시간이 달라질 수 있다.

한 걸음 더 1 | **잣소스 만들기** | 잣은 곱게 갈아서 뜨거운 물, 소금(2꼬집), 참기름을 먼저 넣고 재빨리 섞어요. 그러면 뽀얀 잣국물이 되는데 여기에 다진 마늘, 파마산 치즈가루(1스푼), 곱게 다진 깻잎을 넣어 잘 섞어요.

한 걸음 더 2 | **마무리하기** | 오븐에 구운 양송이만두는 흘러나온 육즙을 정리한 뒤 잣소스와 함께 접시에 담아 내요.

tip / 이쑤시개나 산적꼬지를 끼워 들고 먹을 수 있게 해도 좋고, 큰 접시에 담아내도 예쁘다. 잣소스는 양송이 아래에 깔거나 위에 조금씩 올린다.

팽이버섯 차돌박이 고추장찌개

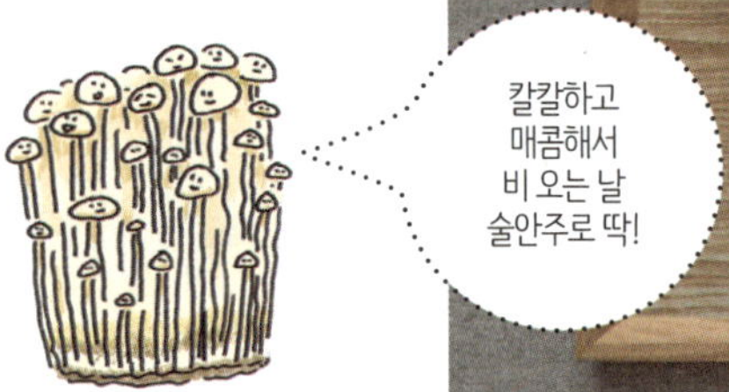
칼칼하고
매콤해서
비 오는 날
술안주로 딱!

2인분 | 준비 60분 + 조리 20분

tip 고추장찌개 맛은 고추장 볶기가 좌우!

고추장찌개를 끓일 땐 물에 고추장을 풀어 끓이지 말고, 식용유나 참기름에 재료를 살짝 볶은 데다 고추장을 한 번 볶은 다음 육수를 넣고 끓여요. 고추장 군내도 없어지고 기름과 같이 볶아서 고추장이 훨씬 부드럽고 맛있어집니다.

순창
100% 현미
태양초찹

tip 팽이버섯을 먹으면 변비가 사라진다!

버섯은 칼로리가 낮고 식이섬유와 수분이 풍부해 다이어트에 좋은 식품으로 알려져있어요. 특히 팽이버섯에는 양배추의 2배가 넘는 식이섬유와 배설효과가 높은 버섯키토산이 많아 체내 노폐물 배출 효과가 탁월해요.

재 료

- □ 팽이버섯 1봉 ×
- □ 차돌박이 16장 ×
- □ 당면 한 줌(50g)
- □ 양파 1/2개
- □ 대파 2대(20cm)
- □ 청양고추 1개
- □ 고추기름 또는 향신기름 1스푼 ×

×
고추기름 만드는 법은 115쪽 참고. 없으면 식용유로 대체 가능

육수

- □ 멸치육수 4컵

양념

- □ 청주 2스푼××
- □ 고추장 2스푼
- □ 다진 마늘 1/2스푼
- □ 국간장 2스푼
- □ 액젓 1/2스푼 (까나리 또는 멸치)
- □ 소금 1/3스푼
- □ 후추

××
맛술로 대체 가능

1 | **당면 불리기** | 당면은 팔팔 끓는 물과 찬물을 3:1 정도로 섞어 60℃ 정도에서 1시간 이상 불려요. 엄지와 검지로 꾹 눌렀을 때 당면이 끊어질 정도가 되어야 해요.

2 | **재료 손질하기** | 양파는 얇게 채 썰어요. 대파는 10cm 정도 길이로 썰어 길게 칼집을 넣고, 펼쳐서 속을 꺼낸 다음 채 썰어요. 장식용 대파는 소량만 얇게 채 썰거나 동글동글하게 잘라 얼음물에 담가둬요. 청양고추도 미리 썰어둬요.

tip / 홍고추가 있다면 넣어 예쁜 색감을 만들 수 있다.

3 | **차돌박이 볶기** | 팬에 고추기름을 두르고 센불에 차돌박이를 볶아요. 반쯤 익으면 분량의 청주, 고추장, 다진 마늘을 넣고 중약불에서 타지 않도록 1분 정도 볶아요.

tip / 고추기름은 식용유로 대체 가능

4 | **찌개 끓이기** | 양파와 육수, 대파를 넣고 센불에서 3~4분간 보글보글 끓여요.

5 | **마무리하기** | 왼쪽의 양념 분량대로 국간장과 액젓으로 간하고, 불린 당면과 팽이버섯을 넣고 센불에서 5분 정도 끓여요. 간이 부족하면 소금으로 간하고, 취향에 따라 마지막에 청양고추와 후추를 넣어요. 장식용 대파와 청양고추를 올려 마무리!

tip / 푹 익은 팽이버섯의 미끈거리는 식감이 싫다면, 당면이 다 익은 다음 맨 마지막에 팽이버섯을 넣고 잠깐 끓인 후 불을 끈다.

인증샷 | **'낭만베짱이'님의 팽이버섯 차돌박이 고추장찌개** |

얼큰한 국물 맛을 위해서는 양파와 대파를 많이 넣는 걸 추천한다는 '낭만베짱이'님! 찌개에 꿀을 아주 조금 넣으면 감칠맛이 좋아진다는 자신만의 팁을 살짝 알려주셨어요. 취향에 따라 건져먹을 팽이버섯, 양파, 대파, 당면의 양을 늘려서 만들면 나만의 고추장찌개가 되겠죠?

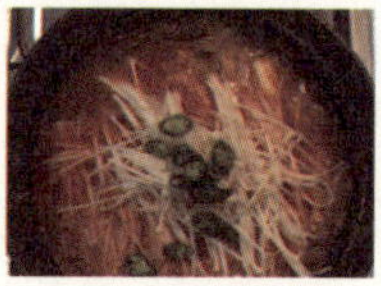

TOP 12

냉파가 시급한 식재료 닭고기

다이어트에 야식까지 책임지는 냉파 식재료 12위!

우리나라 사람들이 가장 사랑하는 고기인 닭고기! 여름이면 **보양식**으로 꼭 챙겨 먹고, 치맥이라는 단어가 생길 정도로 인기있는 외식 메뉴 중 하나입니다. 또 **닭가슴살**은 수많은 **다이어터**들과 **근육 만드는 분들**에게 필수 식재료이기도 하지요. 다른 고기에 비해 **소화도 잘되고, 단백질이 풍부해 두뇌성장**이 중요한 아이들에게 특히 좋은 식재료이기도 합니다. 껍질과 날개 쪽에 풍부한 콜라겐은 **피부미용에도 좋아요.** 하지만 치킨 한두 번 시켜 먹다보면 외식비가 순식간에 늘어나고 다 못 먹어서 남은 치킨은 버리기도, 그렇다고 억지로 먹기도 애매하죠. 그래서 남은 치킨 처리부터 다이어트, 보양까지 책임지는 닭고기 냉파 식단을 준비했습니다.

Key  word

#비타민A #고단백

#근육생성 #다이어트

#피부미용 #콜라겐

#소화 잘되는 고기

#두뇌성장

닭고기 고르는 법

① 껍질이 크림색이고 모공부분이 울퉁불퉁한 것

② 눌러봤을 때 살코기에 탄력이 있는 것

닭고기 보관법

① 냉장보관할 경우 밀봉해 보관하고 1~2일 이내로 먹는다.

② 냉동보관할 경우 사용하기 좋게 손질한 다음 밀폐용기에 넣어 보관한다.

닭고기 손질법

① 닭가슴살, 안심 등 부위별로 이미 손질된 고기가 아니라면 2분 정도 짧게 데친다. 그러면 불순물과 누린내를 어느 정도 제거할 수 있다.

→자세한 방법은 217쪽을 참고하세요.

1주일 냉파 식단 & 식비 예산

구매시기와 구매처에 따라 금액에 차이가 있으므로 평균가로 잡았습니다.
모든 식재료가 다 있을 필요는 없어요. 냉장고 속 재료만으로도 충분히 맛을 낼 수 있습니다.

월 후라이드 애호박전 & 양념치킨 비빔밥

- □ 애호박 1개 ₩1,500
- □ 당근 1개 ₩900

월요일 식비 ₩2,400

화 닭다리살 치킨 가라아게

- □ 닭다리살 1팩(500g) ₩6,000

화요일 식비 ₩6,000

수 닭가슴살 곤약누들 샐러드

- □ 실곤약 2봉 ₩1,800
- □ 닭가슴살 400g(4덩이) ₩6,000
- □ 방울토마토 1팩(1kg) ₩6,000

수요일 식비 ₩13,800

목 닭가슴살 닭개장

- □ 숙주 1봉 ₩1,600
- □ 고사리 1봉 ₩5,000
- □ 대파 1봉 ₩2,000

목요일 식비 ₩8,600

금 치킨텐더

- □ 닭안심 1팩(500g) ₩6,500
- □ 식빵 1봉지 ₩2,500
- □ 달걀 30구 ₩7,000

금요일 식비 ₩16,000

주말 특식 세 가지 스타일의 부추 닭볶음탕

- □ 닭볶음탕용 닭 1팩(1kg) ₩7,500
- □ 부추 1단 ₩2,000
- □ 감자 1상자(5kg) ₩9,000
- □ 양파 1kg ₩3,000
- □ 청양고추 1봉 ₩900

주말 식비 ₩22,400

3~4인 가족 1주일 평균 식비 ₩200,000 — 닭고기 1주일 예상 식비 ₩69,200 = 1주일 식비 ₩130,800

절감 효과

후라이드 치킨 애호박전

먹고 남은 치킨을
최고로 맛있게
먹는 방법,
회원들 강추!

3~4인분(지름 18cm 전 3장 분량) | 조리 10분

재료

- □ 애호박 1개
- □ 당근 1/3개
- □ 후라이드치킨 3조각
- □ 부침가루 7스푼
- □ 물 15스푼

×
버섯, 양배추, 청양고추 등 자투리 채소를 활용해도 OK

1 | **전 반죽하기** | 애호박과 당근은 채 썰고, 후라이드치킨은 살만 발라낸 다음 모든 재료를 섞어 전 반죽을 만들어요.

tip / 부침가루와 치킨에 조금씩 간이 돼있으므로 따로 소금간을 하지 않는다. 필요하다면 소금을 조금 추가

2 | **전 부치기** | 팬에 식용유를 넉넉히 두르고 중불에서 앞뒤로 노릇하게 부쳐요.

tip / 재료에 비해 부침가루 반죽의 양이 많지 않으므로, 한 면을 충분히 익힌 다음 뒤집어야 모양을 잘 잡을 수 있다.

tip 부침가루가 없다면?

전을 부칠 때 부침가루가 없으면 튀김가루를 써도 되고, 둘 다 없을 땐 일반 밀가루에 전분을 섞어서 부쳐도 좋아요. 밀가루와 전분은 3:1 비율로 섞어서 사용하세요.

양념치킨 비빔밥

남은 양념치킨의
양념까지 싹싹 활용!
요즘은 치맥보다
치밥시대!

1인분 | 조리 5~10분

재 료

- □ 뜨거운 밥 1공기
- □ 양념치킨 또는 닭강정 5~6조각
- □ 버터 1/3스푼(10g)
- □ 볶음간장 1+1/2스푼 ×
- □ 어린잎채소 1줌 ××
- □ 통깨 약간

×
진간장 1스푼으로 대체 가능. 볶음간장 만드는 법은 46쪽 참고.

××
상추를 찢어서 사용해도 OK

1 | **토핑하기** | 뜨거운 밥 위에 버터를 올리고 볶음간장을 뿌려요. 뜨겁게 데운 양념치킨이나 닭강정을 한입크기로 잘라 밥 위에 올려요.

tip / 양념치킨 양념이 넉넉하면 고추장을 조금 넣고 비벼먹어도 맛있고, 양념이 부족할 때는 깍두기나 잘 익은 배추김치를 조금 썰어 넣으면 개운한 맛이 난다.

2 | **마무리하기** | 어린잎채소는 찬물에 여러 번 헹궈 씻은 다음 체에 받쳐 물기를 제거해 치킨 옆 한 켠에 올려주세요. 통깨를 솔솔 뿌려 마무리합니다.

tip / 날달걀에 거부감이 없으면 달걀노른자만 분리해 얹어 더 고소하게 즐길 수 있다. 남는 흰자 요리는 239쪽 참고

tip 전자레인지로 음식 촉촉하게 데우는 방법

먹고 남은 치킨이나 피자를 전자레인지에 데우면 퍽퍽하고 맛이 없어지지요. 전자레인지에 돌릴 때 컵에 물을 담아 함께 넣고 돌리면 촉촉하게 데울 수 있습니다.

닭다리살 치킨 가라아게

치킨값을 감당하기
힘들다면 도전!
쫄깃한 닭다리살과
카레의 찰떡궁합!

2인분 | 준비 30분 + 조리 15분

재 료

- □ 닭다리살 2+1/2컵(300g)
- □ 전분가루 4스푼
  (감자 또는 고구마 전분)

고기 밑간

- □ 다진 마늘 1/2스푼
- □ 간장 3스푼
- □ 맛술 1스푼
- □ 후추 약간

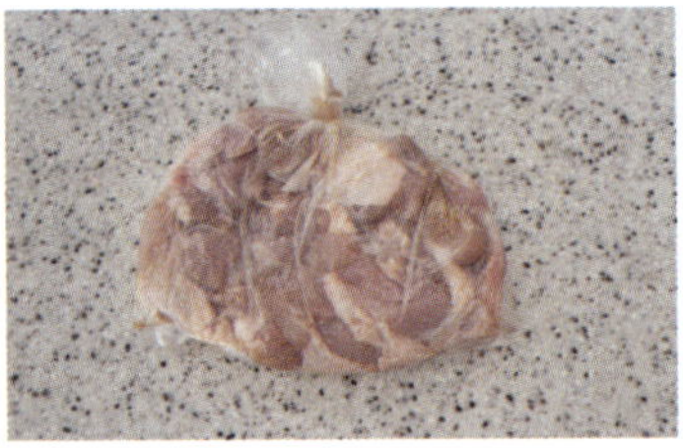

1 | **고기 밑간하기** | 닭다리살은 깨끗이 씻어서 한 입크기로 썰어 위생비닐에 담아요. 분량의 양념을 넣고 입구를 묶은 다음 양념이 골고루 잘 배도록 조물조물 섞어요. 그런 다음 냉장고에 30분 정도 넣어둬요.

2 | **튀김옷 입히기** | 양념한 닭다리살에 전분가루를 넣고, 입구를 봉한 뒤 양념이 골고루 묻도록 잘 흔들어 5분간 그대로 두세요. 전분가루를 묻혀서 바로 튀기면 튀김기름이 탁해지고 튀김도 바삭해지지 않아요.

tip / 부드러운 치킨을 원하면 전분가루에 달걀 푼 물을 4스푼 정도 넣고 함께 반죽한다.

3 | **튀기기** | 160℃로 달군 기름에 닭다리살을 한 조각씩 넣고 노릇하게 튀겨낸 다음, 180℃로 온도를 높여 재빨리 한 번 더 튀겨요.

tip / 튀김옷을 떼어 떨어뜨렸을 때 4~5초 뒤에 떠오르면 160℃, 2~3초 뒤에 떠오르면 180℃

tip / 가정에서 튀김요리를 할 때는 튀김이 푹 잠길 정도로 충분한 기름을 사용하는 게 쉽지 않으니, 작은 크기의 밀크팬 사용을 추천. 튀기고 남은 기름은 체에 걸러 재활용 가능(사진의 제품은 '락앤락 하드앤라이트 밀크팬')

tip

수비드 방식으로 닭가슴살 만들기

189쪽에서 전기밥솥을 이용해 저온조리 방식인 수비드 방식으로 수육을 만들어봤어요. 퍽퍽해지기 쉬운 닭가슴살도 수비드 방식으로 익히면 육즙이 촉촉하게 그대로 남아있어요. 특히 다이어트할 때 많이 먹는 닭가슴살은 퍽퍽해서 물리기 쉬운데, 수비드 방식을 사용하면 한 번에 많이, 맛있게 만들어 둘 수 있어서 편리해요.

재료 | 담백한 맛(2덩이) | □ 청주 1스푼 □ 소금 1/5스푼 □ 후추 약간 □ 올리브유 약간
마늘맛(2덩이) | □ 다진 마늘 1/2스푼 □ 소금 1/4스푼 □ 고춧가루 1/5스푼 □ 후추 약간

만드는 법 |

① 담백한 맛, 마늘맛 두 가지로 나누어 지퍼백에 닭가슴살과 양념재료를 각각 넣어요. 비닐째 조물조물 주무른 다음, 지퍼백 안의 공기를 최대한 빼고 지퍼를 채워요.

담백한 맛

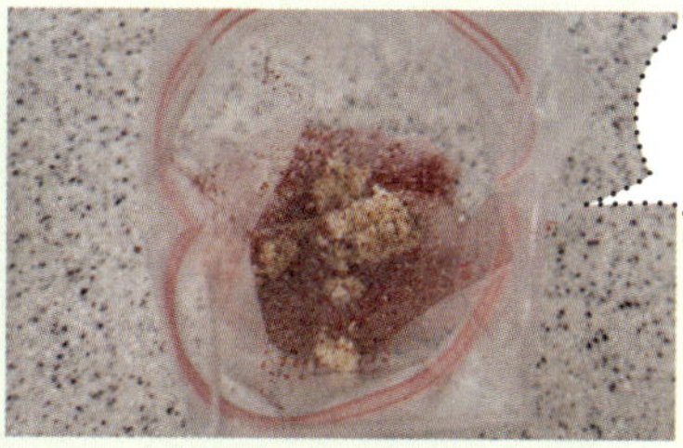

마늘맛

② 밥솥에 끓는 물과 차가운 물을 1:1로 섞어 온도를 맞추고, 닭가슴살이 든 지퍼백을 넣은 다음 뚜껑을 닫고 보온모드에서 1시간 10분 정도 그대로 놔두면 자동으로 완성돼요.

③ 이렇게 만든 수비드 닭가슴살로 닭가슴살 곤약누들 샐러드, 닭가슴살 닭개장을 만들어보세요.

닭가슴살 곤약누들 샐러드

퍽퍽한 닭가슴살은
이제 그만! 남는
야채 끌어 모아 맛있게
다이어트!

2~3인분 | 조리 10분

재 료

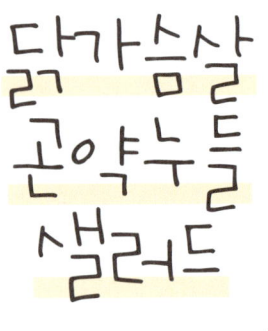

- □ 닭가슴살 1덩이 ×
- □ 실곤약 2봉 ××
- □ 마늘종 5~6대(20cm)
- □ 당근 1/4개
- □ 방울토마토 6개

×
213쪽 수비드 닭가슴살이나 캔을 활용해도 되고 새우, 오징어, 돼지고기 등을 넣고 만들어도 OK

××
당면으로 대체 가능

소스

- □ 양파 1/4개
- □ 까나리액젓 2스푼
- □ 식초 3스푼
- □ 설탕 2스푼
- □ 물 4스푼

1 | **곤약 씻기** | 실곤약은 물에 두세 번 헹궈 체에 밭치고 물기를 꼭 짜요.

tip / 실곤약 특유의 냄새가 싫다면 마늘종 데친 물에 식초를 약간 넣고 10초 정도 데친 다음, 찬물에 헹궈 물기를 꼭 짜서 사용. 당면을 불려서 사용해도 OK

2 | **재료 손질하기** | 마늘종은 반으로 갈라 4~5cm 길이로 자른 다음, 소금을 약간 넣은 물에 1분 정도 데쳐요. 당근은 얇게 채 썰고 방울토마토는 2등분한 뒤 닭가슴살은 결대로 찢어서 준비해요.

tip / 마늘종은 3~5월이 제철이니 이때 넣어서 활용!

3 | **마무리하기** | 양파를 잘게 다져서 분량의 소스 재료와 섞어 소스를 만든 다음, 준비한 재료를 모두 넣고 잘 버무려요.

tip / 태국식 샐러드 '얌운센'과 비슷하니 '얌운센'을 좋아한다면 추천!

닭가슴살 닭개장

마늘맛 닭가슴살로
한층 깊은 맛이 나는
닭개장!
수비드 닭가슴살로
쉽게 끓여요.

3인분 | 조리 30분

재 료

- □ 닭가슴살 2덩이
- □ 숙주 크게 한 줌(130g)
- □ 불린 고사리 한 줌(100g)
- □ 대파 3대(20cm)

양념

- □ 다진 마늘 1스푼
- □ 고춧가루 3스푼
- □ 국간장 3스푼
- □ 참기름 3스푼
- □ 물 6컵
- □ 까나리액젓 1스푼

1 | **재료 손질하기** | 불린 고사리는 깨끗이 씻어 4~5cm 길이로 썰고, 대파는 길게 반으로 자른 다음 4~5cm 길이로 썰어요. 숙주는 머리부분을 정리해서 깨끗이 씻고 체에 밭쳐 물기를 제거하세요.

2 | **양념하기** | 냄비에 손질한 채소와 결대로 찢은 닭가슴살, 분량의 양념을 넣고 살살 무쳐요.

tip / 이대로 볶아 먹어도 맛있고, 물 2컵과 전분물을 넣어 걸쭉한 아구찜처럼 먹어도 OK

3 | **끓이기** | 중불에서 3분간 타지 않게 볶다가 채소 숨이 죽으면 물을 넣고 끓여요. 20분 정도 더 끓이고 까나리액젓으로 간을 맞춰요.

tip / 마지막에 달걀물을 풀거나 불린 당면을 넣어도 OK

치킨 텐더

냉동실 식빵도 털고
야식비 지출도
틀어막는
일석이조 요리!

3~4인분 | 조리 20~30분

재 료

- □ 닭안심 10덩이(300g)
- □ 식빵 3장 ×
- □ 달걀 1개
- □ 밀가루 2+1/2스푼

×
시판 빵가루로 대체 가능

닭 밑간
- □ 소금 1/3스푼
- □ 후추 약간
- □ 맛술 1스푼

머스터드 소스 ××
- □ 옐로우 머스터드 1스푼
- □ 연유 1스푼

××
시판 허니머스터드 소스로 대체 가능

1 | **닭고기 밑간하기** | 닭안심은 흐르는 물에 깨끗이 씻은 다음 물기를 제거하고, 양념으로 밑간해 10분 이상 재워둬요.

2 | **튀김옷 입히기** | 냉동실에 있던 식빵은 실온에 꺼내뒀다가 살짝 말려서 블랜더에 갈아요. 밑간한 닭안심에 밀가루를 골고루 묻힌 뒤 여분의 가루를 털어내고, 달걀물→빵가루 순서로 꼼꼼하게 입혀요.

tip / 식빵은 너무 곱게 갈지 않아야 튀겼을 때 표면이 예쁘다.

3 | **튀기기** | 160℃ 정도로 예열한 식용유에 닭안심을 넣어 노릇하게 튀기고, 키친타월이나 식힘망에 올려 기름기를 뺀 뒤 머스터드 소스에 찍어먹어요.

tip / 식빵조각을 식용유에 떨어뜨렸을 때 주위로 잔거품이 생기면 160℃

세 가지 스타일의 부추 닭볶음탕 (맑은 닭한마리 스타일)

1

닭 한 마리로
① 닭한마리,
② 닭볶음탕,
③ 전라도 오리탕
스타일까지 1타 3피!

3~4인분 | 조리 40분

tip 닭볶음탕 필수 전처리! 살짝 데쳐 불순물 제거하기

닭볶음탕을 하기 전, 닭 사이사이에 뭉친 핏덩이와 작은 뼛조각, 누런 지방을 제거하고 다음 끓는 물에 2분 정도 데쳐요. 이 과정을 거치면 누린내, 불순물, 기름기를 어느 정도 제거할 수 있어요. 하지만 너무 오래 익히면 맛이 다 빠져버리므로 표면만 살짝 익힌다는 느낌으로 짧게 데쳐 건져낸 뒤 찬물로 한 번 헹궈주세요.

재 료

□ 닭볶음탕용 닭 1팩(800g)
□ 부추 1/3단(100g)
□ 감자 1개
□ 다시마 1장

추가
□ 양파 1/2~1개
□ 무 자투리 약간
□ 통후추 10알
□ 통마늘 5~6알
□ 대파 1대(15cm)
□ 떡국떡 1/2컵
□ 칼국수 또는 국수, 밥

×
닭, 부추, 감자, 다시마를 제외한 재료들은 냉장고 사정에 따라 가감

1차 양념
(맑은 닭한마리 스타일)
□ 소금 1/2스푼
□ 청주 1스푼
□ 물 4~5컵 ××

××
먹다가 육수가 추가로 필요할 때는 다시마육수(뜨거운 물 4컵 + 다시마 3조각)를 이용

소면

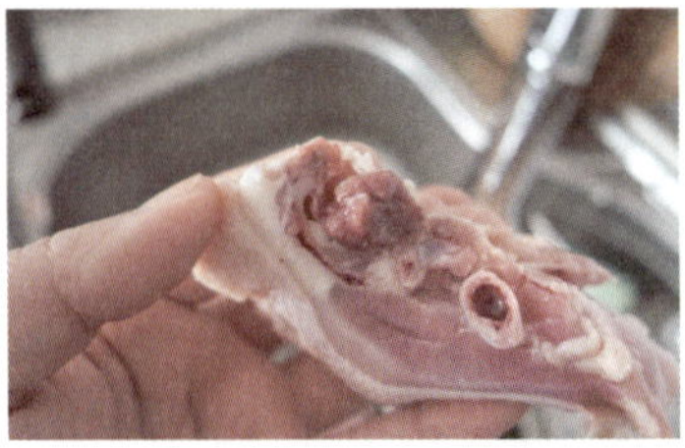

1 | **닭 손질하기** | 닭은 토막내서 깨끗이 씻고 체에 밭쳐 물기를 제거해요.

tip / 닭을 손질할 때는 사이사이 뭉쳐있는 핏덩이와 뼈 절단부위를 깨끗이 씻는다. 군데군데 누렇게 낀 지방, 두꺼운 껍질, 작은 뼛조각들을 신경 써서 제거한다.

2 | **불순물 제거하기** | 냄비에 씻은 닭을 담고 뜨거운 물을 자작하게 부어 2분 정도 데친 다음 찬물에 한 번 헹궈요.

tip / 데친 닭은 여러 번 헹구지 말고, 체에 담아 찬물샤워를 시키거나 넉넉한 양의 물에 한 번 헹궈 체에 밭쳐 물기를 제거한다.

3 | **칼집 넣기** | 살이 두꺼운 닭다리, 닭가슴살에 골고루 잘 익고 간, 양념이 잘 밸 수 있도록 칼집을 넣어요.

4 | **재료 손질하기** | 감자는 껍질을 벗겨 1~1.5cm 두께로 두툼하게 썰어요.

tip / 무 자투리를 얇게 썰어 함께 준비해도 OK

5 | **재료 익히기** | 냄비에 닭, 감자, 무를 담고 1차 양념에 다시마를 넣고 뚜껑을 덮어 중불에서 15~20분간 끓여요.

tip / 이때 통마늘 5~6개와 통후추 10알 정도를 함께 넣어 끓이면 국물맛이 훨씬 좋아지고, 떡국떡을 넣으면 국물맛이 뽀얗고 무거워진다.

6 | **닭한마리 스타일** | 10분간 더 끓이면서 거품이 뜨면 걷어내고, 부족한 간은 소금으로 조절해요.

tip / 닭한마리 스타일로 맑게 먹을 때는 여기에 부추만 넉넉히 올리면 된다. 먹다가 칼국수나 국수를 넣고 마지막에 밥을 넣어 죽처럼 먹어보자.

세 가지 스타일의 부추 닭볶음탕 (얼큰 닭볶음탕 스타일 + 오리탕 스타일)

2

양념 풀어
더 얼큰하게!
새로운 맛으로
즐겨보세요!

3~4인분 | 조리 5분

재 료

2차 양념
(얼큰 닭볶음탕 스타일)
□ 청양고추 3개
□ 고춧가루 3스푼
□ 볶음간장 2스푼
□ 국간장 2스푼
□ 다진 마늘 4~5스푼
□ 후추 약간

3차 양념
(오리탕 스타일)
□ 들깨가루 2~3스푼

7 | **재료 손질하기** | 양파는 두껍게 채 썰고 청양고추는 어슷하게 썰어요. 부추는 5~6cm 길이로 썰어요.

8 | **닭볶음탕 스타일** | 양파를 넣고 2차 양념 분량의 고춧가루, 볶음간장, 국간장, 다진 마늘을 넣고 센불에서 5분간 바글바글 끓이다가 부추와 청양고추를 넣고 한소끔 끓입니다.

tip / 닭볶음탕 스타일로 먹으려면 이 상태로 먹으면 된다.

3

9 | **전라도 오리탕 스타일** | 완성된 닭볶음탕에 들깨가루를 취향에 따라 듬뿍 넣으면, 고소하고 걸쭉한 전라도 오리탕 스타일 완성!

tip

닭고기의 주요 부위별 특징

가슴살

가슴살은 닭의 가슴부위로, 흰색을 띕니다. 지방이 적어 칼로리는 낮고 단백질 함량은 높아서 다이어트하는 사람이나 운동으로 근육량을 늘리려는 사람들에게 특히 사랑받지요. 기름기가 적어 퍽퍽한 것이 단점이에요.

안심살

안심살은 닭가슴살 안쪽에 가늘고 길게 붙어있으며, 한 마리당 두 조각이 나와요. 닭가슴살처럼 흰색을 띠며 고단백이지만 양이 적어 조금 비싼 편이에요. 치킨텐더 등 가늘고 긴 모양을 살려 요리하는 경우가 많습니다.

다리살

다리살은 운동량이 많아 근육으로 구성되어 있으며, 붉은기가 돕니다. 육즙이 풍부하고 쫄깃한 식감으로 대중적으로 사랑받는 부위예요.

날개살

날개살은 닭가슴살 위쪽에 붙어있는 부위로, 지방이 적은 편이라 살이 단단한 편이에요. 또한 껍질이 차지하는 양이 많아 조리하면 콜라겐 특유의 쫄깃한 식감을 느낄 수 있습니다.

tip

요리 필수 조미료 간장, 라벨 보고 구입하기!

요리에 두루 사용하는 간장, 종류도 가격도 천차만별이지만 막상 구입하려고 하면 어떤 걸 구입해야 할지 망설이게 됩니다. 내게 필요한 간장을 고르는 가장 정확한 방법은 바로 간장 라벨을 확인하는 거예요. 라벨 읽는 방법을 알려 드릴 테니 앞으로는 확인하고 구입하세요.

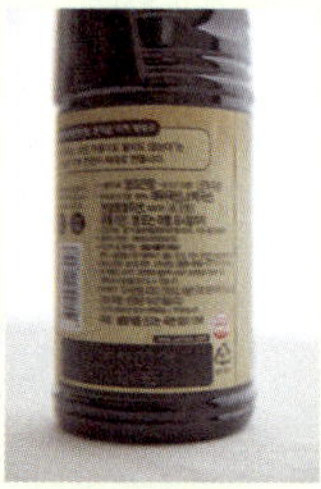

1. 식품의 유형: 개량한식간장 또는 한식간장 / 양조간장 / 혼합간장

① 개량한식간장 또는 한식간장

개량한식간장 또는 한식간장은 우리나라 전통방식으로 만든 재래식 간장을 뜻해요. 가을에 불린 콩을 삶아 메주로 만들어 겨우내 띄웠다가 봄에 깨끗이 씻은 메주를 항아리에 넣고 소금물을 부어 40여일 정도 발효시킵니다. 메주와 함께 발효된 소금물을 걸러 달인 다음 완전히 식혀 다시 항아리에 넣고, 최소 1~2년 숙성기간을 거쳐야 간장이 됩니다. 찜, 조림, 볶음, 약식, 육포 등에 사용하면 좋아요.

② 양조간장

양조간장은 콩으로만 메주를 만드는 재래식과 달리 콩 또는 탈지대두와 밀, 쌀, 보리 등을 섞고, 곰팡이를 접종해 소금물과 함께 6개월간 발효숙성시키는 일본식 간장입니다. 재래식 간장에 비해 염도가 낮고 색이 진하며 단맛이 나는 게 특징이에요. 다양한 요리에 두루 사용할 수 있고, 생선회 등을 찍어먹는 용도의 양념장 등에 사용하면 풍부한 향을 느낄 수 있어요.

③ 혼합간장

혼합간장은 한식간장, 혹은 양조간장과 산분해간장을 혼합한 간장입니다. 산분해간장은 다른 간장처럼 숙성과정을 거치지 않고 탈지대두 혹은 단백질원료를 식염산으로 가수분해해서 중화, 탈취 등의 과정을 거친 간장이에요. 짧은 제조기간, 높은 원료이용률로 값이 저렴하지만 맛이 단조롭지요. 비율에 상관없이 두 가지 간장이 섞이면 혼합간장이라고 표기하며, 라벨에서 혼합비율을 확인할 수 있습니다.

2. 총 질소(T.N) 함량과 등급

콩 단백질이 얼마나 잘 발효되고 분해되어 간장에 들어있는지 나타내는 지수로, 숫자가 클수록 간장 맛이 깊습니다. 수치가 1.0% 이상이면 표준, 1.3% 이상이면 고급, 1.5% 이상이면 특급으로 평가되지요.

3. 원재료 및 함량

간장의 주원료가 되는 대두, 소금, 물을 비롯해 소맥, 탈지대두, 설탕, 올리고당, 과당, 향미증진제, 스테비아(감미료), 굴농축액 등이 표시되어 있어요. 천연재료 농축액을 제외하고 우리가 잘 모르는 식품첨가제는 피하는 게 좋습니다.

TOP
13

냉파가
시급한
식재료

호박

단호박 너마저...
반만 쓰고
남은 호박으로
남다른 냉파하자!

단호박, 애호박, 돼지호박 등 호박은 종류가 참 다양해요. 단호박은 언제든 만나볼 수 있고 애호박은 3~10월이, 애호박과 비슷한 돼지호박은 6~10월이 제철입니다. 단호박은 익히면 부드러운 식감과 함께 단맛이 나서 먹기도 좋아요. **시력개선**에도 효과가 있고 **간에도 좋다**고 해요. 애호박과 돼지호박은 비슷하게 생겼지만, 돼지호박이 스펀지처럼 좀 더 부드럽고 수분이 적은 편입니다. 그래서 **돼지호박은 베이킹**할 때 사용하기에 좋아요. 애호박과 돼지호박은 둘 다 위점막을 보호해서 **위장을 건강하게** 해주고, 이뇨작용을 통해 나트륨을 배출해줘서 **몸이 붓는 부종을 완화**해줍니다. 내게 어울리는 호박을 골라 취향에 따라 냉파해보세요.

호박 고르는 법

단호박

① 색이 진하고 꼭지부분이 바짝 마른 것

② 물렁하지 않고 껍질이 단단하며 흠이 없는것

애호박과 돼지호박

① 표면이 고르고 흠집이 없는것

② 꼭지가 신선하고 전체적으로 묵직한 것

호박 보관법

단호박

① 그늘지고 서늘한 곳에 실온보관한다.

② 씨를 파낸 다음 밀봉해 냉동보관한다.

애호박과 돼지호박

① 신문지로 싸서 서늘한 곳에 실온보관한다.

② 사용하고 남은 것은 랩으로 싸서 밀폐용기에 넣고 냉동보관한다. 애호박, 돼지호박은 냉동하면 조직이 물러져서 볶음, 전 등에는 적합하지 않고 찌개용으로는 사용하는 게 좋다.

호박 손질법

단호박

① 껍질이 단단해서 손질하기 어려우므로, 전자레인지에 5분 정도 익힌 다음 껍질을 잘라내면 손질하기 쉽다.

애호박과 돼지호박

① 깨끗이 씻어서 용도에 맞는 모양과 크기로 썬다.

Key word

#애호박은 3~10월이 제철

#돼지호박은 6~10월 #소화흡수최고

#간기능개선 #위장강화

#나트륨배출 #부종완화

#시력건강

1주일 냉파 식단 & 식비 예산

구매시기와 구매처에 따라 금액에 차이가 있으므로 평균가로 잡았습니다.
모든 식재료가 다 있을 필요는 없어요. 냉장고 속 재료만으로도 충분히 맛을 낼 수 있습니다.

월 단호박 견과류 조림

□ 단호박 1개	₩2,000
월요일 식비	**₩2,000**

화 애호박전 & 애호박 새우전

□ 애호박 1개	₩1,500
□ 달걀 30구	₩7,000
□ 새우살 100g	₩2,500
화요일 식비	**₩11,000**

수 애호박 떡볶음

□ 애호박 1개	₩1,500
□ 떡국떡 1봉	₩5,000
□ 다진 소고기 150g	₩5,000
□ 표고버섯 1팩	₩2,000
수요일 식비	**₩13,500**

목 돼지호박 만두

□ 돼지호박 1개	₩1,500
□ 다진 돼지고기 300g	₩2,700
□ 대파 1봉	₩2,000
□ 만두피 1팩	₩1,600
목요일 식비	**₩7,800**

금 단호박죽

금요일 식비	**무지출 ₩0**

주말 특식 돼지호박 피자

□ 돼지호박 1개	₩1,500
□ 피자치즈 1봉	₩6,000
□ 소시지 1팩	₩5,500
□ 토마토소스 1병	₩3,500
주말 식비	**₩16,500**

3~4인 가족 1주일 평균 식비 ₩200,000 − **호박 1주일 예상 식비** ₩50,800 = **1주일 식비** ₩149,200

절감 효과

단호박 견과류 조림

단호박 너마저...
살살 익히기만 하면
완성!
달달 짭쪼롬한
밥반찬!

3~4인분 | 조리 20분

tip 다양한 재료를 넣고 만드는 통단호박찜

단호박을 전자레인지에 3~5분 정도 돌려 살짝 익힌 뒤 윗부분을 잘라내고 수저로 속을 파냅니다. 그런 다음 속에 다양한 재료를 넣고 통째로 20분 정도 찌면, 달큰한 단호박의 맛과 속재료의 맛을 함께 즐길 수 있는 단호박찜이 돼요.
속에 밥을 넣고 쪄서 단호박찜을 만들어도 좋고, 매콤한 해물찜이나 제육볶음 같은 요리와도 잘 어울려요. 따로 내도 좋지만, 한 번쯤 통단호박을 활용해서 식당에서 먹는 듯한 일품요리를 만들어보세요.

재 료

- □ 단호박 1/2개 (400~450g)
- □ 캐슈넛, 피스타치오 등 각종 견과류 1/2컵

양념장

- □ 볶음간장 2+1/2스푼 ×
- □ 물 1컵
- □ 물엿 또는 올리고당 3스푼

×
볶음간장 만드는 법은 46쪽 참고. 간장 1스푼, 맛술 1스푼, 설탕 1/2스푼으로 대체 가능

×
볶음간장 양을 절반으로 줄이면 단호박의 단맛이 더욱 도드라진다.

1 | **견과류 볶기** | 마른 팬에 견과류를 넣고 살짝 볶아요.

tip / 볶는 과정을 거치면 잡내가 날아가고 더 고소해진다. 냉동실에 있던 견과류라면 꼭 볶아서 사용

2 | **단호박 손질하기** | 단호박은 베이킹소다를 묻혀 깨끗이 씻어요. 크기에 따라 전자레인지에 3~5분 정도 살짝 익힌 다음 큼직하게 썰어요.

3 | **양념장 만들기** | 볶음간장, 물, 물엿 또는 올리고당을 섞어 양념장을 만들어요.

4 | **익히기** | 냄비에 단호박과 양념장을 넣고, 단호박이 푹 익도록 중약불에서 10분 정도 뭉근하게 익혀요.

5 | **졸이기** | 단호박이 부드럽게 익고 양념장이 잘박하게 졸아들면 견과류를 넣고 2분 정도 살짝 더 끓여요.

tip / 단호박 조림을 할 때 뒤적이면 으깨져서 지저분해진다. 양념장을 졸일 때 뚜껑을 덮거나 호일을 덮으면 국물에 잠기지 않은 윗부분까지 양념장이 끓어서 닿는다.

인증샷 | **'Gaviota'님의 단호박 견과류조림** |

'Gaviota'님에 따르면 달콤하면서 부드러운 맛이 맛의 녹차나 국화차가 자꾸 떠오르게 한다고 해요. 늦은 오후, 단호박의 달큰한 향에 따뜻한 차를 곁들여 나만의 티타임을 즐겨보세요.

애호박전

노릇노릇
단짠단짠의 조화!
간에 좋은
피로회복 반찬!

2인분 | 조리 7분

재 료

- □ 애호박 1/2개 ×
- □ 식용유 약간
- □ 소금 세 꼬집

×
나머지 애호박은 227쪽의 '애호박 새우전'에 사용

부침옷

- □ 달걀 1개
- □ 밀가루 또는 부침가루 2~3스푼 ×

××
부침가루는 이미 조미돼있어서 밀가루보다 조금 더 맛이 좋다.

1 | **재료 손질하기** | 애호박은 깨끗이 씻어서 0.5cm 두께로 둥근 모양을 살려 썰어요.

2 | **부침옷 입히기** | 호박에 소금을 뿌리고, 밀가루 또는 부침가루를 얇게 묻혀서 달걀물에 담가요.

3 | **부치기** | 팬에 식용유를 두르고 달걀물 묻힌 애호박을 넣어 중불에서 노릇노릇하게 부쳐내요.

tip / 식초나 고춧가루를 넣은 간장에 찍어먹어도 OK

애호박 새우전

반은 애호박전,
반은 애호박새우전!
남녀노소 취향저격!

2~3인분 | 조리 15분

재 료

□ 애호박 1/2개
□ 달걀 1개

부침옷
□ 밀가루 또는 부침가루 2~3스푼
□ 식용유 약간
□ 후추 약간

새우 속
□ 새우(살) 10마리
□ 다진 마늘 1/2스푼
□ 연두 또는 국간장 1/2스푼 ×

×
국간장의 진한 색이 싫다면 시판되는 '연두'를 사용

1 | **재료 손질하기** | 애호박은 깨끗이 씻어 1cm 두께로 썰어요. 병뚜껑을 이용해 가운데 씨부분을 잘라내서 링모양으로 만들어요.

tip / 소주병 뚜껑이 날카로워서 잘 잘리고 크기도 적당

2 | **새우 속** | 블랜더에 분량의 새우살, 다진 마늘, 후추, 연두 또는 국간장, 부침가루(1/2스푼)을 넣고 곱게 갈아요.

tip / 새우살 대신 자투리 다짐육, 햄, 참치도 OK

3 | **마무리하기** | 애호박 링 안쪽에 부침가루를 살짝 바르고 새우살을 채운 뒤, 애호박 전체에 부침가루를 얇게 바르고 달걀물을 묻혀요. 그런 다음 팬에 식용유를 넉넉히 둘러 중약불에서 노릇하게 구워내요.

애호박 떡볶음

냉동실 처치곤란
떡국떡과
애호박의 조화!
한 끼 해결 OK!

2~3인분 | 조리 20분

tip 찹쌀 부꾸미로 전통 월과채 만드는 법

월과채는 애호박, 쇠고기, 표고, 찹쌀 부꾸미를 채로 썰어 갖은 양념을 해서 볶아 잡채처럼 만드는 전통요리예요. 집에 찹쌀가루가 있다면 찹쌀 부꾸미를 부쳐 월과채를 만들어보세요.

찹쌀가루 1컵에 뜨거운 물 3스푼, 소금 1꼬집 넣어 익반죽한 다음, 팬에 기름을 약간 두르고 반죽을 동그랗게 부쳐서 사용하면 돼요.

재 료

- □ 애호박 2/3개
- □ 소금 1/5스푼
- □ 떡국떡 1컵(100g)×
- □ 다진 소고기 3스푼 (70g) ××
- □ 건표고버섯 4개
- □ 통깨 약간

×
떡국떡 대신 조랭이떡이나 떡볶이떡도 OK

××
다진 소고기 대신 덩어리 고기가 있으면 채 썰어 사용

양념장

- □ 간장 2스푼
- □ 설탕 1스푼
- □ 다진 마늘 1/2스푼
- □ 참기름 1/3스푼
- □ 후추 약간
- □ 표고버섯 불린 물 3스푼

×××
홍고추가 있다면 고명으로 사용

1 | **떡 익히기** | 떡국떡은 끓는 물에 담가 2분 정도 데치고, 분량의 양념장(1스푼)을 넣어 버무려둬요.

tip / 떡볶이 떡을 데쳐서 사용해도 OK. 냉동보관한 떡의 경우 찬물에 20분 정도 불려서 데친다.

2 | **애호박 절이기** | 애호박은 반달모양으로 썰어 소금을 뿌리고, 10분 정도 절인 다음 키친타월로 눌러 물기를 제거해요.

3 | **애호박 볶기** | 팬에 식용유를 약간 두르고, 절인 애호박을 넣어 중불에 3분 정도 볶은 다음 접시에 덜어 식혀요.

4 | **재료 볶기** | 표고버섯은 미지근한 물에 부드럽게 불려서 기둥은 제거하고 갓부분은 채 썰어요. 그런 다음 다진 소고기와 함께 남은 양념장(3스푼)을 넣어 볶아요.

tip / 표고버섯 손질법은 87쪽 참고

5 | **버무리기** | 모든 재료를 볼에 담고 남은 양념장을 넣어 잘 버무린 다음 접시에 담고 통깨를 뿌려요.

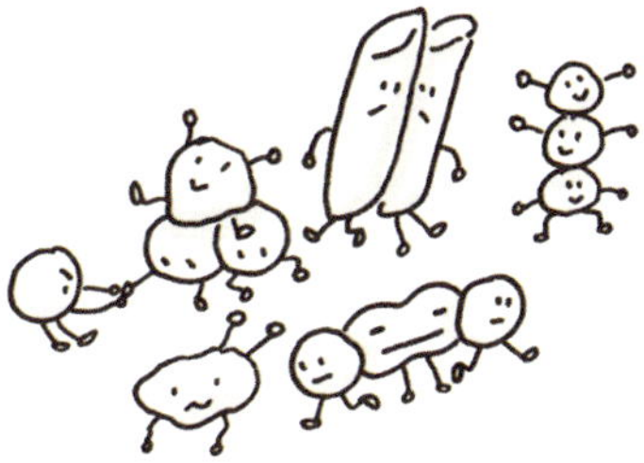

돼지호박 만두

소화 잘되는 만두!
남는 만두피로
수제비까지!

3인분(만두 16개 분량) | 준비 15분 + 조리 20~25분

tip 만두 예쁘게 빚는 방법 QR동영상

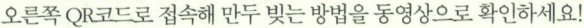

① 만두피를 손바닥에 올려놓고 손끝에 물을 묻혀 만두피 가장자리에 물을 발라요. 그래야 만두피가 찢어지지 않고 잘 붙어요.

② 만두피 한가운데에 만두소를 올려요. 이때 너무 많이 올리면 만두가 잘 다물어지지 않으니 만들며 적절하게 양을 조절하세요.

③ 만두피를 반으로 접은 다음 끝에서부터 주름을 잡으며 꾹꾹 눌러 풀리지 않게 고정해요.

오른쪽 QR코드로 접속해 만두 빚는 방법을 동영상으로 확인하세요!

재 료

- □ 돼지호박 1/2개(200g)
- □ 다진 돼지고기 1컵(150g)
- □ 베이컨 2장 ×
- □ 새송이버섯 1개
- □ 대파 2대(40cm)
- □ 만두피 1팩(270g)

×
일반적으로 판매되는 다진 돼지고기는 지방이 적은 부위이므로, 베이컨을 약간 넣으면 훈연향이 나면서 기름기도 섞여 맛이 좋아진다. 없으면 생략 가능

양념
- □ 다진 마늘 1스푼
- □ 굴소스 1스푼
- □ 후추 넉넉히

절임용
- □ 소금 1/4스푼

찍어먹는 소스
- □ 간장 1스푼
- □ 식초 1스푼
- □ 맛술 1/2스푼
- □ 물 1스푼

1 | **돼지호박 절이기** | 돼지호박은 얇게 채 썰고 소금을 넣어 10~15분간 절인 다음 물기를 꼭 짜요.

2 | **재료 손질하기** | 새송이버섯과 베이컨, 대파는 잘게 다져요.

3 | **만두소 만들기** | 넓은 볼에 돼지고기, 베이컨, 새송이버섯, 대파를 넣고 분량의 다진 마늘, 굴소스, 후추로 양념해 잘 섞어요.

4 | **만두 빚기** | 만두피 가장자리에 물을 바르고 만두소를 올려 오므린 뒤 주름을 잡으며 만두를 빚어요.

tip / 만두 예쁘게 빚는 법은 왼쪽 QR 동영상 확인!

5 | **만두 찌기** | 냄비에 물을 나지막이 붓고 김이 오르면, 찜기에 만두를 서로 달라붙지 않게 올린 뒤 냄비에 넣고 뚜껑을 덮은 채 중불에서 10분간 쪄요.

6 | **찍어먹기** | 왼쪽 분량의 소스를 만들어 맛있게 찍어 먹어요.

tip

알뜰하게 비운다, 만두피 수제비

수제비는 반죽을 무심하게 뜯어 끓이면 되니 어려운 요리는 아니지만, 반죽을 일부러 만드는 건 쉬운 일이 아니에요. 돼지호박 만두를 만들고 남는 만두피가 있다면 뜯어서 수제비를 만들어보세요. 반죽이 얇아서 후루룩 잘 넘어가요.

알뜰하게
후루룩!

재료 | □ 돼지호박 1/4개 □ 양파 작은 것 1/2개 □ 대파 1대(20cm)
□ 식용유 3스푼 □ 소금 2꼬집 □ 만두피 8~10장 □ 멸치육수 4컵
□ 국간장 1스푼 □ 어묵 8조각 × □만두 × □ 후추 약간
× 어묵과 만두는 생략 가능

만드는 법 |
① 돼지호박과 양파는 채 썰고 대파는 송송 썰어요.
② 팬에 식용유를 두르고 채 썬 돼지호박과 양파를 넣고 소금, 후추로 간해서 중불에 2~3분간 볶아요.
③ 멸치육수에 국간장과 어묵을 넣고, 육수가 끓으면 만두피를 뜯어 넣고 만두까지 넣어 센불에서 5분간 끓여요. 마지막에 볶은 돼지호박과 대파를 올리고 후추를 약간 뿌리면 완성.

단호박죽

단호박 너마저...
속편한 달콤죽!
찬밥을 넣어 끓이면
하루 내내 든든!

2~3인분 | 조리 20분

재료

- □ 단호박 1/2개(400g)
- □ 찬밥 1/2~1컵
- □ 물 3컵
- □ 설탕 1+1/2~2스푼 ×
- □ 소금 1/3스푼
- □ 견과류 약간

×
설탕 1+1/2스푼은 많이 달지 않으니, 달달한 것을 원하면 2스푼까지 넣는다.

1 | **재료 손질하기** | 단호박은 전자레인지에 5분 정도 돌린 다음 껍질을 벗겨 사방 2cm 정도크기로 자르고, 견과류는 잘게 다져요.

tip / 단호박은 1개(900g) 기준으로 전자레인지에 5분 정도 돌리면 딱딱한 껍질을 손질하기 쉬워진다. 그냥 자르면 단단해서 위험!

2 | **끓이기** | 냄비에 단호박과 물, 소금, 설탕을 넣고 단호박이 푹 익도록 10분 정도 끓여요.

tip / 단호박을 삶을 때 소금을 넣어야 간도 맞고 단맛이 맛있게 살아난다.

3 | **마무리하기** | 단호박이 익으면 찬밥을 넣고 밥알이 퍼지도록 끓여요. 그런 다음 블랜더로 곱게 갈거나 단호박을 으깨서 기호에 맞게 설탕을 넣고 다진 견과류를 넣어 섞어요.

tip / 완전히 부드럽게 갈아서 먹을 경우 밥은 1/2컵이 적당, 밥알이 살아있게 먹으려면 1컵까지 OK

돼지호박 피자

밀가루 도우 대신
돼지호박 도우로
다이어트와 건강을
잡는다!

2~3인용(지름 20cm 2판) | 조리 25분

tip 애호박과 주키니호박, 어떻게 다를까?

애호박은 찌개, 부침, 볶음 등에 널리 사용되는 친숙한 재료로 단맛이 나고 과육이 연해요. 주키니 호박은 애호박보다 크고 통통해서 돼지호박이라고도 불리는데, 애호박에 비해 단맛이 덜하고 약간 쓴맛이 나서 전이나 볶음보다는 찌개나 국에 넣어 먹는 것이 보통입니다. 애호박보다 수분이 적어 베이킹에 활용하기에도 좋아요.

재료

도우
- ☐ 돼지호박 1개(250g)
- ☐ 소금 1/2스푼
- ☐ 파마산 치즈가루 3스푼 ×
- ☐ 부침가루 2스푼
- ☐ 달걀 1개

×
없으면 생략 가능, 평소 피자 시키면 주는 파마산 치즈가루를 모아서 사용해도 OK

토핑
- ☐ 피자치즈 1봉(100g)
- ☐ 체다슬라이스 치즈 2장
- ☐ 소시지 2개
- ☐ 양파 1/2개
- ☐ 토마토소스 2스푼
- ☐ 청경채 1송이
- ☐ 옥수수통조림 2스푼
- ☐ 토핑용 쪽파 1~2줄기
- ☐ 토마토 1개

××
청경채, 옥수수, 쪽파 같은 재료는 냉장고 속 자투리 재료로 대체 가능. 토핑재료는 함께 볶아서 사용

1 | **재료 손질하기** | 양파와 청경채는 채 썰고 토마토는 0.5cm 두께로 모양을 살려 썰거나 작게 다져요. 소시지는 껍질을 벗기고 동글동글하게 썰어요. 팬에 식용유를 두르고 센불에서 3분 정도 재료를 함께 볶아 접시에 덜어둬요.

tip / 토마토도 살짝 구우면 단맛이 살아난다.

2 | **돼지호박 절이기** | 돼지호박은 얇게 채 썰어 소금(1/2스푼)을 넣고 살살 버무린 다음 10분 정도 뒀다가 한 주먹씩 쥐고 물기를 꼭 짜요.

3 | **도우 반죽하기** | 물기를 제거한 돼지호박에 파마산 치즈가루, 부침가루, 달걀을 넣고 잘 섞어 반죽해요.

tip / 파마산 치즈가루는 피자 시키면 주는 걸 모아뒀다 사용하면 OK

4 | **도우 굽기** | 팬에 식용유를 약간 두르고 반죽의 1/2을 얇게 펴서 깔아요. 그런 다음 뚜껑을 닫고 약불에서 2분간 굽고 뒤집어서 뚜껑 열고 3분간 구워요.

tip / 처음부터 끝까지 약불로 구워야 타지 않는다. 화력이 집집마다 다를 수 있으니 도우가 노릇해질 정도로 시간을 조절한다.

5 | **토핑 올리기** | 노릇하게 구운 돼지호박 도우에 토마토 소스를 펴 바르고, 체다 슬라이스 치즈를 한 장 올려요. 그런 다음 볶은 채소→소시지→피자치즈→통조림 옥수수 순서로 토핑해요.

tip / 두 장 분량이니 절반만 올린다.

6 | **마무리하기** | 팬 뚜껑을 닫고 약불에서 4~5분 정도 치즈를 녹인 다음, 토핑용 쪽파를 뿌려 마무리해요.

tip / 도우만 굽고 재료를 올려 전자레인지에 4분 정도 돌리면 훨씬 간편하다. 반면에 도우 중간부분이 눅눅해져 조각내면 축 늘어져 먹기 불편한 단점이 있다.

TOP 14

냉파가 시급한 식재료 달걀

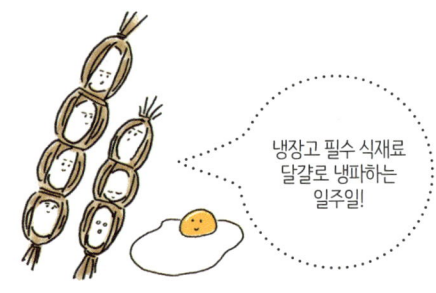

냉장고 필수 식재료
달걀로 냉파하는
일주일!

냉장고에 어느 정도 챙겨두지 않으면 떨어질까봐 불안한 달걀! 식사메뉴가 막막할 때 달걀처럼 도움이 되는 식재료도 없지요. 한 번쯤은 달걀을 활용해서 일주일 냉파에 도전해보세요. 달걀은 **완전식품**이라고 말할 정도로 영양이 골고루 들어있고, 특히 **좋은 단백질**이 많아 남녀노소 모두에게 좋아요. 달걀프라이처럼 쉬운 냉파 레시피부터 시작해볼까요?

Key word

#냉장고 필수 식재료
#완전식품 #단백질
#근육강화 #다이어트
#노화방지

달걀 고르는 법

① 껍질이 너무 반들반들하지 않고 거친 것
→ 오래된 달걀은 껍질이 마모되어 반들거려요.
② 포장의 산란일자가 최근인 것
③ 껍데기가 단단하고 크기가 너무 크지 않은 것
→ 어린 닭이 낳은 달걀일수록 껍데기가 단단하고 내용물의 탄력성과 점도가 상대적으로 높으며 크기가 작아요.

달걀 보관법

① 뾰족한 부분이 아래로 가게 보관한다.
→ 납작한 부분에는 공기층이 있어 뾰족한 부분이 더 단단해요.
② 밀폐용기에 넣어 냉장보관한다.

달걀 손질법

노른자와 흰자 쉽게 분리하는 방법

① 납작한 그릇에 달걀을 깨놓고, 빈 페트병을 누른 뒤 입구를 노른자에 갖다 댄다. 누르고 있던 손에 힘을 빼면 노른자만 안으로 쏙 빨려 들어간다.
② 뒤집개를 볼에 걸치고 그 위에서 달걀을 깨면, 흰자는 아래로 흘러내리고 노른자만 뒤집개 위에 남는다.

1주일 냉파 식단 & 식비 예산

구매시기와 구매처에 따라 금액에 차이가 있으므로, 평균가로 잡았습니다.
모든 식재료가 다 있을 필요는 없습니다. 냉장고 속 재료만으로도 충분히 맛을 낼 수 있어요.

월 노른자장 & 흰자오믈렛

- □ 달걀 30구 ₩7,000

월요일 식비 ₩7,000

화 달걀말이

화요일 식비 무지출 ₩0

수 달걀볶음밥

- □ 대파 1봉 ₩2,000

수요일 식비 ₩2,000

목 달걀 프리타타

- □ 고구마 1상자(5kg) ₩15,000
- □ 방울토마토 1팩(1kg) ₩6,000
- □ 비엔나소시지 1봉 ₩2,000
- □ 우유 1L ₩2,500

목요일 식비 ₩25,500

금 폭탄 달걀찜

금요일 식비 무지출 ₩0

주말 특식 삶은 달걀 파스타

- □ 스파게티면 1봉 ₩1,800
- □ 깻잎 1봉 ₩1,700

주말 식비 ₩3,500

3~4인 가족 1주일 평균 식비 ₩200,000 — **달걀 1주일 예상 식비** ₩38,000 = **1주일 식비** ₩162,000 (절감 효과)

노른자장

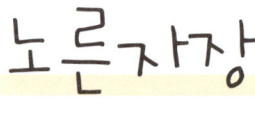

노른자 하나 건져
버터+밥 위에 올리면
후다닥
아침 밥상 완성!

4~5인분 | 조리 5분

재 료

□ 달걀 8개
□ 볶음간장 1컵 ×

×
간장 1/2컵 + 맛술 1/2컵으로 대체 가능. 볶음간장 만드는 법은 46쪽 참고

1 | **노른자, 흰자 분리하기** | 노른자가 터지지 않도록 조심하면서 달걀의 노른자와 흰자를 분리해요.

tip / 노른자, 흰자 분리법은 236쪽 참고

2 | **숙성시키기** | 노른자만 용기에 담고 볶음간장을 부어 반나절에서 하루 정도 숙성시켜요.

3 | **마무리하기** | 숙성이 끝난 노른자장을 뜨거운 밥에 올리고 통깨, 참기름을 뿌려 비벼먹어요.

tip / 가능하면 이틀 내로 먹는 것 추천. 이틀이 지나면 간장의 염도 때문에 노른자가 약간 젤리처럼 돼버린다.

흰자 오믈렛

노른자장 만들고
남은 흰자로 바삭 촉촉한
건강 오믈렛 만들기!

1~2인분 | 조리 8분

재 료

- ☐ 달걀흰자 8개
- ☐ 피자치즈 1/2컵(50g)
- ☐ 식용유 2스푼

×
취향에 따라 참치, 애호박, 양파, 대파 페이스트 등을 준비해 살짝 볶아 함께 곁들여도 OK

1 | **거품 내기** | 달걀흰자를 거품기로 뽀얗게 거품이 나게 재빨리 풀어요.

2 | **부치기** | 식용유를 두르고 달걀흰자를 부어 약불에서 천천히 익혀요.

tip / 봉긋하게 부풀어오르는 부분은 터뜨려 균일하게 만든다.

3 | **마무리하기** | 달걀흰자가 반 정도 익으면 피자치즈를 골고루 뿌리고, 오믈렛 한쪽을 반쯤 접어 치즈가 녹을 때까지 약불로 익히거나 뚜껑을 덮어 치즈를 녹여요.

tip / 94쪽에서 만든 대파 페이스트를 뿌리면 영양+스타일링 완성!

달걀말이

재료와 방법에 따라
무궁무진하게
변신하는
달걀말이!

2~3인분 | 조리 15분

tip 일본식 달걀말이 샌드위치(타마고 샌드)

재료 | □ 달걀 4개 □ 체다 또는 모짜렐라 슬라이스 치즈 2장 □ 소금 1/5스푼 □ 마요네즈 1+1/2스푼 □ 맛술 1스푼 □ 우유 3스푼 □ 식빵 2장 □ 버터 1/3스푼(10g)

만드는 법 |

① 달걀에 소금, 맛술, 우유를 넣고 곱게 풀어 버터를 두른 팬에 약불에서 식빵 크기로 큼직하게 말아 부쳐내요.

② 식빵 2장은 한 면에만 마요네즈를 넉넉하게 펴 발라요. 이때 와사비를 약간 섞으면 개운한 맛이 나요.

③ 식빵의 마요네즈 바른 면에 슬라이스 치즈를 얹고 달걀말이, 슬라이스 치즈를 얹어요.

④ 마요네즈 바른 면이 속으로 들어가도록 덮고 원하는 모양으로 잘라요.

재 료

- □ 달걀 4개
- □ 소금 1/5스푼
- □ 설탕 2꼬집 ×
- □ 청주 1스푼 ×
- □ 마늘종 약간 ××

×
설탕 2꼬집, 청주 1스푼은 맛술 1스푼으로 대체 가능

××
마늘종은 소금 넣은 물에 데치거나 기름에 살짝 볶아서 준비. 게살이나 햄, 기름 뺀 참치, 명란 등을 넣어도 OK

1 | **달걀 풀기** | 달걀에 소금, 설탕, 청주를 넣고 곱게 풀어요.

tip / 체에 한 번 내리면 더 부드러운 달걀말이를 만들 수 있다.

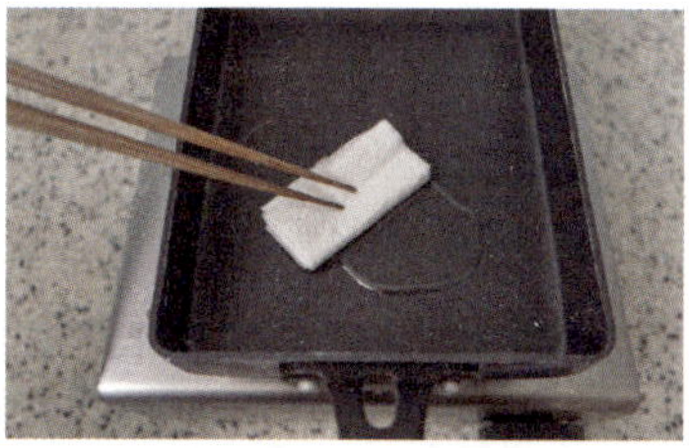

2 | **기름 코팅하기** | 달걀말이팬에 식용유를 한 스푼 정도 두르고, 키친타월로 팬 구석구석 옆면까지 닦아요.

tip / 기름이 너무 흥건하지 않게 식용유로 팬을 코팅하는 정도면 OK

3 | **달걀 말기** | 약불에서 달군 팬에 달걀물을 1/5 정도 부어요. 달걀물이 반쯤 익으면 소금물에 데친 마늘종을 손잡이 쪽에 놓고 천천히 말아요.

tip / 불은 처음부터 끝까지 약불을 유지해야 밑면이 노릇하게 되지 않고 예쁜 색의 달걀말이를 만들 수 있다. 마늘종 외에도 다양한 재료로 활용 가능

4 | **달걀 이어말기** | 돌돌 만 달걀말이를 손잡이 쪽으로 당기고, 다시 달걀물을 붓고 마는 작업을 반복해요.

tip / 이음새 부분이 잘 붙을 수 있도록 신경 쓴다.

5 | **모양 잡기** | 완성된 달걀말이를 김발에 말아 모양을 잡고 살짝 식힌 다음 썰어요.

tip 고급스러운 달걀말이는 전용팬으로!

달걀말이를 많이 하는 집이라면 전용팬을 사용하는 게 좋아요. 일반 팬은 양념이 강한 요리를 많이 하다보면 코팅이 점점 약해지는데, 이런 현상을 팬이 '간을 먹는다'고 해요. 이런 팬으로는 달걀말이나 지단을 예쁘게 부치지 못해요. 또 네모난 팬 모양이 달걀말이 모양을 잡는 것도 도와주므로 전용팬이 여러모로 편리해요.

달걀볶음밥

밥과 달걀만
있으면 OK!
달걀볶음밥 최고의
레시피!

2인분 | 조리 10분

tip 실패하지 않는 볶음밥 만들기

① 밥알이 으깨져 뭉그러지지 않도록 주걱을 세워 자르듯이 볶아요.

② 기름을 밥에 코팅한다는 생각으로 볶으면 더 맛있어요.

tip / 아예 밥에 기름을 넣어 살살 버무려 사용해도 좋다.

③ 찬밥을 사용해요.

tip / 즉석밥이 있다면 전자레인지에 돌리지 말고 그대로 사용한다.

tip 달걀볶음밥의 포인트!

① 대파향을 낸 기름

② 웍 가장자리로 둘러 불맛 나는 간장

③ 밥에는 간장, 달걀에는 소금간!

재료

- □ 밥 2공기
- □ 달걀 3개
- □ 대파 1대(12~15cm)
- □ 식용유 6스푼

밥 양념

- □ 간장 2스푼

달걀 양념

- □ 소금 1/4스푼

1 | **달걀 풀기** | 달걀에 소금을 넣고 젓가락이나 거품기로 잘 풀어요.

2 | **대파 볶기** | 대파는 길게 반으로 갈라 0.5~1cm 두께로 썰어요. 뜨겁게 달군 웍이나 팬에 식용유(5스푼)를 두른 뒤 대파를 넣고 중불에서 볶아 대파향을 내요.

3 | **볶기** | 밥과 새우를 넣고 밥알에 식용유가 코팅되도록 주걱으로 밥알을 자르듯이 섞어 볶아요.

tip / 햄, 베이컨 등 자투리 재료가 있으면 함께 볶아도 OK

4 | **양념하기** | 밥알이 전체적으로 코팅되면, 뜨거운 웍 가장자리에 간장을 두르고 밥과 잘 섞이도록 볶아요.

tip / 뜨거운 웍 가장자리로 간장을 두르면 끓으면서 약간 불맛이 난다.

5 | **마무리하기** | 밥알에 간장 양념이 전체적으로 잘 배면 도넛 모양으로 가운데를 비우고 식용유(1스푼)를 더 넣어요. 그런 다음 풀어둔 달걀물을 붓고 스크램블하듯 익히다가 밥과 섞어서 밥알에도 달걀물이 코팅되도록 볶아요.

인증샷 | **'새우초밥'님의 달걀볶음밥** |

평소라면 팬째로 그냥 먹었을 달걀볶음밥이지만, 예쁘게 담는 것만으로도 더 대접받는 느낌이 들어 좋은 것 같아요. 유명 캐릭터 모양으로 만든 '새우초밥'님처럼, 귀여운 볶음밥에 눈코입을 만들어보면 어떨까요?

달걀 프리타타

간식으로도,
한끼 식사로도
든든한
이탈리아식 오믈렛!

1~2인분 | 조리 20분

tip 수비드 방식으로 만드는 달걀 오믈렛

191쪽에서 소개한 저온조리법 수비드 방식으로도 쉽게 달걀 오믈렛을 만들 수 있어요. 오믈렛에 넣을 채소를 살짝 볶아 소금을 넣고 푼 달걀과 함께 지퍼백에 넣어요. 지퍼백을 보온으로 해둔 전기밥솥에 뜨거운 물과 함께 넣은 뒤 15~30분이 지나면 촉촉한 오믈렛이 완성돼요. 물론 팬에 직접하면 훨씬 빨리 만들 수 있지만 바쁠 때는 그 잠깐도 아쉬울 때가 있죠. 전날 지퍼백에 오믈렛 재료를 넣어 준비해 냉장고에 넣어뒀다가 꺼내서 수비드 방식으로 조리하면 안전하고 편리해요. 바쁜 아침, 밥솥에 넣어두고 마음 편히 준비하세요.

재 료

- □ 달걀 3개
- □ 고구마 작은 것 1/2개
- □ 방울토마토 3개
- □ 당근 약간
- □ 비엔나 소시지 5~6개
- □ 마늘종 1대(20cm)
- □ 우유 3스푼
- □ 파마산 치즈가루 1스푼
- □ 버터 1/3스푼(10g) 또는 식용유 1스푼

토핑 ×

- □ 파마산 치즈가루 약간
- □ 파슬리가루 약간

×
없으면 둘 다 생략 가능

1 | **재료 손질하기** | 방울토마토는 반으로 자르고 고구마는 얇게 슬라이스하거나 채 썰어요. 당근은 잘게 다지고 마늘종은 0.5cm 길이로 썰어요. 비엔나 소시지는 얇게 칼집을 넣어둬요.

2 | **채소 볶기** | 달군 팬에 버터 또는 식용유를 두르고 고구마, 당근, 마늘종을 넣어 중불에서 3분간 볶아요.

tip / 취향에 따라 마늘종 대신 시금치 등 다른 채소를 넣어도 OK

3 | **달걀 풀기** | 달걀에 우유와 파마산 치즈가루(1스푼)를 넣고 잘 푼 다음 2의 팬에 부어요.

tip / 파마산 치즈가루는 피자 시키고 받은 걸 사용하거나, 없으면 생략 가능

4 | **익히기** | 달걀물이 살짝 익기 시작하면 스크램블을 만들 듯 젓가락으로 한 번 저어요. 그런 다음 소시지와 토마토를 예쁘게 얹고, 뚜껑 또는 호일을 덮어 약불로 6~7분 정도 익혀요.

5 | **마무리하기** | 달걀이 다 익으면 파마산 치즈가루와 파슬리가루를 토핑해요.

인증샷

| **'하요비'님과 '나는야옹'님의 달걀 프리타타** |

일반 오믈렛과 맛은 비슷하지만 훨씬 만들기도 편하고 모양도 잡혀있어 먹기도 편해요. 보통은 달걀 프리타타에 시금치를 넣는 경우가 많으니, 꼭 여기 나온 재료가 아니더라도 자투리 채소를 적극적으로 활용해보세요.

폭탄 달걀찜

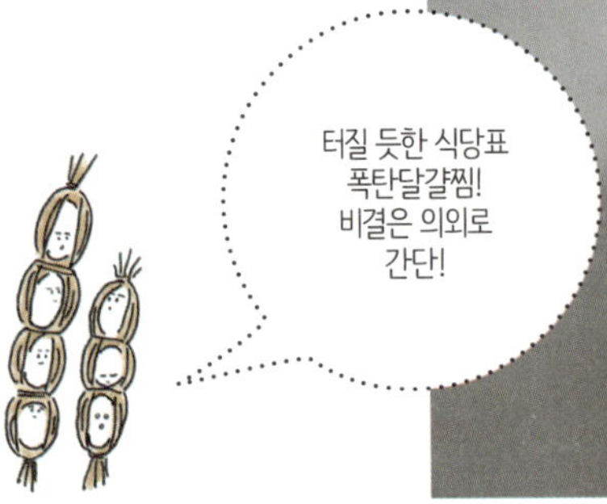
터질 듯한 식당표
폭탄달걀찜!
비결은 의외로
간단!

달걀 4개 | 조리 10분

재 료

- □ 달걀 4개
- □ 새우젓 1/3스푼 ×
- □ 설탕 1/4스푼 ××
- □ 물 1/3~1/2컵 ×××
- □ 마요네즈 1/3스푼

×
소금 1/4스푼으로 대체 가능

××
설탕을 넣으면 달걀이 잘 부푼다.

×××
다시마나 멸치육수를 넣어도 OK. 촉촉한 달걀찜을 원하면 물을 1/2컵 더 넣기

- □ 통깨 약간
- □ 참기름 약간

1 | **달걀 풀기** | 달걀에 다진 새우젓과 설탕을 넣고 잘 풀어요.

tip / 새우젓은 국물만 넣거나 다져서 넣고, 명란젓을 사용할 경우 알만 긁어서 사용. 명란젓을 쓰면 새우젓이나 소금 양을 줄이거나 안 넣어도 OK

2 | **익히기** | 뚝배기에 분량의 물을 붓고 마요네즈를 넣고 잘 저은 다음 끓으면 풀어둔 달걀물을 부어요. 뚝배기 바닥과 가장자리가 타지 않도록 숟가락으로 긁어가며 익혀요.

tip / 달걀물은 뚝배기의 70~80% 정도까지만 붓기

3 | **찌기** | 달걀이 80% 정도 익으면 통깨를 약간 뿌리고, 달걀이 잘 부풀어오르도록 그릇을 거꾸로 덮은 뒤 약불로 줄여 2~3분 정도 익혀요. 그릇을 빼고 참기름과 통깨를 약간 뿌려요.

달걀 파스타

시판 소스가 떨어져도
파스타 면만 있으면 OK!
대파 페이스트
200% 활용!

2인분 | 조리 15분

재 료

☐ 스파게티면 한 줌(180g)

면 삶는 물
☐ 물 10컵
☐ 소금 2스푼

소스
☐ 삶은 달걀 2개
☐ 깻잎 1/2장
☐ 마늘 2알 ×
☐ 올리브유 12스푼
☐ 면 삶은 물 5스푼
☐ 후추 약간
☐ 대파 페이스트 2스푼 ××

×
다진 마늘 2/3스푼으로 대체 가능
××
없으면 생략 가능

1 | **달걀 소스** | 삶은 달걀과 마늘, 깻잎을 잘게 다지고 올리브유와 대파 페이스트를 넣어서 잘 섞어요.

tip / 대파 페이스트 만드는 법은 94쪽 참고

2 | **면 삶기** | 끓는 물에 소금을 넣고 스파게티면을 넣어서 포장지에 적힌 시간대로 삶아요.

tip / 보통 10분 정도 삶으나, 제조사에 따라 조금씩 차이가 있으니 확인 후 삶기

3 | **마무리하기** | 달걀 소스에 면 삶은 물과 삶은 스파게티면을 넣고 잘 버무린 다음 후추를 약간 뿌려 마무리해요.

tip / 만들어둔 버섯볶음이나 어묵볶음 같은 것이 있다면 같이 넣고, 피자 시키고 받은 파마산 치즈가루를 뿌려도 OK

TOP
15

냉파가
시급한
식재료

해산물

냉동실에서
진한 바다향을
느껴보세요!

큰마음 먹고 샀다가도 상할 새라 그대로 냉동실로 직행해 까맣게 잊히기 쉬운 해산물. 싱싱할 때 먹는 게 가장 좋지만 이제 더 시간이 지나기 전에 꺼내서 냉파하고, 앞으로는 그때그때 해치우도록 해요. **오징어와 새우에는 피로회복제에도 들어있는 타우린**이 풍부해 피로를 풀어주고, **명란젓은 피부를 탱탱하게** 해줘요. **생합과 주꾸미는 콜레스테롤을 줄여줘서 동맥경화도 예방**해준답니다. 그러니 해산물도 잊지 말고 한 번씩 꼭 챙겨 먹읍시다.

해산물 고르는 법

① 가능하면 살아있는 것
② 색이 선명하고 눈이 맑은 것
③ 전체적으로 늘어지지 않고 탄력이 있는 것

해산물 보관법

① 곧 먹을 재료는 밀폐용기에 담아 냉장보관한다.
② 손질한 다음 물기를 제거해 냉동보관한다.

해산물 손질법

해산물별 자세한 손질법은 각 레시피를 확인한다.

Key  word

#1년 내내 다른재료
#오징어, 새우는 타우린 #피로회복
#고혈압완화 #노화방지엔 명란
#콜레스테롤감소엔 주꾸미
#동맥경화 없애는 생합

1주일 냉파 식단 & 식비 예산

구매시기와 구매처에 따라 금액에 차이가 있으므로 평균가로 잡았습니다.
모든 식재료가 다 있을 필요는 없어요. 냉장고 속 재료만으로도 충분히 맛을 낼 수 있습니다.

월 **명란젓 순두부국**

□ 명란젓 1팩	₩6,000
□ 순두부 1팩	₩1,400
월요일 식비	**₩7,400**

화 **매콤 오징어볶음**

□ 오징어 3마리	₩5,100
□ 양파 1kg	₩3,000
□ 마늘 1봉	₩1,000
화요일 식비	**₩9,100**

수 **생합 된장국**

□ 생합 또는 바지락 1봉	₩2,300
수요일 식비	**₩2,300**

목 **새우 오일요리 감바스**

□ 새우 1상자	₩10,000
목요일식비	**₩10,000**

금 **칠리깐풍새우**

□ 새우 1상자	₩10,000
□ 대파 1봉	₩2,000
금요일식비	**₩12,000**

주말특식 **주꾸미 샤브샤브**

□ 주꾸미 10마리	₩7,000
□ 양배추 1통	₩5,000
□ 미나리 1봉	₩3,000
□ 팽이버섯 1봉	₩600
주말식비	**₩15,600**

3~4인 가족 1주일 평균 식비 ₩200,000 — **해산물 1주일 예상 식비** ₩56,400 = **1주일 식비** ₩143,600 (절감효과)

명란젓 순두부국

피부탱탱 명란효과!
고단백 영양식
10분이면 완성!

2인분 | 조리 15분

재 료

- □ 명란젓 1쌍
- □ 순두부 1/2봉
- □ 떡볶이떡 1컵(150g) ×
- □ 쪽파 1줄기
- □ 참기름 약간

×
떡볶이떡은 한입크기로 잘라 물에 10분 정도 불리기. 떡국떡도 OK

육수

- □ 멸치육수 2컵
- □ 물 1컵

1 | **재료 손질하기** | 쪽파는 송송 썰고 명란젓은 1cm 정도 폭으로 썰어요.

tip / 명란젓을 너무 작게 썰면 끓을 때 모양이 다 흩어져서 국물이 지저분해진다.

2 | **끓이기** | 냄비에 멸치육수와 물을 넣고 중불에 끓여요. 육수가 끓으면 명란젓과 떡볶이떡을 넣고 떡이 익어서 떠오를 때까지 중불로 끓여요.

순두부

3 | **마무리하기** | 떡볶이떡이 완전히 익으면 순두부 1/2봉을 듬성듬성 잘라 넣고 중불에서 5분간 끓여요. 부족한 간은 소금이나 국간장으로 맞추고, 그릇에 담은 뒤 쪽파를 올리고 참기름을 한두 방울 떨어뜨려요.

tip / 떡을 넣지 않고 맑게 끓여도 좋고, 콩나물을 넣어 해장국으로 끓여도 맛있다.

tip

새우 & 주꾸미 손질법 QR동영상

1. 새우 손질법

① 머리를 떼어내요.

② (등껍질 제거) 새우 등 세 번째 마디 껍질을 잡고 머리쪽으로 잡아당기면 쭉 벗겨져요.

③ (꼬리쪽 껍질 제거) 용도에 따라 한 마디 정도 남기고 껍질을 다 벗겨요.

④ (물통 제거) 꼬리 끝의 뾰족한 물통에 물이 들어있어서 그대로 튀기면 기름이 튀어 다칠 수 있으니 꼭 제거해요.

아래 QR코드로 접속해 새우 손질법을 영상으로 확인하세요.

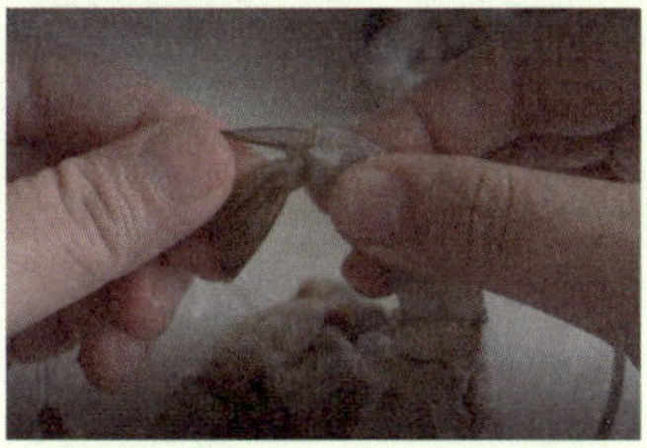

2. 주꾸미 손질법

① 눈과 다리 사이를 가위로 잘라요.

② 주꾸미 다리를 벌려 자른 부분을 꾹 누르면 입이 튀어나와요. 입은 제거해요.

③ 주꾸미 눈도 가위로 잘라 제거해요.

④ 가위로 머리부분을 반으로 갈라 뒤집은 다음 내장을 뜯어내 제거해요.

⑤ 밀가루와 소금을 넣고 주물러 씻은 다음 맑은 물이 나올 때까지 깨끗이 헹궈요.

아래 QR코드로 접속해 주꾸미 손질법과 258쪽의 주꾸미 샤브샤브를 동영상으로 확인하세요.

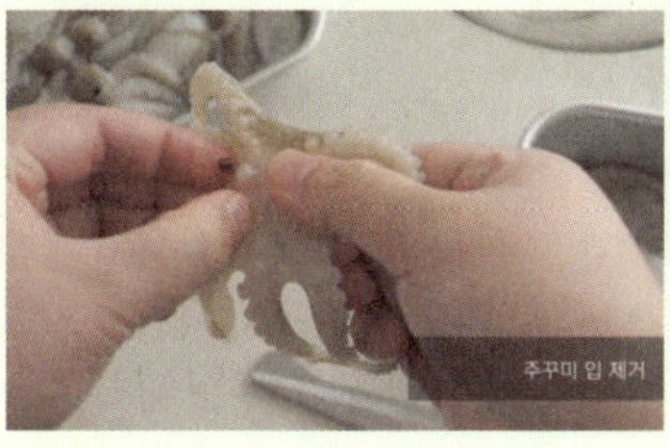
주꾸미 입 제거

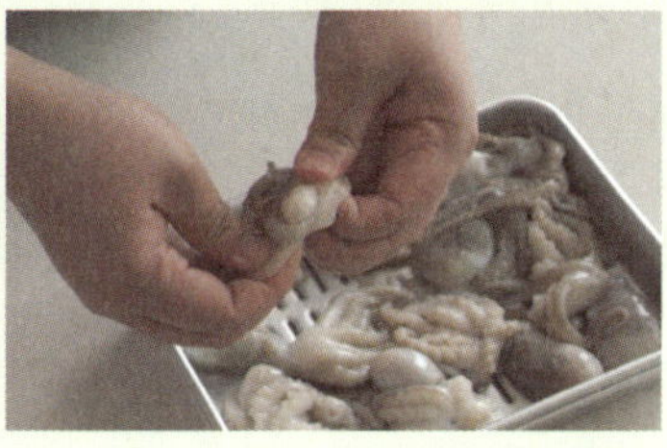

매콤 오징어볶음

성공률 100%!
오삼불고기로도
변신 가능!

3~4인분 | 조리 20분

tip 맛있는 오징어볶음을 만들려면 뒤적이기 NO!

오징어볶음을 할 때 너무 자주 뒤적이면 물이 많이 생겨요. 채소를 볶은 뒤 센불로 올려 오징어를 넣고 타지 않을 정도로만 간간히 뒤적이면서, 양념이 약간 꾸덕해지도록 센불로 빨리 볶아내는 게 좋아요. 오래 볶으면 오징어가 질겨지고 국물도 많이 나와 맛이 없어요. 대패삼겹살이나 차돌박이처럼 얇은 고기는 오징어랑 같이 볶고, 조금 두꺼운 고기는 미리 구워 오징어와 함께 볶으면 오삼불고기로도 먹을 수 있어요.

인증샷 | '알뜰살뜰한새댁'님의 오징어볶음 |

주말 낮, 남편이 만들어준 오징어볶음에 떡과 콩나물이 들어가 더 취향에 맞았다고 해요. 너무 맛있어서 저녁에 또 해먹은 건 안 비밀! 여러분도 '알뜰살뜰한새댁'님네처럼 떡을 넣어 먹거나 취향에 맞는 채소를 곁들여보세요.

재 료

□ 오징어 작은 것 3마리 ×
(몸통이 손바닥만 한 크기)
□ 양파 1개
□ 마늘 5알
□ 식용유 4스푼
□ 통깨 약간
□ 꽈리고추 8~10개 ×

×
없으면 생략 가능

오징어 밑간
□ 청주 2스푼
□ 후추 약간

양념
□ 고추장 3스푼
□ 간장 2스푼
□ 올리고당 2스푼
□ 설탕 1/2스푼
□ 고춧가루 1스푼
□ 다진 마늘
1+1/2스푼 ×××
□ 굴소스 1/2스푼
□ 참기름 1/2스푼
□ 후추 약간

×××
마늘 2~3알을 다져서 사용해도 OK

1 | **양념장 만들기** | 분량의 양념재료를 모두 섞어 양념장을 만들어요.

tip / 재료들이 잘 어우러질 수 있도록 양념장을 미리 만들어두고 다른 재료 손질

2 | **오징어 손질하기** | 오징어는 배를 갈라 내장과 투명한 연골을 제거하고 깨끗이 씻어요. 그런 다음 배 안쪽에 비스듬하게 십자모양으로 칼집을 내고 한입크기로 잘라요.

3 | **오징어 밑간하기** | 손질한 오징어에 청주, 후추를 넣고 잘 버무려 10분 정도 두세요.

4 | **채소 손질하기** | 양파는 굵직하게 채 썰고 꽈리고추는 꼭지를 떼어낸 다음 큼직하게 어슷 썰어요. 마늘은 칼 옆면으로 눌러 으깬 다음 굵게 다져요.

tip / 다진 마늘도 OK

5 | **양파 볶기** | 팬에 식용유를 두르고 굵게 다진 마늘을 넣어 중약불에서 30초간 볶아 마늘향을 내요. 그런 다음 굵게 썬 양파를 넣고 가장자리가 투명해질 때까지 볶아요.

6 | **볶기** | 양파가 나긋해지면 만들어둔 양념장을 넣고 살짝 볶은 다음, 밑간한 오징어와 꽈리고추를 넣고 센불에서 볶아요.

tip / 이때 밑간한 청주와 물은 따라 버리고 오징어만 건져넣는다. 볶을 때는 너무 뒤적이지 말고 후다닥 볶기

생합 된장국

바지락 대체 가능!
생합이 입만 벌리면
동맥경화 타파
요리 끝!

2인분 | 조리 5분

재 료

- □ 생합 10마리 ×
- □ 마늘 1개
- □ 송송 썬 쪽파 약간

×
해감하는 법은 302쪽 참고, 바지락으로 대체 시 바지락 1봉(200g, 1+1/2컵)을 해감 후 사용

된장물

- □ 물 4컵
- □ 된장 1스푼 ××

××
시판 된장일 경우 1+1/2~2스푼으로 조절

1 | **된장 풀기** | 냄비에 물을 붓고 된장을 체에 걸러 풀어 넣어요.

2 | **끓이기** | 된장물이 팔팔 끓으면, 생합과 편으로 썬 마늘을 넣고 중간중간 거품을 걷어내며 센불에서 5분간 끓여요.

3 | **마무리하기** | 생합이 입을 벌리면 1분 뒤 불을 꺼요. 국그릇에 담고 송송 썬 쪽파를 조금씩 올려내요.

새우 오일요리 감바스

끓이기만 하면
고급 안주!
냉동실 해산물로
레스토랑 분위기를
즐겨보세요!

1~2인분 | 조리 10분

재 료

- □ 새우(살) 15마리(200g) ×
- □ 마늘 5알
- □ 올리브유 1/2컵 ××
- □ 소금 3꼬집
- □ 후추 약간
- □ 레몬껍질 약간
- □ 대파 2대(10cm)
- □ 페페론치노 또는 청양고추 1/2개 ×××

×
새우 대신 오징어, 문어, 골뱅이도 OK

××
카놀라유, 포도씨유 등으로 대체하거나 섞어서 사용 가능

×××
마늘을 제외한 채소는 생략 가능

1 | **재료 손질하기** | 마늘은 두툼하게 편으로 썰고 대파는 2cm 길이로 썰어요. 새우살은 깨끗이 씻어 물기를 제거해요. 청양고추가 있으면 2~3등분해서 넣고 페페론치노나 청양고추는 반으로 잘라 넣어요.

tip / 새우살의 물기를 제대로 제거하지 않으면 올리브유를 부어 끓일 때 수분층과 기름층이 분리될 수 있으므로 충분히 제거

2 | **끓이기** | 재료가 담긴 냄비나 뚝배기에 올리브유를 붓고 소금, 후추를 뿌린 다음 중약불로 새우가 익을 때까지 끓여요.

tip / 중약불이나 약불에서 은근하게 끓여 마늘, 대파, 새우의 향이 충분히 올라오게 한다.

tip 감바스에 남은 올리브유 활용하기

감바스에 바게트나 빵을 찍어 먹으면 남는 올리브유가 별로 없지만, 혹시 남았다고 해도 걱정하지 마세요. 재료의 향이 배어있으므로 잘 덜어뒀다가 볶음밥 할 때나 버섯 볶을 때, 파스타 만들 때 넣으면 감칠맛을 낼 수 있어요.

칠리깐풍새우

고급 중국요리를
집에서!
외식 틀어막기
1등 공신

2인분 | 조리 25분

tip 새우머리 재활용 – 술안주로도 OK

남은 새우머리는 기름에 자글자글 끓여 건져서 술안주로 먹으면 좋아요. 새우머리를 끓일 때는 기름을 좀 넉넉하게 넣고, 새우머리를 건져낸 뒤에는 따로 담아 보관하세요. 볶음요리를 할 때 새우향이 가득 담긴 새우오일을 사용하면 감칠맛이 더해져 훨씬 풍부한 맛이 나요.

재 료

□ 새우(살) 15마리(350g)
□ 양파 1/4개(40g)
□ 대파 1대(10cm)
□ 떡국떡 1/2컵
□ 전분가루 2스푼
□ 식용유 1스푼

새우 밑간
□ 소금 1/3스푼
□ 후추 약간

소스 ×
□ 고추장 1스푼
□ 간장 2스푼
□ 식초 2스푼
□ 설탕 1+1/2스푼
□ 물 4스푼
□ 올리고당 1스푼
□ 전분가루 1/4스푼

×
이 소스는 양념치킨 소스로 활용해도 좋다. 기존 양념치킨 소스와 똑같은 맛은 아니지만 바삭한 치킨과 궁합 GOOD!

1 | **칠리깐풍소스 만들기** | 분량의 소스재료를 모두 섞어 칠리깐풍소스를 만들어요.

2 | **재료 손질하기** | 양파는 잘게 다지고 대파는 송송 썰고 떡국떡은 물에 한 번 헹궈 준비해요. 냉동 떡국떡의 경우 물에 불려 사용해요.

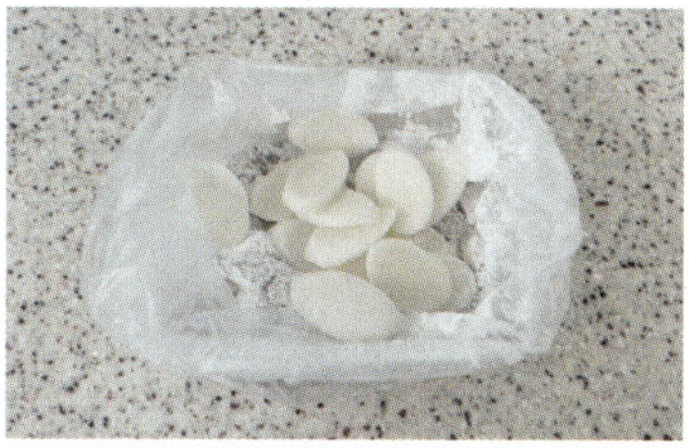

3 | **튀김옷 묻히기** | 새우는 손질해 소금, 후추를 뿌려 10분간 뒀다가 위생비닐에 전분가루와 함께 넣고 흔들어요. 새우에 전분가루가 고루 묻으면 떡국떡을 넣고 다시 한번 흔들어 전분을 묻힌 다음 4~5분 정도 뒀다가 튀겨요.

tip / 재료의 수분에 전분이 촉촉하게 스며들면 튀기기

4 | **튀기기** | 팬에 식용유를 넉넉히 붓고 달궈서 젓가락을 넣었을 때 기포가 뽀글뽀글 생기면 170℃로 알맞은 온도예요. 새우부터 튀기고 온도를 150℃로 낮춰 떡국떡을 튀겨요. 살짝 부풀어 오르면 얼른 건져내요.

tip / 떡이 빵빵하게 부풀면 터지며 기름이 튈 수 있다. 얼른 꺼낼 자신 없으면 패스하고 5단계에서 함께 익히기

5 | **마무리하기** | 팬에 식용유를 두르고 다진 양파와 대파를 중불에서 30초간 볶아요. 여기에 미리 만들어둔 소스를 넣어 잘 섞어요. 소스가 보글보글 끓으면 불을 끄고, 튀긴 새우와 떡을 넣어 버무린 뒤 통깨와 송송 썬 대파를 뿌려서 내요.

주꾸미 샤브샤브

소고기 샤브샤브 대신
바다향 물씬 풍기는
주꾸미 샤브샤브!

2인분 | 준비 15분

tip 샤브샤브의 꽃, 밀푀유 나베!

샤브샤브라고 하면 보통 소고기 샤브샤브를 많이 떠올리지만, 최근에는 보기에도 예쁘고 한번에 끓여내기에 편리해서 집들이 음식으로도 유명한 '밀푀유 나베'가 인기입니다.

만드는 방법은 간단해요. 배추, 깻잎, 고기 순으로 차곡차곡 쌓은 다음 냄비 높이에 맞춰 썰어 준비하고, 냄비 바닥에 숙주, 청경채를 깔고 냄비 높이에 맞게 썰어둔 재료를 냄비에 둥글게 담으면 됩니다. 비어있는 가운데에는 남은 재료와 버섯을 넣고, 집에 있는 육수를 냄비 반 정도 부어 끓여주세요. 채소에서 물이 많이 나오므로 육수를 너무 많이 넣을 필요는 없어요.

밀푀유 나베는 담아뒀을 때 화려하고 예쁜 게 특징이니 미리 냄비에 담아 준비한 다음, 식탁으로 옮겨 끓이면서 함께 먹는 게 가장 좋아요.

재 료

□ 주꾸미 10마리(600g)
□ 양배추 1/8통(200g)
□ 팽이버섯 1/2봉
□ 미나리 20~25줄기
□ 대파 1대(20cm)
□ 칼국수 또는 소면

육수
□ 멸치육수 7컵 ×
□ 국간장 2스푼

×
멸치육수 만드는 법은 52쪽 참고

주꾸미 세척용
□ 밀가루 2스푼

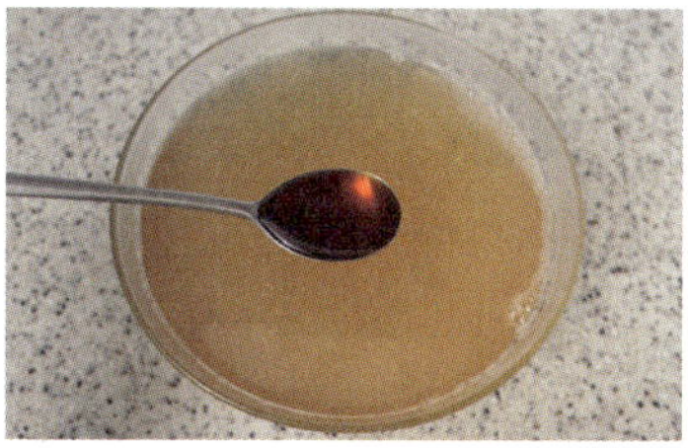

1 | **육수 내기** | 멸치육수에 왼쪽 분량의 국간장을 넣어 간을 맞춰요.

2 | **재료 손질하기** | 양배추는 한입 크기로 잘라 흐르는 물에 헹군 다음 물기를 제거하고, 팽이버섯은 밑동을 제거해요. 미나리는 깨끗이 씻어 4~5cm 길이로 썰고 대파는 어슷 썰어요. 멸치육수를 내고 남은 무가 있으면 한입크기로 잘라요.

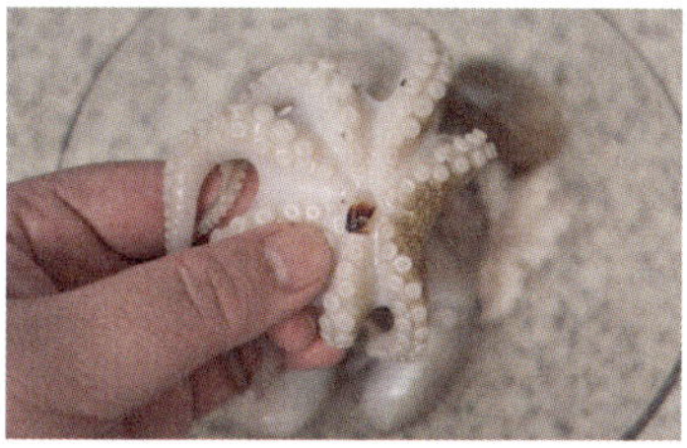

3 | **주꾸미 손질하기** | 주꾸미는 머리와 다리의 연결부위를 자르고, 다리를 뒤집어 자른 단면을 손가락으로 꾹 눌러 이빨을 제거해요.

tip / 자세한 주꾸미 손질방법과 동영상은 251쪽 참고

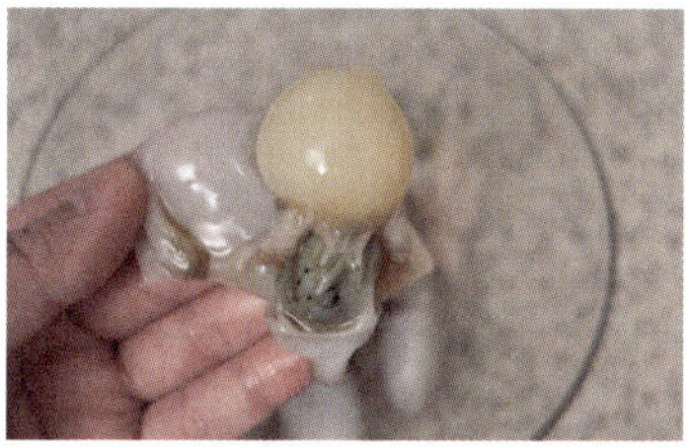

4 | **주꾸미 손질하기** | 머리부분에서 눈을 떼어내고 머리에 가위집을 낸 뒤 뒤집어서 내장과 먹물을 떼어내요.

5 | **주꾸미 씻기** | 손질한 주꾸미에 밀가루를 넣고 바락바락 주물러 씻어요. 맑은 물이 나올 때까지 여러 번 헹군 다음 체에 밭쳐 물기를 빼요.

6 | **마무리하기** | 주꾸미 샤브샤브에 곁들일 초고추장 또는 유자폰즈소스를 만들어요. 준비한 육수에 채소와 주꾸미를 익혀 샤브샤브로 즐기세요.

tip / 찍어먹는 유자폰즈소스는 76쪽 참고

TOP
16

냉파가 시급한 식재료
건어물

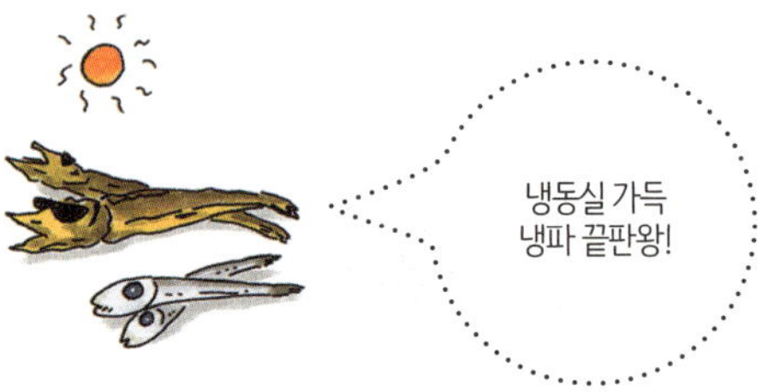
냉동실 가득
냉파 끝판왕!

건어물이야말로 냉파의 보물창고, 냉파의 끝판왕이라고 할 수 있지요. 지금 당장 냉동실을 열어보세요. 멸치, 건새우, 진미채, 황태채 몇 봉지 없는 집이 없을 거예요. 그만큼 오래 보관할 수 있어 좋지만, 동시에 냉동실 뒤편에서 잊히기도 쉬운 식재료가 건어물입니다. 이제 냉장고에서 꺼내 간단하고 맛있는 요리에 활용해보세요. 숙취해소로 익숙한 **황태채는 간 보호**에도 좋고, 명절마다 선물로 들어오는 멸치는 칼슘이 풍부해 **여성들의 골다공증을 예방**해줍니다. 또 물엿으로 달달하게 볶은 진미채는 아이들이 좋아하는 일등 반찬이랍니다.

건어물 고르는 법

① 원산지와 가공지가 가능하면 국산인 것

→ 해외의 건어물 가공환경이 비위생적이라고 여러 번 보도된 바 있어요.

② 유통기한이 넉넉한 것

③ 알레르기에 민감하다면 '소르빈산칼륨'이 첨가되지 않은 것

→ 호흡기 알레르기를 유발할 수도 있다고 해요.

④ 멸치는 비늘이 벗겨지지 않고 은빛으로 반짝이며 눅눅하거나 누렇게 변하지 않은 것

→ 배가 터져있거나 손으로 찢었을 때 진득하고 눅눅한 느낌이 드는 것은 피해요.

건어물 보관법

① 건조된 해조류(미역, 다시마)는 적당한 크기로 잘라 키친타월을 1~2장 정도 함께 넣고 밀봉한 뒤 서늘하고 바람이 잘 통하는 곳에 보관한다. 쥐포, 아귀포 등의 경우 밀봉해서 냉장보관한다.

② 멸치는 구입 후 바로 밀봉해서 냉동하지 말고 머리, 내장 손질 후 마른 팬에 볶아 식힌 다음 밀봉해 냉동보관한다. 또는 접시나 채반에 펼쳐 한 번 더 말린 다음 밀봉해서 냉동보관한다.

건어물 손질법

① 건새우, 볶음멸치는 체에 넣고 흔들어 잔가루를 버리고 사용한다.

② 황태포는 지느러미, 잔가시 등을 제거하고 물을 촉촉하게 뿌려 불린 다음 사용하고, 황태채도 물이나 육수에 불려 물기를 꼭 짜서 사용한다. 황태채 불린 물은 육수로 사용할 수 있다.

③ 미역은 충분한 양의 물에 20분 이상 불려 여러 번 헹궈 이물질을 제거하고 물기를 꼭 짠 후 사용한다. 다시마는 물에 헹구지 않고 젖은 행주로 표면을 닦아 사용한다.

Key  word

#냉동보관 끝판왕 #황태채

#메타오신 #간보호

#숙취해소 #멸치 #칼슘

#골다공증

1주일 냉파 식단 & 식비 예산

구매시기와 구매처에 따라 금액에 차이가 있으므로 평균가로 잡았습니다.
모든 식재료가 다 있을 필요는 없어요. 냉장고 속 재료만으로도 충분히 맛을 낼 수 있습니다.

월 조미 오징어채무침 (간장 반+고추장 반)

□ 조미 오징어채 2봉(400g)	₩13,800

월요일 식비 ₩13,800

화 3종 꼬마김밥 (진미채, 소시지, 닭가슴살)

□ 김밥김 10장	₩2,500
□ 소시지 1팩	₩5,500
□ 닭가슴살 1덩이	₩1,500

화요일 식비 ₩9,500

수 허니버터 멸치볶음 & 황태채 멸치볶음

□ 잔멸치 1봉	₩6,900
□ 멸치 1봉	₩6,900
□ 황태채 1봉	₩7,000
□ 마늘 1봉	₩1,000

수요일 식비 ₩21,800

목 황태뭇국

□ 무 1개	₩2,500
□ 두부 1모(300g)	₩1,300
□ 대파 1봉	₩2,000

목요일 식비 ₩5,800

금 건새우 라면볶음

□ 라면 2봉	₩1,400
□ 건새우 1봉	₩5,900
□ 표고버섯 1팩	₩2,000

금요일 식비 ₩9,300

주말 특식 황태 양념구이

□ 황태포 1마리	₩7,000

주말 식비 ₩7,000

3~4인 가족 1주일 평균 식비		밥&떡 1주일 예상 식비		1주일 식비 (절감 효과)
₩200,000	−	₩67,200	=	₩132,800

조미 오징어채무침 (간장 반+고추장 반)

자꾸만
손이 가는
완벽 도시락 반찬!

4인분 | 조리 15분

tip 조미 오징어채 전처리 살균 방법

순한
조미오징어
순한
조미오징어

조미 오징어채의 첨가물이나 세균이 걱정된다면 사용 전 전처리과정을 거치세요.

① 물에 살짝 헹궈 찜기에 잠깐 찐다.
② 물에 10분 정도 담가뒀다 꼭 짜서 사용한다.
③ 물에 헹군 다음 랩이나 뚜껑을 덮어 전자레인지에 잠깐 돌려 사용한다.

조미 오징어채를 무칠 때 전처리 없이 그대로 무치면, 다 먹을 때까지 딱딱해지지 않고 촉촉하면서도 쫄깃쫄깃하니 참고하세요. 전자레인지에 돌리면 수분이 날아가서 딱딱해질 수 있어요.

재 료

- □ 조미 오징어채 2봉 (200g×2)
- □ 마요네즈 4스푼

고추장양념

- □ 고추장 3~4스푼
- □ 조청 또는 올리고당 3스푼
- □ 통깨 1스푼
- □ 다진 마늘 1/2스푼

간장양념

- □ 볶음간장 4스푼
- □ 조청 또는 올리고당 2스푼
- □ 참기름 1스푼
- □ 다진 마늘 1/2스푼
- □ 참기름 1스푼
- □ 향신기름 1/2스푼 ×

×
생략 가능

1 | **조미 오징어채 버무리기** | 조미 오징어채 1봉(200g)을 먹기 좋은 크기로 잘라, 마요네즈(2스푼)를 넣고 조물조물 버무려 10분간 그대로 두세요.

tip / 고추장양념에 무칠 때 조미 오징어채를 물에 10분 정도 담가 살짝 불려서 물기를 꼭 짜면 부드러워진다.

2 | **고추장양념에 무치기** | 분량의 고추장양념장 재료를 모두 잘 섞어, 마요네즈에 버무려둔 오징어채와 함께 조물조물 무쳐요.

tip / 만든 고추장양념장에 멸치를 찍어 먹어도 맛있다.

3 | **조미 오징어채 버무리기** | 1과 같이 조미 오징어채를 먹기 좋은 크기로 잘라, 마요네즈를 넣고 조물조물 버무려 10분간 그대로 두세요.

4 | **간장양념 만들기** | 볶음팬에 분량의 간장양념 재료를 모두 넣고 잘 섞은 다음 중불에 올려 끓여요.

5 | **간장양념에 무치기** | 간장양념이 보글보글 끓어오르면 불에서 내려 마요네즈에 무친 조미 오징어채를 넣고 잘 섞어요.

tip 조미 오징어채 튀김으로 간단 술안주 만들기

간장양념에 무친 조미 오징어채에 튀김반죽을 입혀서 튀겨먹어도 정말 맛있어요.
간단한 안주로 만들면 좋아요.

3종 꼬마김밥
(진미채, 소시지, 닭가슴살)

3종 재료와
찬밥까지
강력한
냉파 인증!

3~4인분 | 조리 20분

tip 남은 김 눅눅해지지 않게 보관하는 법

남은 김은 키친타월로 감싸서 지퍼백에 담아 냉동보관하면 눅눅해지지 않게 보관할 수 있어요. 냉동보관한 김은 실온에 꺼내면 더 눅눅해지기 쉬우므로 냉장보관하는 것이 좋아요. 요즘은 실리카겔(제습제)을 별도로 판매하기도 하니, 따로 구입해서 함께 넣어 보관하면 더 효과적이에요. 눅눅해진 김은 3~4장씩 전자레인지에 1분~1분 30초 정도 돌리면 바삭하게 먹을 수 있고, 생김에 참기름을 바르고 소금을 솔솔 뿌려 전자레인지에 구우면 조미김 완성!

김밥김

tip 한김 식힌 밥으로 예쁜 김밥 만드는 법

김밥을 쌀 때는 금방해서 너무 뜨거운 밥보다는 소금, 참기름을 넣고 주걱으로 살살 섞으며 한김 식힌 밥을 사용하는 게 좋아요. 뜨거운 밥을 바로 올리면 김이 쪼그라들어 질겨지고 모양도 예쁘게 되지 않아요. 김밥을 말 때는 김의 거친 면이 위로 오게 놓고 밥을 꾹꾹 누르지 말고 얇게 펴세요. 김발이 없다면 손으로 말아도 예쁘게 잘 말려요.

재 료

□ 찬밥 3공기
□ 김밥용 김 4장
□ 통깨 조금

밥 양념
□ 소금 1/3스푼
□ 참기름 2스푼

진미채 꼬마김밥
□ 진미채 한 줌(70~80g)
□ 고추장 1스푼
□ 매실청 또는 물엿 1스푼
□ 볶음간장 1/2스푼 ×
□ 마요네즈 1스푼

×
볶음간장 만드는 법은 46쪽 참고

소시지 꼬마김밥
□ 치즈맛 소시지 1개
□ 와사비 약간

닭가슴살 꼬마김밥
□ 닭가슴살 1덩어리
□ 볶음간장 2스푼

1 | **진미채 준비하기** | 진미채는 물로 헹군 다음 체에 밭쳐 물기를 제거하고 전자레인지에 30초간 돌려요. 꺼내서 마요네즈를 넣고 버무려 5분 정도 그대로 둬요.

tip / 전자레인지에 돌리는 과정은 생략 가능. 마요네즈를 넣으면 진미채가 고소하고 부드러워진다.

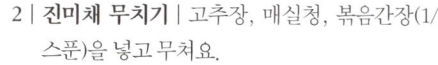

2 | **진미채 무치기** | 고추장, 매실청, 볶음간장(1/2스푼)을 넣고 무쳐요.

tip / 262쪽에서 만든 진미채무침을 활용해도 OK

3 | **밥 준비하기** | 찬밥은 전자레인지에 따뜻하게 데우고 소금, 참기름을 넣고 주걱으로 자르듯이 잘 섞어요.

4 | **진미채무침 꼬마김밥 만들기** | 4등분한 김밥용 김 위에 밥을 2/3 정도 얇게 깔고 진미채무침을 올려 돌돌 말아요.

tip / 밥은 얇게 깔고 진미채무침은 조금 넉넉히 넣어야 맛있다. 밥이 두꺼우면 김이 부족해 김밥이 제대로 안 말린다.

5 | **소시지 꼬마김밥 만들기** | 소시지는 전자레인지용 그릇에 넣고 랩을 씌워 1분간 익혀요. 그런 다음 김 위에 밥을 2/3 정도 얇게 깔고, 소시지와 와사비를 올리고 돌돌 말아요.

tip / 와사비는 취향에 맞게 양 조절

tip / 소시지는 불순물 제거를 위해 데쳐서 사용하면 좋다.

6 | **닭가슴살 꼬마김밥** | 길게 반으로 자른 김 위에 밥을 끝부분 2cm 정도 남기고 얇게 깐 다음, 볶음간장으로 양념한 닭가슴살을 올려 끝부터 단단하게 말아요.

tip / 닭가슴살은 밥의 70% 정도까지 길게 깐다. 닭가슴살을 양념할 때 기호에 따라 식초를 조금 넣어도 OK

허니버터 멸치볶음

허니버터칩
열풍을
반찬에서도
이어가요.

4인분 | 조리 10분

재료

- □ 잔멸치 2컵
- □ 마늘 4~5알

양념

- □ 버터 2/3스푼(20g)
- □ 꿀 2스푼
- □ 설탕 1/2스푼
- □ 통깨 1/2스푼

×
매운맛을 좋아하면 청양고추를 1개 다져 넣어도 OK

1 | **수분 날리기** | 마른 팬에 멸치를 넣고 중약불에서 2~3분간 볶아 수분과 비린내를 날려요. 볶은 멸치는 체에 밭쳐 흔들어 잔가루를 털어 버려요.

tip / 이 과정을 거치면 비린내가 많이 날아간다.

2 | **볶기** | 마른 팬에 볶은 멸치와 버터, 두툼하게 편으로 썬 마늘을 넣고 약불에서 3분간 타지 않게 볶아요.

3 | **마무리하기** | 버터향이 고소하게 올라오면 꿀, 설탕과 통깨를 넣고 2분간 더 볶아요.

황태채 멸치볶음

바삭하고 촉촉한 식감의 조화가 훌륭한 필수 밥반찬이에요.

4인분 | 조리 10분

재 료

- □ 멸치 1컵
- □ 황태채 1/2컵
- □ 잣 1스푼
- □ 식용유 3스푼

양념

- □ 간장 1/3스푼
- □ 물 7스푼
- □ 다진 마늘 2/3스푼
- □ 설탕 1스푼
- □ 참기름 1스푼
- □ 후추 약간
- □ 올리고당 또는 물엿 1스푼
- □ 청양고추 1개

1 | **볶기** | 허니버터 멸치볶음 1처럼 멸치의 수분을 날린 다음, 팬에 식용유를 두르고 볶은 멸치, 황태채, 잣을 넣고 전체적으로 식용유에 코팅되도록 약불에서 3분간 타지 않게 볶아요.

2 | **양념하기** | 볶은 멸치와 황태채를 팬 한쪽으로 밀어놓고, 만들어둔 양념장을 넣어 중약불에서 바글바글 끓이다가 멸치와 함께 섞어 2분간 더 볶아요.

tip / 볶은 멸치를 잠시 접시에 덜어뒀다가 양념장을 끓여서 합치면 더 좋다.

3 | **마무리하기** | 양념장이 자작하게 졸아들면 다진 청양고추와 올리고당 또는 물엿을 넣고 가볍게 볶아요.

황태 뭇국

숙취해소,
간건강에 최고!
간단조리 해장 만족도
UP!

3~4인분 | 조리 20분

재 료

- □ 황태채 2컵(40g)
- □ 무 1/2토막(100g)
- □ 두부 1/2모(150g)
- □ 대파 3대(15cm)
- □ 참기름 2스푼
- □ 곤약 100g ×

×
생략 가능

육수

- □ 멸치육수 8컵
- □ 소금 1/3스푼
- □ 국간장 1/2스푼

1 | **재료 손질하기** | 황태채는 3cm 정도 길이로 잘라 멸치육수(1/2컵)를 부어 촉촉하게 불리고 무와 두부, 곤약도 한입크기로 썰어요. 대파는 송송 썰어요.

tip / 황태채는 취향에 따라 길고 큼직하게 썰어 사용해도 OK

2 | **육수 내기** | 냄비에 참기름을 두르고 불린 황태채와 무를 넣어 중불에서 3분간 볶아요. 여기에 멸치육수(1컵)를 붓고, 뚜껑을 덮은 채 국물이 뽀얗게 우러나도록 중불에서 4분 정도 끓여요.

tip / 먼저 국물이 뽀얗고 진하게 우러나게 끓인 다음 추가로 육수를 붓고 끓이는 게 포인트

3 | **끓이기** | 뽀얗게 우러난 국물에 나머지 육수(6+1/2컵), 소금, 곤약을 넣고 센불로 끓여요. 육수가 끓기 시작하면 두부와 국간장을 넣고 뚜껑을 덮어 중불에서 10분 정도 끓여요.

tip / 마지막에 대파를 넣고, 부족한 간은 소금으로 맞춘다.

건새우 라면 볶음

건새우 하나로
감칠맛 폭발하는
건강 라면 레시피!

2인분 | 조리 15분

재 료

- □ 라면 2개
- □ 건새우 5스푼(2/3컵)
- □ 물 2/3컵
- □ 건표고버섯 2개 ×
- □ 통깨 약간
- □ 대파 페이스트 2스푼 ××
- □ 간장 1스푼

×
10분 이상 불려서 준비

××
대파 1뿌리(20cm)를 잘게 썰어 식용유 3스푼에 볶은 대파기름으로 대체 가능. 대파 페이스트 만드는 법은 94쪽 참고

1 | **건새우 불리기** | 건새우는 물을 부어 10분 정도 불리고, 새우 불린 물은 따로 담아둬요.

2 | **소스 만들기** | 팬에 대파 페이스트, 불린 새우, 채 썬 표고버섯을 넣어 중불에서 3분간 볶아요. 여기에 새우 불린 물(1/2컵)을 부어 조금 더 볶아요.

tip / 따뜻하게 데워질 정도면 OK. 라면이 삶아질 때까지 불을 꺼두고, 라면이 다 삶아지면 다시 불을 켜고 3번 과정을 진행한다.

3 | **마무리하기** | 포장지에 적힌 시간보다 1~2분 정도 덜 익힌 라면을 넣고 간장을 뿌려 1~2분 정도 볶아요. 접시에 옮겨 담고 통깨를 약간 뿌려요.

tip / 팬에서 1~2분 정도 더 볶는 시간을 감안해 면 삶는 시간을 줄인다.

tip / 라면스프는 사용하지 않으니, 보관했다가 국물이 생각날 때 사용

황태 양념구이

쫄깃함과 매콤함이
살아있는 황태
양념구이! 냉동실
황태의 변신은 무죄!

2인분 | 조리 25분

tip 황태와 찰떡궁합! 더덕 양념구이

황태 양념구이에 빼놓을 수 없는 게 바로 더덕인데요. 특유의 쌉쌀한 맛이 일품인 식재료입니다. 식당에서도 황태와 더덕을 같이 메뉴에 올려놓는 경우가 많지요. 더덕은 끓는 물에 몇 초만 담갔다가 꺼내 껍질을 벗기고, 두께감 있게 편으로 썰어 밀대 등으로 두드려줍니다. 이렇게 두드려주면 연해져서 먹기가 좋고, 양념도 잘 배어 구웠을 때 훨씬 맛있어요.
준비한 더덕에 유장(참기름 1: 간장 1)을 만들어 발라 20분 정도 숙성시켜뒀다가 양념을 발라 약불에서 구우면 훌륭한 더덕양념구이가 됩니다.

재 료

- □ 황태포 1마리
- □ 통깨 약간
- □ 식용유 약간

육수

- □ 다시마 1장(5×5cm)
- □ 물 1컵

양념장

- □ 육수 5스푼
- □ 고추장 1+1/2스푼
- □ 매실청 1스푼
- □ 고춧가루 1/2스푼
- □ 다진 마늘 1/3스푼
- □ 올리고당 1스푼

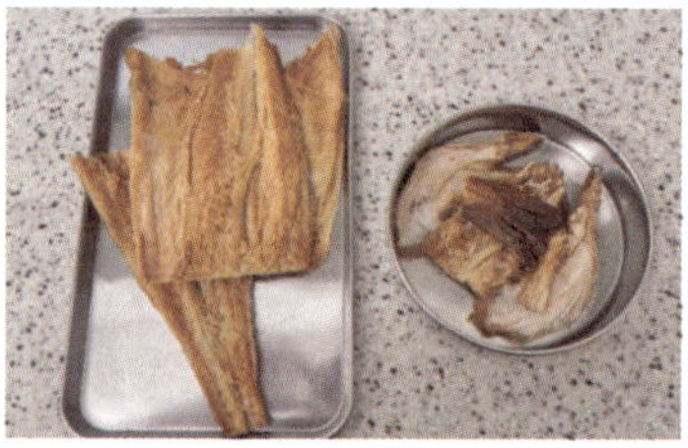

1 | **황태 불리기** | 황태는 쌀뜨물이나 물에 담갔다 빼서 20분 이상 충분히 불려요. 황태포를 불리면 보슬보슬 살이 불어나고 잔가시를 손질하기도 좋아요.

tip / 물을 충분히 적셔서 불려야 속까지 촉촉해진다.

2 | **황태 손질하기** | 불린 황태는 대가리를 잘라내고 지느러미, 꼬리, 잔가시를 제거해요. 그런 다음 껍질 쪽에 칼집을 넣어 4~5cm 길이로 잘라요.

tip / 칼집을 넣으면 양념이 더 잘밴다.

3 | **육수 내기** | 황태 대가리와 다시마, 물을 넣고 충분히 우러날 때까지 끓여 육수를 만들어요.

tip / 이때 육수를 넉넉하게 만들어서 냉동보관해두면, 다른 요리를 할 때 일반 육수로도 사용 가능

4 | **양념장 만들기** | 육수에 분량의 양념장 재료를 모두 넣고 잘 섞어 양념장을 만들어요.

5 | **굽기** | 팬에 식용유를 두르고 중불에 황태를 배 쪽부터 앞뒤로 노릇하게 구워 잠시 접시에 덜어 두세요.

6 | **양념하기** | 팬을 약불에 올려 양념장을 넣고 따뜻해지면, 구운 황태를 넣고 양념을 묻혀 졸이듯 구워 통깨를 뿌려서 내요.

tip / 손질한 황태에 양념장을 발라 반나절 정도 재웠다가 팬에 기름을 둘러 구워도 된다.

TOP

17

냉파가 시급한 식재료

오이

시원한 식감으로
더위를 날려주는
오이가 17위!

4~7월이 제철인 오이는 특유의 향과 식감 때문에 호불호가 크게 갈리는 식재료 중 하나입니다. 좋아하는 사람에게는 대체 불가능한 식재료이기도 하지요. 오이 위를 걸으면 물 위를 걷는 것과 같다는 농담이 있을 정도로 오이는 **수분함량이 높아요**. 그래서 오이를 많이 먹으면 **피부가 좋아지고**, 이뇨작용을 통한 **해독 효과**와 **부종완화** 효과도 뛰어납니다. 더워서 불 앞에 서기 싫은 여름날, 시원하고 싱싱한 오이 몇 개 사서 냉파해보세요. 입맛도 살리고 더위도 잡을 수 있어요. 다다기오이, 조선오이, 백오이 등으로 불리는 연록색 오이는 주로 오이소박이, 물김치, 오이지 등 절임류에 많이 이용돼요. 청오이, 취청오이, 가시오이 등 진한 청록색 오이는 수분이 많고 육질이 무른 편이라 썰어서 장에 찍어먹거나 생채, 무침용으로 많이 이용되지요.

오이 고르는 법

① 굵기가 일정하고 곧은 것
② 만져봤을 때 단단한 것
③ 너무 굵지 않은 것
→씨 부분이 많아 맛이 없어요.
④ 가시가 살아있는 것

오이 보관법

① 물기를 잘 제거한 다음 키친타월이나 신문지로 하나씩 감싸 냉장보관한다.
→수분이 많은 식재료라 냉장보관하면 저온장애로 금방 물러지니 최대한 빨리 먹는 게 좋아요.

오이 손질법

① 굵은 소금으로 껍질을 문질러 씻는다.
→ 오이 껍질에는 가시가 많아 이물질이 끼기 쉬워요.
② 길게 반으로 갈라 칼로 씨부분을 잘라내거나, 작은 스푼으로 파내고 사용한다.

Key word

#4~7월 냉파추천
#수분90% #이소크엘시트린
#부종완화 #이뇨작용
#피부미용 #다이어트
#해독작용

1주일 냉파 식단 & 식비 예산

구매시기와 구매처에 따라 금액에 차이가 있으므로 평균가로 잡았습니다.
모든 식재료가 다 있을 필요는 없어요. 냉장고 속 재료만으로도 충분히 맛을 낼 수 있습니다.

월 중국식 오이김치 마라황과

□ 오이 3개	₩3,000
월요일 식비	**₩3,000**

화 중국식 오이 새우절임

□ 오이 3개	₩3,000
□ 마늘 1봉	₩1,000
□ 새우살 100g	₩2,500
화요일 식비	**₩6,500**

수 오이 초고추장무침

□ 오이 1개	₩1,000
수요일 식비	**₩1,000**

목 오이냉국 & 가지냉국

□ 오이 1개	₩1,000
□ 청양고추 1봉	₩900
목요일 식비	**₩1,900**

금 오이 나물

□ 오이 2개	₩2,000
□ 대파 1봉	₩2,000
금요일 식비	**₩4,000**

주말 특식 오이 컵샐러드

□ 오이 2개	₩2,000
□ 다진 소고기 150g	₩5,000
□ 양파 1kg	₩3,000
□ 깻잎 1봉	₩1,700
주말 식비	**₩11,700**

3~4인 가족 1주일 평균 식비 ₩200,000 — **달걀 1주일 예상 식비** ₩28,100 = **1주일 식비** ₩171,900

절감 효과

중국식 오이김치 마라황과

두반장 없이 만드는
중국식 밥도둑! 참외로
만들면 여름 별미!

4인분 | 준비 15분 + 조리 20분

tip 오이 대신 참외로 만드는 참외무침

여름에는 오이 대신 참외로 마라황과를 만들어도 맛있어요. 참외는 껍질을 벗기고 반으로 갈라 씨를 빼고, 과육만 썰어 양념에 버무려요.

tip 오이참외 마라황과 국수

오이나 참외로 만든 마라황과를 거의 다 먹었을 때쯤, 국수를 삶아 찬물에 헹군 다음 물기를 꼭 짜고 김치를 조금 넣어 비벼 먹으면 새콤하고 시원한 여름별미완성!

소면

재 료

□ 백오이 3개

절임물

□ 소금 1+1/2스푼
□ 물 1/3컵

양념

□ 다진 마늘 2스푼
□ 고추장 1/2스푼
□ 된장 1/4스푼
□ 간장 2+1/2스푼
□ 식초 2스푼
□ 설탕 2스푼
□ 고추기름 2스푼 ×

× 고추기름 만드는 법은 115쪽 참고

1 | **오이 손질하기** | 껍질을 소금으로 문질러 깨끗이 씻은 다음 양쪽 꼭지를 잘라내요. 그런 다음 길게 반으로 갈라 김밥속을 만들 듯이 2~3등분하세요.

2 | **오이씨 제거하기** | 칼을 눕혀 오이씨를 제거한 후 4~5cm 길이로 썰어요.

tip / 오이씨를 놔두면 양념이 지저분해지고 물이 많이 생겨 맛이 텁텁해진다.

3 | **오이 절이기** | 손질한 오이에 분량의 절임물을 넣고 잘 섞어 15분간 절인 다음, 절이는 동안 생긴 물을 버리고 오이의 물기를 꼭 짜요.

tip / 너무 오래 절여서 오이가 짜졌다면 차가운 물에 한 번 헹궈서 사용

4 | **양념장 만들기** | 고추기름을 제외한 분량의 양념재료를 모두 넣고 잘 섞은 다음, 마지막에 고추기름을 섞어서 양념장을 만들어요.

tip / 고추기름을 처음부터 같이 넣으면 다른 재료들이 잘 어우러지지 않을 수 있다.

5 | **무치기** | 절여서 물기를 꼭 짠 오이에 양념장을 넣고 무쳐요.

tip / 마라황과는 바로 먹어도 맛있지만, 다음 날 먹으면 오이에 양념이 충분히 배고 국물도 촉촉하게 생겨 더 맛있다.

중국식 오이 새우절임

새우가 없다면
맛살로! 해독효과
좋은 오이반찬

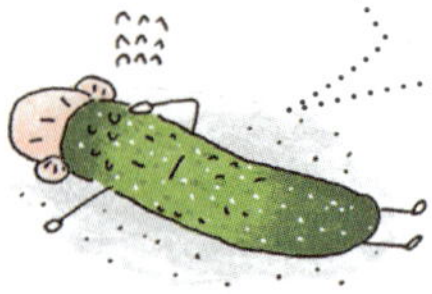

4인분 | 조리 10분

재 료

- □ 백오이 3개
- □ 마늘 3알
- □ 새우(살) 10마리
- □ 향신기름 8스푼 ×

×
식용유 6스푼+참기름 2스푼으로 대체 가능. 향신기름 만드는 법은 47쪽 참고

절임물

- □ 액젓 4스푼
  (멸치 또는 까나리)
- □ 식초 1스푼
- □ 설탕 1/2스푼

1 | **재료 손질하기** | 오이는 소금으로 문질러 깨끗이 씻은 다음 씨를 제거해 1.5~2cm 길이로 썰고, 마늘은 두껍게 편으로 썰어요. 새우살은 크기에 따라 2등분하거나 통으로 사용해요.

tip / 한 번 삶아서 얼린 시판 자숙새우를 해동해서 사용해도 OK

2 | **새우 익히기+절임물 만들기** | 팬에 향신기름을 두르고 새우살을 넣어 중불에서 3분간 익혀요. 불을 끄고 절임물을 넣어 설탕이 완전히 녹을 때까지 잘 섞어요.

tip / 유자청을 조금 넣으면 향이 풍부해진다. 껍질 한두 개 정도만 추가. 그냥 넣어도, 다져 넣어도 OK

3 | **재료 절이기** | 설탕이 완전히 녹으면 준비해 둔 오이와 마늘을 넣고 팬에 남은 잔열로 잘 섞어요. 완성한 오이새우절임은 유리용기에 담아 냉장보관해서 차갑게 먹어요.

오이 초고추장 무침

소면만 추가하면 입맛
도는 비빔국수로,
도라지와 더덕을 넣으면
어르신 반찬으로 변신!

3~4인분 | 조리 5분

재 료

- □ 오이 1개
- □ 초고추장 3스푼
- □ 통깨 1/2스푼

초고추장

- □ 고추장 5스푼
- □ 식초 5스푼
- □ 설탕 4스푼
- □ 진간장 1/2스푼

1 | **오이 손질하기** | 오이는 소금으로 껍질을 문질러 깨끗하게 씻고, 길게 반으로 갈라 티스푼으로 씨를 긁어낸 다음 어슷하게 썰어요.

tip / 2~3일 두고 먹을 땐 오이에 소금(1/2스푼)을 넣고 15분간 절인 뒤, 물기를 꼭 짜서 사용하면 물이 덜 생긴다.

2 | **초고추장 만들기** | 분량의 재료를 모두 넣고 잘 섞어 초고추장을 만들어요. 식초와 설탕은 기호에 따라 조금씩 조절하세요.

tip / 좀 더 되직하게 만들려면 고춧가루를 넣는다.

옛날국수
소면

3 | **무치기** | 오이와 초고추장, 깨를 넣고 무쳐요.

tip / 초고추장은 오이 양에 맞게 조절한다. 소면과 골뱅이를 넣어도 OK

오이냉국

오이만 썰면 준비 끝!
미리 만들어 냉장고에
넣어두고 시원하게
꺼내 먹어요.

3~4인분 | 준비 30분 + 조리 5분

재 료

- □ 오이 1/2개
- □ 청양고추 또는 풋고추 1개
- □ 홍고추 1/2개
- □ 통깨 1/2스푼

냉국물

- □ 다시마육수 2+1/2컵 × (500ml)
- □ 식초 4+1/2스푼
- □ 국간장 1스푼
- □ 설탕 2스푼

×
다시마육수 만드는 법은 51쪽 참고

1 | **재료 손질하기** | 오이는 채 썰고 청홍고추는 다져요.

tip / 미역을 넣으려면 마른 미역을 물에 불려 잘게 썬 다음, 국간장을 약간 넣고 조물조물 무쳐 넣는다.

2 | **냉국물 만들기** | 분량의 재료를 모두 섞어 냉국물을 만들고 냉장고에 넣어 차갑게 둬요.

tip / 다시마육수는 다시마 1조각을 물 2+1/2컵(500ml)에 넣고 30분 이상 담갔다가 그대로 사용하거나 한 번 끓여서 사용

3 | **마무리하기** | 차가운 냉국물에 손질한 오이와 청홍고추, 통깨를 넣고 잘 섞어요.

tip / 소금보다는 국간장으로 간 맞추기

tip

오이만으로 부족하다면 가지냉국!

오이냉국을 시원하게 들이켜도 좋지만, 가지를 무쳐 넣은 가지냉국도 여름별미 중 하나입니다. 오이만으로는 부족하다 싶거나, 냉장고에 남은 가지가 있다면 한 번 만들어보세요. 오이냉국과는 비슷하면서도 또 다른 맛을 느낄 수 있어요.

캬, 시원타!

재료 | □ 가지 1개 □ 오이 1/3개 □ 청홍고추 1개씩
| **가지양념** | □ 국간장 1스푼 □ 고춧가루 1/3스푼 □ 다진 파 1스푼
| **냉국물** | □ 다시마육수 3컵 □ 국간장 1스푼 □ 식초 3스푼 □ 설탕 3스푼
□ 소금 1/3스푼 □ 통깨 1/2스푼

만드는 법 |

① 다시마육수에 분량의 냉국물 재료를 모두 넣고 잘 섞어요. 설탕을 완전히 녹인 다음 냉장고에 넣어 차갑게 두세요.

② 가지는 깨끗이 씻어 4~5cm 길이로 썰고 크기에 따라 길게 4~6등분해요.

③ 전자레인지용 그릇에 가지를 담고 랩을 씌워 2분간 쪄요.

④ 오이는 껍질째 깨끗이 씻어 얇게 채 썰고 청홍고추는 잘게 다져요.

⑤ 한김 식힌 가지를 먹기 좋은 크기로 한두 번씩 더 찢고 다진 파, 고춧가루, 국간장을 넣어 가볍게 버무려요.

⑥ 차가운 냉국물에 채 썬 오이와 다진 청홍고추를 넣어 냉국물을 완성하고, 양념에 버무려둔 가지를 넣으면 완성!

오이나물

진한 오이육수가
일품!
소면 넣어 비비면
여름철 피서음식
넘버원!

4인분 | 조리 10분

tip 오이나물 국수 만들기

재료 | □ 국수 100g □ 국간장 1/2스푼 □ 참기름 1스푼 □ 통깨 1/2스푼 □ 고춧가루 1~2꼬집

만드는 법 |

국수를 삶아 찬물에 헹구고 위의 재료를 넣어 비빈 다음, 오이나물과 국물을 넣고 촉촉하게 비벼요. 마트에서 파는 동치미 냉면육수를 살얼음 끼도록 냉동실에 넣어 뒀다가 반 봉 정도 부어서 먹어도 좋고, 물김치를 조금 넣어 먹어도 좋아요.

국수는 충분한 양의 물에 삶아서 얼음물이나 아주 차가운 물에 여러 번 헹궈 씻고, 물기를 꼭 짜서 비벼야 양념이 묽어지지 않아 맛있게 먹을 수 있어요.

재 료

- □ 백오이 2개
- □ 대파 흰 부분 2대(4cm) ×
- □ 멸치육수 1/3컵 ××
- □ 다진 마늘 1/4스푼
- □ 참기름 2+1/2스푼
- □ 깨소금 1/2스푼

×
다진 파 1스푼으로 대체 가능

××
멸치육수가 없으면 다시마 한 조각과 물을 넣고 볶기

절임

- □ 소금 1/2스푼

소면

1 | **오이 손질하기** | 오이는 껍질째 깨끗이 씻어 양쪽 끝을 2cm 정도 잘라내고, 2~3mm 두께로 모양을 살려 썰어요.

tip / 오이 양쪽 끝은 쓴맛이 날 수 있으므로, 조금 넉넉히 잘라내기

2 | **대파 손질하기** | 대파는 길게 칼집을 낸 뒤 가운데 스펀지 같은 부분을 빼내고, 채 썰어 곱게 다져요.

3 | **오이 절이기** | 오이를 볶음팬에 넣고 소금(1/2스푼)을 뿌려 잘 섞어서 5분 정도 절여요.

4 | **오이 익히기** | 절인 오이에 참기름, 다진 마늘, 다진 파를 넣고 센불에서 1분 정도 볶아요. 오이 색이 파릇해지면 멸치육수를 붓고 뚜껑을 덮어 2분 정도 더 끓여요.

tip / 오이를 3분 정도 볶으면 아삭함과 푸릇함이 살고, 5분 정도 볶으면 부드러워진다.

5 | **마무리하기** | 불을 끄고 깨소금을 넣어 마무리해요. 부족한 간은 소금으로 맞춰요.

인증샷 | **'1일맘'님의 오이나물** |

꼼꼼하게 메모까지 하며 요리하는 '1일맘'님의 오이나물! 냉장고에 있으면 은근히 든든한 기본 반찬 중 하나예요. 마땅히 생각나는 반찬이 없을 때 부드러운 오이나물과 함께해보세요.

오이 컵샐러드

한입에 쏙쏙 넣는 예쁜
오이 컵샐러드!
부종완화에도 OK!

4인분 | 조리 30분

tip 남은 다진소고기 활용법

오이컵샐러드에 채우고 남는 다진 소고기는 어떻게 활용하면 좋을까요? 소스에 식초와 설탕이 들어있어 주먹밥을 만드는 건 어울리지 않아요. 대신 사과, 양파, 무 등 소스 맛을 살려줄 재료를 썰어 섞은 다음 샐러드 드레싱으로 활용해도 좋고, 소면이나 쌀국수를 삶아 고명으로 얹어 먹어도 좋아요. 상추를 한입크기로 뜯어 넣고 같이 비벼도 맛있어요.

재 료

- □ 오이 2개×
- □ 소고기 2/3컵(100g) (잡채용 또는 다진 소고기)
- □ 실파 1대

×
백오이, 가시오이 상관없음

소스

- □ 양파 1/4개
- □ 레몬 1개××
- □ 깻잎 1장
- □ 설탕 1/2스푼
- □ 액젓 2스푼 (멸치 또는 까나리)
- □ 다진 마늘 1/3스푼
- □ 홍고추 1/2개
- □ 청양고추 1/2개
- □ 올리브유 2스푼

××
레몬즙 3스푼으로 대체 가능. 없으면 생략

소고기 밑간

- □ 소금 1/4스푼
- □ 후추 약간

1 | **오이 손질하기** | 오이는 필러로 군데군데 껍질을 깎아서 손질해요.

tip / 껍질을 그대로 두면 너무 단단하고 질길 수 있다. 또 완전히 깎으면 보기에 예쁘지 않고 오이컵에 힘이 없어지니 주의

2 | **오이컵 만들기** | 껍질을 듬성듬성 벗긴 오이는 2~2.5cm 길이로 썰고 가운데 부분을 티스푼으로 동그랗게 파요.

tip / 구멍 나지 않게 조심하면서 최대한 깊이 파야 고기속이 많이 들어간다.

3 | **소스 만들기** | 왼쪽 분량의 양파, 고추, 깻잎은 잘게 다지고 다진 마늘, 설탕, 액젓, 레몬즙을 넣어 잘 섞어요. 설탕이 완전히 녹은 다음 올리브유를 넣고 섞어 소스를 만들어요.

4 | **소고기 볶기** | 소고기는 소금, 후추로 간해서 팬에 완전히 볶은 다음 잘게 다져요.

tip / 다진 소고기를 사용해도 OK

5 | **마무리하기** | 다진 소고기와 소스, 송송 썬 실파를 함께 버무려 오이컵에 조금씩 올려내요.

6 | **완성하기** | 양념에 버무린 고기속을 오이컵을 올려 내요.

TOP
18

냉파가 시급한 식재료 소고기

영양만점
소고기!
완벽하게
냉파한다!

소고기는 돼지고기, 닭고기와 함께 사랑받는 육류입니다. 가격이 비교적 높다보니 그만큼 자주 먹게 되지는 않지요. 그래서인지 막상 요리하려고 하면 부담스럽고 어렵게 느껴집니다. 하지만 소고기에는 **필수아미노산**이 많아 **성장기 아이들**은 물론, **철분과 조혈비타민**이 풍부해서 여성 특히 **임산부나 빈혈이 심한 사람**에게 좋아요. 지금부터 쉬운 소고기반찬 냉파레시피로 건강한 1주일에 도전해보세요.

소고기 고르는 법

① 지방은 유백색, 살코기는 선홍색을 띠는것
② 탄력있고 윤기가 나는 것

소고기 보관법

① 랩으로 꽁꽁 싸서 냉장보관한다. 냉동보관 시에는 1~2회 분량으로 소분해 꼼꼼하게 밀봉한다.
② 고기 표면에 식용유를 얇게 발라두면 냉장 상태로 3~4일 정도는 신선하게 보관할 수 있다.

소고기 손질법

① 뼈가 붙어있는 부위의 고기 또는 덩어리 고기는 사용하기 전 찬물에 담가 핏물을 제거한 후 사용한다(뼈가 붙어있는 경우 3시간 이상, 덩어리 고기는 1시간 정도).
② 한 번 해동한 고기는 다시 냉동하지 말고 모두 사용한다(보관 시 소분이 매우 중요).

Key word

#단백질 #근육생성
#필수아미노산 #면역력강화
#조혈비타민 #철분
#임산부 #빈혈

1주일 냉파 식단 & 식비 예산

구매시기와 구매처에 따라 금액에 차이가 있으므로, 평균가로 잡았습니다.
모든 식재료가 다 있을 필요는 없습니다. 냉장고 속 재료만으로도 충분히 맛을 낼 수 있어요.

월 소고기 무 장조림

□ 양지 400g	₩10,400
□ 무 1개	₩2,500

월요일식비 ₩ 12,900

화 갈비 얼갈이 된장국

□ 소갈비 600g	₩ 11,400
□ 대파 1봉	₩ 2,000
□ 얼갈이 1단	₩ 3,600

화요일식비 ₩ 17,000

수 차돌박이 국수

□ 메밀국수 1봉	₩ 3,500
□ 차돌박이 300g	₩ 20,000
□ 양파 1kg	₩ 3,000
□ 대파 1봉	₩ 2,000
□ 오이 1개	₩ 1,000

수요일식비 ₩ 30,500

목 스키야키

□ 차돌박이 300g	₩ 20,000
□ 표고버섯 1팩	₩ 2,000
□ 양배추 1통	₩ 5,000
□ 우엉 1봉	₩ 4,000

목요일식비 ₩ 31,000

금 찹스테이크

□ 척아이롤 400g	₩ 8,000
□ 피망 1개	₩ 1,000
□ 파프리카 1개	₩ 800
□ 방울토마토 1팩(1kg)	₩ 6,000

금요일식비 ₩ 15,800

주말 특식 갈비찜

□ 소갈비 1.5kg	₩ 28,500
□ 마늘 1봉	₩ 1,000

주말식비 ₩ 29,500

3~4인 가족 1주일 평균 식비 ₩ 200,000 — **소고기 1주일 예상 식비** ₩ 136,700 = **1주일 식비** ₩ 63,300 절감 효과

소고기 무 장조림

한번 만들면 두고두고
먹을 수 있는 장조림!
육즙 촉촉이 밴
무가 일품이에요.

4인분 | 준비 60분 + 조리 70~80분

tip 육즙 가득한 소고기 굽기

소고기 표면을 센불에 각 면당 1분씩 구우면 안에 육즙이 가둬져서 끓여도 육즙이 빠져나가지 않아요. 팬에 구우면서 그슬리는 부분에서 맛있는 맛도 많이 나오고요. 그슬린 부분은 물을 붓고 끓이면 없어지니 신경 쓰지 마세요.

스테이크를 구울 때도 육즙이 살아있고 부드럽게 구우려면, 센불로 겉면부터 먼저 바싹 구운 다음 익히는 게 좋아요. 팬에 버터나 올리브 오일을 넉넉하게 두르고 센불로 고기 표면을 튀긴다는 느낌으로 앞뒤로 익혀 육즙이 빠져나가지 않게 만든 다음, 약불로 줄여 원하는 굽기로 익히면 돼요.

재 료

- □ 소고기 양지 400g
- □ 무 1/2토막(150g)
- □ 참기름 1스푼
- □ 뜨거운 물 4컵
- □ 대파 3대(15cm)
- □ 통후추 1/2스푼

양념

- □ 소고기 삶은 물 3컵
- □ 간장 1/2컵
- □ 국간장 1스푼
- □ 설탕 3스푼
- □ 맛술 4스푼

×

메추리알을 넣을 경우엔 마지막 5분, 꽈리고추를 넣을 경우엔 팬에 따로 한 번 볶아 마지막 2분만 같이 졸이기

1 | **핏물 제거하기** | 소고기는 빨리 잘 익도록 4등분해서 찬물에 1시간 정도 담가 핏물을 제거해요. 중간에 한 번 물을 갈아줘도 좋아요.

tip / 돼지고기로 장조림을 하는 경우에도, 똑같이 핏물을 제거하고 각 면을 구워주는 과정을 거치면 더 맛있게 된다.

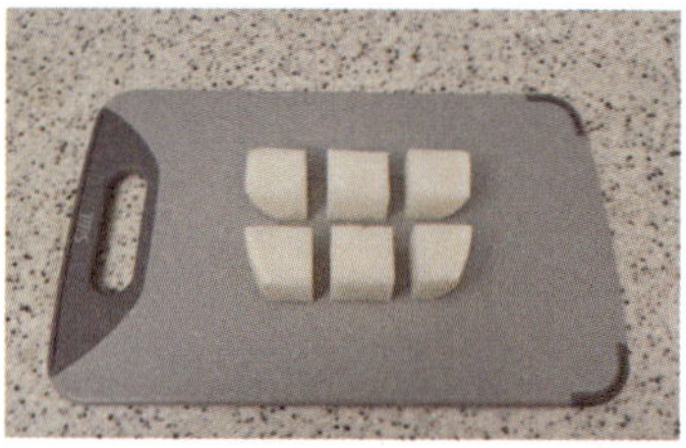

2 | **무 썰기** | 무는 사방 3~4cm 크기로 큼직하게 썰어요.

tip / 무를 고기와 함께 삶으면 연육작용으로 고기가 더 부드러워진다.

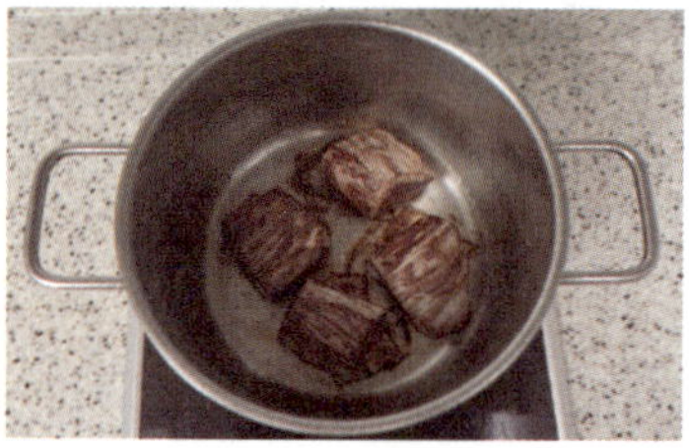

3 | **굽기** | 뜨겁게 달군 냄비나 웍에 참기름을 한 스푼 두르고, 소고기를 넣어 센불에서 각 면당 1분씩 노릇하게 구워요. 스테인리스 소재의 냄비나 웍은 충분히 예열한 다음 조리해야 해요.

tip / 냄비나 웍에 굽는 과정이 부담스럽다면 끓는 불에 5분 정도 삶아서 사용해도 OK

4 | **끓이기** | 뜨거운 물(4컵)을 붓고 잘라둔 무, 대파, 통후추를 넣고 센불에서 끓이다가 바글바글 끓어오르면 뚜껑을 닫고 중불에서 30분간 끓여요.

tip / 냄비에 뜨거운 물을 부을 때 끓어오르면서 뜨거운 김이 올라오므로 주의!

5 | **찢기** | 30분 뒤 소고기와 무를 건져내 10분 정도 식힌 다음, 소고기는 결대로 찢어요. 육수는 체에 걸러둬요.

tip / 삶은 고기는 10분 이상 식혀서 찢어야 결대로 잘 찢어지고, 손도 덜 뜨겁다.

6 | **졸이기** | 냄비에 체에 거른 소고기육수와 분량의 양념재료를 모두 섞어 보글보글 끓인 다음, 소고기와 무를 넣고 중약불에서 15~20분 정도 양념이 자박하게 남을 때까지 뭉근하게 졸여요.

tip / 완전히 식으면 용기에 담아 냉장고에 넣어 보관. 만든 당일보다 다음 날이 더 맛있다.

갈비 얼갈이 된장국

뜨끈한 국물에
고기 뜯는 즐거움까지!
한 그릇 들이키면
기운이 불끈!

5~6인분 | 조리 1시간 30분

tip 국이나 찌개 간은 작은 종지에 덜어서!

국이나 찌개를 맛있게 끓였다고 생각했는데 막상 먹어보면 짜게 느껴질 때가 있을 거예요. 국이 팔팔 끓을 때 간을 보면 간을 알기가 어려워서 간을 더 하기 때문인데요. 이때는 작은 종지에 조금 덜어서 휘휘 돌려 식힌 다음 간을 보세요. 그래야 먹을 때 짜지 않고 맛있어요.

재 료

□ 소갈비 1근(600g)
□ 물 10컵
□ 소금 1/2스푼
□ 얼갈이 분량 500g ×
□ 대파 2대(20cm)
□ 청주 3스푼
□ 쌀뜨물 2+1/2컵
□ 양파 1/2개 ××
□ 홍고추 약간 ××

×
얼갈이가 없다면 배추로 대체 가능

××
양파와 홍고추는 생략 가능

얼갈이양념
□ 된장 2스푼
□ 다진 마늘 1+1/2스푼
□ 액젓 1+1/2스푼 (멸치 또는 까나리)
□ 참기름 1스푼
□ 맛술 1스푼
□ 후추 약간

1 | **소고기 데치기** | 소고기가 잠길 정도로 냄비에 물을 붓고, 팔팔 끓으면 소고기와 청주를 넣어 5분간 데쳐요.

tip / 이 과정을 거치면 고기의 잡내와 불순물이 제거된다.

2 | **소고기 익히기** | 데친 소고기는 뼈부분을 중심으로 찬물에 깨끗하게 씻고 한입크기로 썰어요. 냄비에 물(10컵)을 붓고 소고기, 소금을 넣어 40분간 끓여요.

tip / 소고기를 잘라서 끓이면 익히는 시간을 줄일 수 있다.

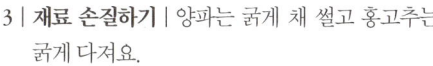

3 | **재료 손질하기** | 양파는 굵게 채 썰고 홍고추는 굵게 다져요.

4 | **얼갈이 데치기** | 냄비에 물을 넉넉하게 부어 끓이다가 소금을 조금 넣은 다음, 깨끗이 씻은 얼갈이를 줄기부터 넣고 센불에서 3~4분 정도 데쳐요. 찬물에 여러 번 헹궈서 물기를 꼭 짜요.

tip / 얼갈이 분량은 2/3로 줄여도 된다.

5 | **끓이기** | 물기를 꼭 짠 얼갈이는 야구공처럼 뭉쳐 반으로 자른 다음, 양파와 홍고추를 넣고 분량의 양념을 넣어 무쳐요. 그런 다음 갈비가 든 냄비에 넣고 쌀뜨물을 부어 센불에서 30분 정도 끓여요.

6 | **마무리하기** | 대파를 길게 반으로 잘라 4~5cm 길이로 썰어 넣고 한소끔 끓인 뒤, 간을 보고 부족하면 국간장으로 맞춰요.

차돌박이 비빔국수 & 온국수

한 그릇 다 먹어도
왠지 아쉬운 국수에
냉장고 속 고기만 올리면
든든한 특식!

2~3인분 | 준비 15분 + 조리 10분

tip 국수용 육수는 진하게 내세요

물국수용 육수는 조금 진해야 맛있어요. 육수가 연하면 국수를 넣었을 때 간이나 맛이 밍밍해져서 맛이 없어요. 급하게 육수를 내거나 진하게 낼 때는 멸치 대가리와 내장을 손질하지 않고 그냥 만들면 약간 쌉싸래하면서도 진한 맛이 나요.

tip 육수 내고 남은 다시마 활용법

① 작게 잘라 밥 지을 때 넣어요.

② 채 썰어 다시마조림을 만들어요.

→ 육수를 내고 건져낸 다시마를 적당한 길이로 채썰고 견과류와 함께 볶음간장, 물을 1 : 2비율로 넣어 졸인다.

③ 육수에 넣었던 다시마를 썰어서 찌개나 국에 활용할 수도 있어요.

재료

- □ 메밀국수 한 줌(250g)×
- □ 차돌박이 18장
- □ 상추 한 줌
- □ 양파 1개
- □ 대파 3대(15cm)
- □ 오이 1/2개
- □ 통깨 약간

×
소면이나 쌀국수 등 다른 면으로 대체 가능

멸치육수

- □ 멸치 1컵
- □ 다시마 3장(5×5cm)
- □ 물 6컵
- □ 소금 1/3스푼
- □ 후추 약간

차돌박이양념

- □ 간장 2스푼
- □ 맛술 1스푼
- □ 다진 마늘 2스푼

비빔양념장

- □ 설탕 2스푼
- □ 고추장 2스푼
- □ 고춧가루 1+1/2스푼
- □ 다진 마늘 1스푼
- □ 간장 3스푼
- □ 참기름 1스푼
- □ 식초 2+1/2스푼××

××
취향에 따라 식초를 조금 더 넣어도 OK

1 | **온국수용 멸치육수 내기** | 냄비에 멸치를 넣고 볶다가 물을 붓고, 다시마를 넣어 중불에서 10~15분간 끓인 뒤 멸치와 다시마를 건져내요.

2 | **비빔국수용 비빔 양념장 만들기** | 분량의 양념장 재료를 모두 넣고 섞어 양념장을 만들어요.

3 | **재료 손질하기** | 상추는 씻어서 한입크기로 뜯고 오이, 양파는 채 썰고 대파는 큼직하게 어슷 썰어요.

4 | **면 삶기** | 넉넉한 양의 끓는 물(2.5리터)에 국수를 넣고 센불에서 끓여 하얀 거품이 올라오면 찬물을 조금씩 부으며 4분 30초~5분 정도 삶아요. 다 삶은 국수는 얼음물에 두세 번 헹궈 체에 밭쳐 물기를 제거해요.

tip / 국수가 끓어오를 때 찬물을 부으면 면이 더 쫄깃해진다.

5 | **고명용 차돌박이 볶기** | 차돌박이에 다진 마늘(2스푼)을 넣고 중불에서 반쯤 익을 때까지 볶아요. 분량의 간장, 맛술, 후추를 넣고 물기가 없어질 때까지 센불에서 볶다가 대파를 넣고 숨이 살짝 죽으면 불을 꺼요.

6 | **마무리하기** | 만들어둔 양념장에 국수와 양파를 조금 넣어 비벼 그릇에 담고 상추, 오이, 차돌박이, 양파 등 고명을 올린 다음 통깨를 뿌려 내요.

tip / 온국수는 멸치육수에 국수를 잠시 담가 따뜻하게 데워서 그릇에 담고, 뜨거운 육수를 추가로 부은 다음 고명을 올리고 참기름을 살짝 둘러요.

스키야키

저렴한 가격으로 양껏
즐기는 일본식
소고기요리!
자투리채소로 만드는
고급 요리를 맛보세요.

2인분 | 준비 10분

tip 스키야키 VS 샤브샤브

샤브샤브는 익숙하지만, 스키야키는 조금은 낯선 음식인데요. 샤브샤브가 등심육수를 베이스로 채소와 얇게 썬 소고기를 재빨리 익혀 먹는 국물 위주의 음식인 반면에 스키야키는 국물이 거의 없어요. 스키야키는 자작한 소스에 재료를 졸이듯 익혀 진한 맛으로 먹는 음식이에요. 어떻게 보면 약간 갈비찜 비슷한 느낌의 맛이 나지요. 취향에 따라 샤브샤브처럼 육수를 더 부어서 국물이 많게 만들어 먹어도 좋아요.

재 료

- □ 차돌박이 또는 샤브샤브용 소고기 400g
- □ 양파 1/2개
- □ 대파 3대(15cm)
- □ 느타리버섯 한 줌
- □ 표고버섯 1+1/2개
- □ 양배추 1/12통
- □ 쑥갓 한 줌
- □ 실곤약 한 봉지 200g ×
- □ 우엉 10cm

달걀 소스

- □ 달걀 2개

스키야키 소스

- □ 볶음간장 1컵 ×××
- □ 청주 1/3컵

×
당면으로 대체 가능

××
재료는 생략 가능하고, 없는 채소도 활용 가능. 애매하게 남은 두부, 버섯, 떡도 OK

×××
만들어둔 볶음간장이 없을 때는 청주 1/3컵과 맛술 1/2컵을 냄비에 끓여 알코올을 살짝 날린 다음 간장 1/2컵, 설탕 1/3컵을 녹여 만든 소스로 대체

1 | **재료 손질하기** | 양파는 굵게 채 썰고, 느타리버섯은 가닥가닥 찢어요. 대파는 어슷 썰고, 양배추는 한입크기로 썰어요. 우엉은 필러로 얇게 깎아 식촛물에 담가둬요.

2 | **곤약 데치기** | 실곤약은 끓는 물에 살짝 데치거나 체에 밭쳐 뜨거운 물을 끼얹은 다음 물기를 제거해요.

tip / 곤약을 끓는 물에 데치거나 뜨거운 물을 끼얹고, 혹은 소금으로 문질러 씻으면 특유의 떫은 맛과 역한 냄새를 어느 정도 잡을 수 있다.

3 | **스키야키 소스 만들기** | 볶음간장과 청주를 섞어 소스를 만들어요.

tip / 볶음간장이 없고 귀찮을 때는 맛술 1/2컵, 청주 1/3컵, 간장 1/2컵, 설탕 1/3컵을 전자레인지에 사용 가능한 용기에 전부 넣고 1분씩 끊어 전자레인지에 2번, 총 2분 돌려주면 된다.

4 | **익히기** | 냄비 바닥에 양배추를 깔고 나머지 재료들을 보기 좋게 둘러 담아요. 냄비를 중불에 올리고 스키야키 소스를 반 정도 부어 재료를 골고루 익힌 다음, 소스와 재료를 추가하며 먹어요.

tip / 냉파에는 요리를 간편하게 만드는 조리도구도 중요하다. 최근에는 물 조절이 쉽도록 안에 눈금이 있거나 젓가락을 끼워놓는 홀더가 있는 냄비도 있고, 내용물을 빨리 끓게 해 시간을 단축해주는 기능의 냄비도 있으니 내게 맞는 다양한 조리도구를 갖추는 것도 중요. (사진의 제품은 '락앤락 스피드쿡 김치찌개냄비')

5 | **달걀 소스 만들기** | 날달걀을 작은 그릇에 풀어서 소스를 만들어요. 재료가 맛있게 잘 익으면 달걀 소스에 찍어 먹어요.

tip / 어느 정도 먹고 난 다음 다시마육수나 가츠오부시육수를 붓고 우동면을 넣어 익혀 먹어도 맛있다. 라면보다는 우동면이 잘 어울린다. 남은 국물에 밥과 달걀을 넣어 죽처럼 끓여 먹어도 OK

찹스테이크

카페 회원 No.1 메뉴!
푸드트럭 메뉴를
쉽고 푸짐하게 뚝딱!

2인분 | 조리 15~20분

재 료

- □ 소고기 척아이롤 370g
- □ 청피망 1/3개
- □ 빨강, 노랑 파프리카 1/3개씩
- □ 양파 작은 것 1개
- □ 새송이버섯 1/2개
- □ 방울토마토 5개
- □ 소금 1/3스푼

소스

- □ 돈가스소스 10스푼 ×
- □ 케첩 1스푼
- □ 다진 마늘 1스푼
- □ 물엿 또는 올리고당 2스푼

×
스테이크 소스로 대체 가능

1 | **재료 손질하기** | 새송이버섯, 청피망, 파프리카, 양파는 한입크기로 썰어요. 방울토마토는 꼭지를 따서 씻어둬요.

2 | **소고기 굽기** | 소고기는 키친타월로 핏물을 제거한 뒤 한입크기로 잘라요. 뜨겁게 달군 팬에 자른 소고기를 넣고 소금을 뿌려 센불에 5분간 앞뒤로 노릇하게 구워 접시에 덜어둬요.

tip / 고기는 완전히 익히는 것보다 미디엄 정도로 익히는 것 추천

3 | **볶기** | 고기를 구운 팬에 손질한 채소를 넣고 센불에서 3분간 노릇하게 굽다가, 구운 소고기와 분량의 소스를 넣고 4~5분 정도 중불에서 졸이듯 볶아요.

tip / 밥과 함께 먹어도 좋지만 178쪽의 밀전병이나 또띠아(토르티야)와 먹어도 좋다.

tip

소고기의 주요 부위별 특징

척아이롤

윗등심과 목살이 포함된 부위로 윗등심에 가까운 쪽은 스테이크, 찹스테이크, 구이로 활용하고 목살에 가까운 쪽은 불고기와 샤브샤브로 활용해요.

차돌박이

지방이 굉장히 풍부해 고소한 맛이 나고, 아주 얇게 썰어 구이나 된장찌개 등에 사용합니다. 이 책에서는 구워서 국수 고명으로도 활용했어요.

부채살

근섬유가 가늘고 균일해 질기지 않으며 스테이크, 구이, 불고기로 주로 활용하는 부위입니다.

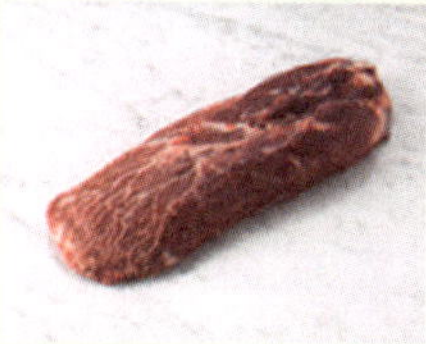

등갈비

등뼈가 포함된 부위로, 형태 그대로 갈비탕에 사용하거나 잘라서 갈비찜에 사용해요.

아롱사태

뒷다리 부위라 고기가 단단하고 색이 진하며 지방이 거의 없어요. 육회, 탕, 찜, 장조림, 구이 등으로 활용해요.

홍두깨

아롱사태와 마찬가지로 뒷다리 부위라 지방이 적고 식감이 단단해요. 육포를 만드는 데 사용하거나 장조림, 육회에 주로 사용해요.

* 출처 : 미국육류수출협회

소갈비찜

왠지 어려울 것 같아
도전하기 어려웠던
소갈비찜!
양념비율만 알면
이제 걱정 없어요.

2~3인분 | 준비 2시간 + 조리 1시간

tip 압력솥에 소갈비찜 조리하는 방법

압력솥에 소갈비찜을 조리할 때는 고기를 센불에서 10분간 데친 다음 물 4컵과 양념장 2/3를 넣고 센불에서 5분, 약불에서 5분 정도 조리해요. 그런 다음 불을 끄고 압력이 다 빠질 때까지 기다렸다가 뚜껑을 열고 남은 양념장을 넣어 센불에서 졸여요.

재 료

☐ 소갈비 1.5kg
☐ 무 1토막(200g)
☐ 마늘 5알
☐ 통후추 10알
☐ 물 9컵

양념장
☐ 간장 16스푼
☐ 설탕 8스푼
☐ 다진 마늘 4스푼
☐ 후추 1/4스푼
☐ 참기름 1스푼
☐ 당근 1/2개
☐ 다시마 1장

1 | **핏물 제거하기** | 소갈비는 찬물에 2시간 이상 담가 핏물을 제거해요.

tip / 누린내의 가장 큰 원인은 핏물. 핏물은 가라앉으므로 중간에 물 갈아주기

2 | **데치기와 양념장 만들기** | 핏물 뺀 갈비를 끓는 물에 넣고 중간중간 거품을 걷어내며 센불에서 10분간 데쳐요. 고기가 익는 동안 분량의 재료를 모두 넣고 잘 섞어 양념장을 만들어요.

3 | **손질하기** | 데친 갈비는 찬물에 깨끗이 씻어 물기를 제거하고, 살코기 부분에 뼈에 닿지 않도록 두세 번 칼집을 넣어 양념이 잘 배일 수 있도록 해요.

tip / 갈비의 뼈가 잘린 단면에서 핏물이나 이물질이 나올 수 있으므로 깨끗이 문질러 씻기

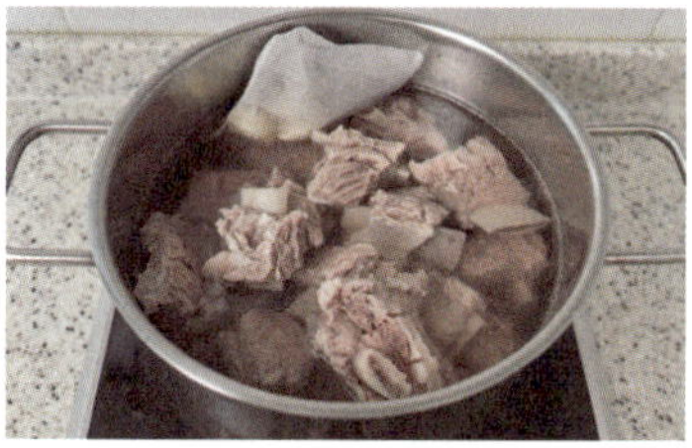

4 | **끓이기** | 마늘, 통후추, 다시마와 칼집 낸 갈비를 냄비에 넣고 물(9컵)을 부어 센불에서 끓여요. 물이 끓어오르면 양념장을 절반 정도 넣어 물이 절반으로 줄어들 때까지 중불에서 끓여요.

tip / 마늘, 통후추, 다시마같은 작은 재료를 건지기 귀찮다면 다시백 추천

5 | **재료 손질하기** | 무와 당근은 한입크기로 잘라 모서리를 정리해요.

tip / 모서리를 정리하고 남은 부분은 버리지 말고 밥 지을 때나 육수 낼 때 활용하고 달걀찜, 달걀말이, 볶음밥에 사용한다. 156쪽 참고

6 | **마무리하기** | 물이 절반 정도로 줄어들면 손질한 무, 당근을 넣고 남은 양념장을 넣어 약불에서 15~20분간 천천히 졸여요.

tip / 마지막에 오이, 대파나 떡을 넣어 졸여도 OK

TOP 19

냉파가 시급한 식재료

밑반찬

냉파 필수 준비물!
든든한 밑반찬!

매일매일 새로운 음식으로 냉파하는 즐거움도 있지만, 힘들고 지칠 때 저녁에 불 앞에서 요리하기란 쉽지 않지요. 냉파도 쉬어가는 때가 있어야 합니다. 그럴 때 미리 만들어둔 밑반찬 몇 개 꺼내서 냉동밥 데워 한 끼 해결하면 그만큼 시간도 절약하고 힘을 아껴 다음 날 쓸 수 있어요.
뚝딱 만들어 **1주일 내내 먹을 수 있는 기본 밑반찬**으로 든든한 냉파지원군을 준비하세요.

tip 만능 장아찌 절임물 비율

물 또는 육수 1 : 간장 1 : 식초 1 : 설탕 1의 비율로 절임물을 만들어 양파, 깻잎, 고추 장아찌 등을 만들 수 있어요. 기호에 따라 식초, 설탕 양을 조절하고, 저염으로 만들려면 간장을 0.7 정도로 줄이면 돼요.

tip 만능 나물 무침 양념 비율

① 된장양념
된장 2 : 참기름 2 : 다진 마늘 1의 비율로 무치면 된장 나물 양념이 돼요.

② 간장양념
국간장 2 : 참기름 2 : 다진 마늘 1의 비율로 무치면 간장 나물 양념이 돼요.

Key word

#냉파준비

#1주일 기본반찬 #마음든든

#10분투자 #1주일 냉파성공

1주일 냉파 식단 & 식비 예산

구매시기와 구매처에 따라 금액에 차이가 있으므로, 평균가로 잡았습니다.
모든 식재료가 다 있을 필요는 없습니다. 냉장고 속 재료만으로도 충분히 맛을 낼 수 있어요.

월 숙주나물

- □ 숙주 1봉 ₩1,600

월요일 식비 ₩1,600

화 깻잎절임

- □ 깻잎 2봉 ₩3,400

화요일 식비 ₩3,400

수 브로콜리 조개볶음

- □ 브로콜리 2송이 ₩3,500
- □ 바지락 1봉 ₩2,300

수요일 식비 ₩5,800

목 꽈리고추조림

- □ 꽈리고추 1봉 ₩2,500

목요일 식비 ₩2,500

금 황태채무침

- □ 황태채 1봉 ₩7,000

금요일 식비 ₩7,000

주말 특식 동그랑땡 샌드카츠

- □ 동그랑땡 1봉 ₩7,000
- □ 체다 슬라이스 치즈 1팩 ₩3,500

주말 식비 ₩10,500

3~4인 가족 1주일 평균 식비		밑반찬 1주일 예상 식비		1주일 식비 (절감 효과)
₩200,000	−	₩30,800	=	₩169,200

숙주 나물

반찬 없는 급한 저녁,
순식간에 만들 수 있는
냉장고
기본반찬 중 하나!

4인분 | 조리 5~10분

재 료

□ 숙주나물 1봉(400g)
□ 팽이버섯 1/4봉 ×

×
팽이버섯은 냉장고 상황이나 취향에 따라 생략 가능

숙주 데침물
□ 물 7컵
□ 소금 1/2스푼

양념
□ 소금 1/3스푼
□ 국간장 1/2스푼
□ 깨소금 1스푼
□ 참기름 2스푼
□ 대파 1~2대(15cm)
□ 다진 마늘 2/3스푼

1 | **데치기** | 숙주는 지저분하지 않을 정도만 정리해서 찬물에 여러 번 헹군 다음, 숙주 데침물이 끓으면 넣고 뒤적이며 1분 30초간 데쳐요. 찬물에 헹구지 말고 체에 밭쳐 물기를 제거해요.

tip / 1분 30초간 데치면 아삭한 식감, 좀 더 부드러운 걸 원하면 2분 30초~3분 정도 데쳐도 OK

2 | **양념장 만들기** | 믹싱볼에 분량의 양념재료를 모두 넣고 섞어 양념장을 만들어요.

3 | **마무리하기** | 양념장에 물기를 뺀 숙주와 팽이버섯을 넣고 살살 무쳐요.

tip / 이 양념장에 콩나물을 데쳐서 무쳐 먹어도 OK

깻잎 절임

맨밥에 이것만 있어도
여름 입맛 책임진다!
우리집 필수반찬!

4인분 | 조리 15분

재 료

□ 깻잎 50장

절임물

□ 육수 1/2컵 ×
(멸치 또는 다시마)
□ 진간장 1/2컵
□ 식초 1/2컵
□ 설탕 5스푼

×
육수 1/2컵은 물 1컵으로 대체 가능. 육수에는 기본 간이 돼있으므로 물보다 적게 넣기

1 | **깻잎 손질하기** | 깻잎은 흐르는 물에 한 장씩 깨끗이 씻어 물기를 제거한 다음, 5장씩 방향을 바꿔가며 밀폐용기에 가지런히 담아요.

tip / 이렇게 하면 한 번 먹을 만큼 덜어내기 쉽고, 한 장씩 꼭지를 조금씩 어긋나게 놓으면 먹을 때도 편리

2 | **깻잎 절이기** | 식초를 제외한 절임물 재료를 냄비에 넣고 중불에서 설탕이 녹을 정도로 끓인 다음, 불을 끄고 식초를 부어 한김 식혀요.

tip / 절임물이 너무 뜨거울 때 식초를 부으면 깻잎 색이 변하며 쪼그라든다.

3 | **절이기** | 식은 절임물을 깻잎에 붓고, 깻잎이 잠기도록 누름돌이나 그릇을 엎어 뚜껑을 닫아요. 실온에 반나절 뒀다가 냉장보관해요.

브로콜리 조개볶음

초고추장에 찍어 먹고
남은 브로콜리가 근사한
반찬으로 재탄생!

4인분 | 조리 15분

tip 브로콜리볶음으로 만드는 간단 브로콜리죽

브로콜리볶음을 반찬으로 먹다가 질리면 잘게 다져서 냄비에 찬밥, 육수와 함께 넣고 끓여서 죽으로 먹어도 좋아요. 이때 육수는 멸치육수가 가장 좋지만 소고기육수, 다시마육수 모두 가능해요. 이미 촉촉하게 잘 익은 상태이므로 오래 끓일 필요 없이 밥이 퍼질 정도로만 끓여도 색감 좋은 브로콜리죽이 돼요.

tip 조개 해감법 세 가지

① 바닷물 농도의 소금물을 만들어 조개를 넣는다(물 5컵에 소금 1스푼 정도).
② 조개가 들어있는 대야에 뚜껑을 덮거나 검정 비닐봉지를 씌워 어둡게 해준다.
③ 10원짜리 동전, 젓가락 같은 쇠붙이를 넣는다.
④ 여름에는 냉장고에서 넣어 해감한다.

재 료

- □ 브로콜리 2송이 ×
- □ 대합조개 1마리 ××
- □ 마늘 2알 ×××
- □ 당근 약간
- □ 홍고추 1/2개
- □ 참기름 2스푼
- □ 식용유 2스푼
- □ 소금 1/3스푼
- □ 후추 약간
- □ 통깨 약간

×
조개의 향과 맛을 진하게 느끼고 싶으면 브로콜리를 1송이로 줄이기
××
바지락, 생합으로 대체 가능
×××
다진 마늘 1스푼으로 대체 가능

1 | **재료 손질하기** | 브로콜리는 먹기 좋게 잘라 흐르는 물에 잘 씻어서 물기를 제거해요. 마늘과 홍고추는 잘게 다지고, 당근은 반달모양으로 썰어요.

2 | **조개 손질하기** | 대합조개는 깨끗이 씻어 작게 잘라요.

tip / 조개는 생략하거나 새우, 다른 조개류로 대체 가능

3 | **조개 익히기** | 냄비나 팬에 참기름, 식용유를 두르고 다진 마늘을 넣어 약불로 타지 않게 끓여 향을 내요. 여기에 손질한 조갯살을 넣고 중불에서 2분 정도 볶아요.

4 | **브로콜리 익히기** | 조개가 70% 정도 익으면 브로콜리와 당근을 넣어 잘 섞고, 소금을 넣고 한 번 더 뒤적거려요. 뚜껑을 덮고 약불로 줄여 3분 정도 익혀요.

5 | **마무리하기** | 뚜껑을 열면 냄비 바닥에는 진하고 시원하게 우러난 조개국물이 자작하고 브로콜리는 촉촉하고 부드럽게 익었을 거예요. 여기에 다진 홍고추와 통깨, 후추를 넣고 잘 섞어요. 다진 홍고추를 넣으면 색도 예뻐지고 달큰한 고추의 향이 더해져요.

꽈리고추 조림

꽈리고추조림에 넣어
멸치, 새우 등
냉장고 터줏대감
아웃!

2인분 | 조리 10분

재료

- □ 꽈리고추 30개
- □ 식용유 1스푼
- □ 통깨 약간
- □ 통마늘 2~3알 ×
- □ 볶음멸치 1/4컵 ×

×
통마늘과 볶음멸치는 마지막에 함께 넣기. 없으면 생략 가능

양념

- □ 물 1/2컵
- □ 볶음간장 3스푼

1 | **재료 손질하기** | 꽈리고추는 꼭지째로 씻은 다음 꼭지를 떼어내고, 사이사이에 양념이 잘 배게 포크로 두어 번 찔러 구멍을 내요.

tip / 꼭 먼저 씻은 다음 꼭지를 뗀다. 꼭지를 먼저 떼고 씻으면 고추 안에 물이 들어가 양념이 묽어지기 때문

2 | **재료 볶기** | 달군 팬에 식용유를 두르고 손질한 꽈리고추를 넣어 센불에서 살짝 그을릴 정도로 볶아요. 통마늘과 멸치가 있다면 꽈리고추와 함께 볶아요.

tip / 고추를 살짝 볶으면 풋내도 날아가고 소스도 더 잘 밴다. 볶으면서 그을린 맛과 향은 덤

3 | **양념 졸이기** | 약불로 줄이고 양념을 팬 가장자리로 흘려넣어요. 그런 다음 중약불에서 양념이 1스푼 정도 남을 때까지 졸여요. 이대로 먹어도 좋고 멸치를 함께 넣어 줄여도 좋아요.

tip / 마지막에 물 4스푼, 볶음간장 2스푼을 넣고 전분물로 농도를 맞추면 덮밥으로도 OK

황태채 무침

손으로 찢어
버무리기만 하면 끝!
매콤 보들보들한
우리집 1등 밥도둑!

4인분 | 조리 5분

재 료

- □ 황태채 또는 북어채 크게 한 줌(60~70g)
- □ 물 1/2컵
- □ 통깨 1/2스푼

양념장

- □ 고춧가루 1+1/2스푼
- □ 간장 4스푼
- □ 고추장 1스푼
- □ 올리고당 3스푼
- □ 설탕 1스푼
- □ 참기름 2스푼

1 | **황태채 불리기** | 황태채는 물을 부어 촉촉하게 불린 다음 한입크기로 잘라 물기를 꼭 짜요.

tip / 손으로 찢는 게 더 보기 좋다. 손으로 찢으며 가시 등을 잘 발라낸다.

2 | **양념장 만들기** | 왼쪽 분량의 양념장 재료를 모두 넣고 잘 섞어 양념장을 만들어요.

3 | **버무리기** | 손질한 황태채에 양념장을 넣고 잘 버무린 다음 통깨를 뿌리고 다시 한번 잘 섞어요.

tip / 팬에 식용유 약간 둘러 양념장을 볶다가 황태채를 넣고 살짝 볶아도 OK

동그랑땡 샌드카츠

명절에 남은
동그랑땡에 찬밥,
남는 과자까지!
월재연 최고 냉파요리!

2~3인분 | 조리 25분

tip 냉동실 식빵으로 빵가루 만드는 법

냉동실의 식빵을 사용할 경우 전자레인지에 1~2분 해동한 뒤 믹서기에 갈거나, 해동한 식빵을 팬에 구워 믹서기나 강판에 갈아 사용하세요. 베이글도 가능합니다.

tip 시판 건식빵가루에 물을 뿌리면 튀김이 더 바삭바삭!

시판 건식빵가루를 사용할 땐 스프레이로 물을 뿌려 살살 섞어서 촉촉한 상태로 사용하세요. 튀김옷도 더 잘 입혀지고 더 바삭해서 좋아요. 이때 빵가루가 다 젖어서 축축할 정도로 물을 뿌리면 안 되니 주의!

빵가루

재 료

□ 동그랑땡 7개 ×
□ 식용유 1+1/2컵

×
시판 냉동해물경단 사용 가능

샌드 밥
□ 슬라이스 체다치즈 1장
□ 찬밥 1공기
□ 소금 2꼬집
□ 후추 약간

튀김옷
□ 달걀 1개
□ 밀가루 2스푼
□ 스윙칩 1봉지
□ 제크 크래커 10조각 ××

××
과자 대신 빵가루 사용 가능

1 | **해물경단 손질하기** | 도톰한 동그랑땡은 해동 중 살짝 얼어있을 때 편으로 반을 갈라요.

tip / 0.5cm 정도 두께의 얇은 해물경단이나 동그랑땡의 경우 그대로 사용

2 | **밥 모양잡기** | 슬라이스 치즈는 껍질째 칼집을 내서 잘게 조각내고, 찬밥은 전자레인지에 2분간 데운 후 소금, 후추, 조각난 슬라이스 치즈를 넣어 버무려요. 잘 버무린 밥을 도톰한 동그랑땡 크기로 둥글리고 납작하게 모양을 잡아요.

스윙칩
Hot

3 | **과자 튀김옷 만들기** | 먹고 남은 과자를 빵가루 대체용으로 사용해요. 보슬보슬하게 부수거나 블랜더에 갈아아서 빵가루처럼 만들어요.

tip / 과자 튀김옷은 약간 입자가 있어야 튀겼을 때 보기 좋다.

4 | **모양 만들기** | 둥글게 빚은 밥에 밀가루를 묻히고 동그랑땡을 아래위로 붙여 샌드를 만들어요.

5 | **튀김옷 입히기** | 샌드에 밀가루 → 달걀물 → 과자 빵가루 순서로 튀김옷을 입혀요.

tip / 과자가 없을 때는 빵가루로 대체

6 | **튀기기** | 달군 팬에 식용유를 붓고 150℃에서 2분 정도 뒤집으며 노릇하게 튀겨요. 체반 위에 페이퍼타월을 깔고 튀긴 동그랑땡 샌드카츠를 올려 기름기를 제거해요.

tip / 과자 튀김옷에는 이미 양념이 돼있으므로 150℃ 정도의 낮은 온도에서 튀긴다. 부스러기는 체로 건져내야 마지막까지 깔끔하게 튀길 수 있다. 빵가루로 할 경우 160℃에서 튀겨도 OK

TOP

20

냉파가
시급한
식재료

간식&
디저트

디저트 유혹
뿌리치는
홈카페 메뉴!

냉장고 파먹기로 집밥을 해결하다가도 한 번씩 생각나는 게 있죠. 바로 예쁘고 맛있는 디저트! 아이들 투정에 간식을 사주기도 하고, 달콤한 디저트의 유혹에 한두 번 카페에 들르다 보면 애써 줄인 식비가 말짱 도루묵이 되기도 합니다. 그렇다고 무조건 참거나 포기한다면 너무 우울하지요.

집에서 물러져가는 **과일과 쓰고 남은 핫케이크 가루로 홈카페**를 만들어보세요. 그동안 냉파를 열심히 해낸 나 자신에게 맛있는 케이크를 이렇게 한 번씩 선물하는 것도 다시 냉파를 실천할 수 있는 원동력이 된답니다.

tip 디저트의 기본 휘핑크림, 집에서 쉽게 만드는 방법

fresh
cream
서울우유
Cream
신선한
우유로 만든
생크림

우선 마트에서 구입한 생크림에 설탕을 한 스푼 넣고 거품기로 단단하게 거품을 만드세요. 프렌치토스트에 올리면 훨씬 풍부한 맛이 나요.

거품을 만들 때는 거품과 스텐볼 모두 차가워야 거품이 잘 생겨요. 한 번에 거품을 다 만들려고 하지 말고 크림농도가 되직해지면 냉장고에 5분 정도 넣었다가 다시 꺼내 거품 내기를 반복하세요. 계속 젓는 것보다 훨씬 쉽게 거품이 생깁니다. 거품기를 둥글게 휘젓지 말고 지그재그로 저으면 거품이 더 잘 올라와요.

거품기가 없다면 차가운 생크림을 깨끗하게 씻은 마요네즈 통에 넣어서 휘핑크림을 만들 수도 있어요. 마요네즈 통의 반 이하로 채우고 10분 이상 쉬지않고 흔들어주면 돼요.

Key word

#홈카페 #브런치

#디저트 #핫케이크가루 파먹기

#카페분위기 #건강간식

1주일 냉파 식단 & 식비 예산

구매시기와 구매처에 따라 금액에 차이가 있으므로, 평균가로 잡았습니다.
모든 식재료가 다 있을 필요는 없습니다. 냉장고 속 재료만으로도 충분히 맛을 낼 수 있어요.

월 핫케이크 토네이도 핫도그

□ 소시지 1팩	₩5,500
□ 핫케이크가루 1봉	₩2,500
월요일 식비	**₩8,000**

화 사과조림 프렌치토스트

□ 식빵 1봉지	₩2,500
□ 달걀 30구	₩7,000
□ 우유 1L	₩2,500
화요일 식비	**₩12,000**

수 토마토 샐러드

□ 토마토 1봉	₩4,000
□ 양파 1kg	₩3,000
수요일 식비	**₩7,000**

목 핫케이크 딸기 오믈렛

□ 드링킹 요구르트 1팩	₩1,000
□ 생크림 1팩	₩3,400
□ 딸기 1상자	₩6,000
목요일 식비	**₩10,400**

금 복숭아 타르트

□ 다이제 1봉	₩1,600
□ 크림치즈 1통	₩4,000
□ 플레인요거트 1통	₩3,000
□ 복숭아 1개	₩2,000
금요일 식비	**₩10,600**

주말 특식 핫케이크 타코

□ 스팸 1캔(200g)	₩3,600
□ 소시지 1팩	₩5,500
□ 체다 슬라이스 치즈 1팩	₩3,500
□ 깻잎 1봉	₩1,700
주말 식비	**₩14,300**

3~4인 가족 1주일 평균 식비 ₩200,000 — **간식 1주일 예상 식비** ₩62,300 = **1주일 식비** ₩137,700

절감 효과

핫케이크 토네이도 핫도그

HOT

인기폭발!
길거리 유행 핫도그!
집에서 만들면 안심!

10개 분량 | 조리 25분

tip 허니머스타드 소스 집에서 만들기

집에 허니머스타드 소스가 없다면 마요네즈와 연겨자를 사용해서 비슷하게 만들 수 있어요. 마요네즈 3스푼+연겨자 1+1/2스푼+올리고당 2스푼을 잘 섞으면 완성돼요.

연겨자

tip 토네이토 핫도그 QR동영상

오른쪽의 QR 동영상으로 토네이도 핫도그 만드는 방법을 직접 확인해보세요.

재 료

- □ 프랑크소시지 5개
- □ 나무젓가락 또는 산적꼬치 10개

반죽

- □ 핫케이크가루 2컵
- □ 물 5스푼
- □ 핫케이크가루(덧가루용) 1큰술

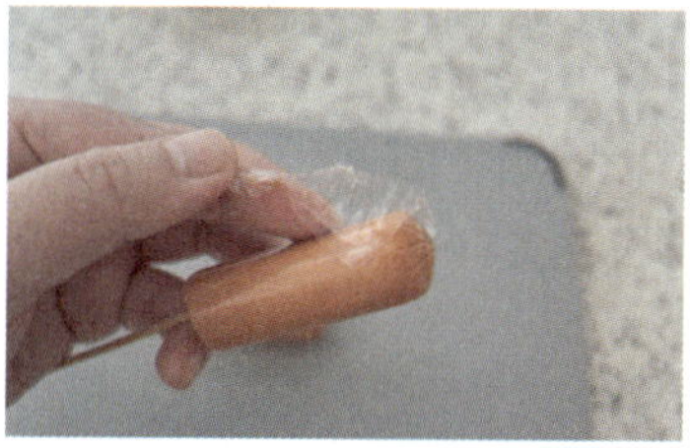

1 | **손질하기** | 소시지는 반으로 잘라 산적꼬치에 끼워요. 껍질이 있는 제품은 케이싱을 벗겨 사용하세요.

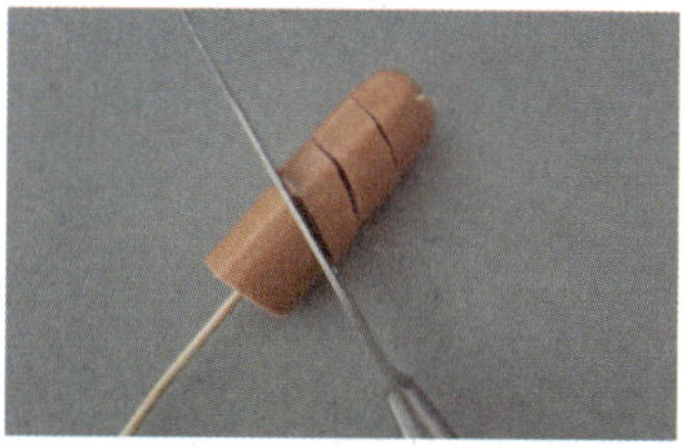

2 | **칼집 넣기** | 소시지가 끊어지지 않도록 돌려가며 윗부분부터 비스듬하게 칼집을 넣어요. 이때 산적꼬치에 칼끝이 닿아야 나중에 스프링처럼 길게 늘일 수 있어요.

tip / 칼집 내는 간격이 두꺼우면 안 된다. 맨 처음 소시지는 시식용으로 생각하고 각도와 두께를 가늠

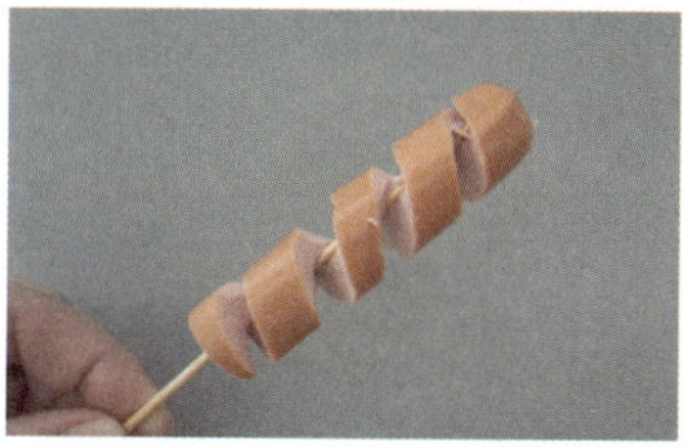

3 | **스프링 모양내기** | 칼집을 다 낸 다음 조금씩 아래로 당기면 스프링처럼 늘어나요.

4 | **핫도그 반죽하기** | 핫케이크가루에 물을 넣어 반죽해요. 일반적인 핫케이크 반죽처럼 묽으면 안 되고, 칼국수 반죽처럼 반죽해야 해요.

tip / 일반 핫도그를 만들려면 핫케이크 포장지에 쓰여있는 대로 반죽을 만들고, 소시지를 푹 담갔다가 빼서 프라이팬에 튀기면 된다.

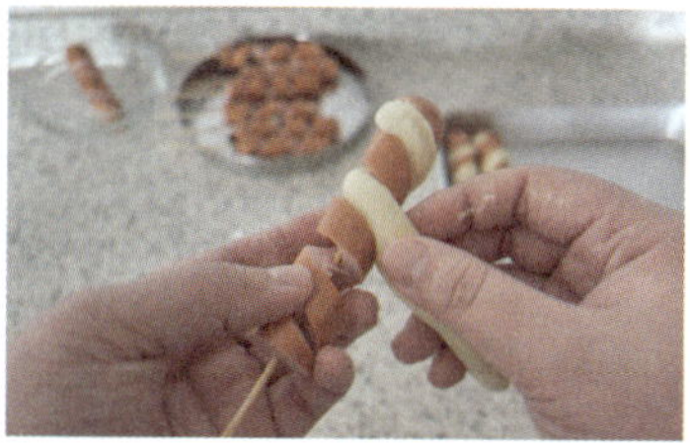

5 | **토네이도 모양잡기** | 반죽을 10등분한 뒤, 반죽이 들러붙지 않도록 덧가루용 핫케이크가루를 조금 뿌리고 둥글려서 얇은 막대처럼 길게 늘여요. 그런 다음 소시지 칼집 사이로 돌돌 돌려가며 말아요.

tip / 튀기면서 부풀어오르니 핫케이크반죽 두께를 너무 두껍지 않게 한다.

6 | **튀기기** | 팬에 기름을 넉넉히 두르고 160℃로 달군 다음 핫도그를 넣고 노릇하게 튀겨요.

tip / 일반 튀김처럼 높은 온도에서 튀기면 반죽 안쪽이 안 익을 수도 있으니 주의!

사과조림 프렌치토스트

밍밍하고 오래된 과일,
설탕에 졸이면
카페 디저트로 변신!

2인분 | 조리 25분

tip 먹을 식빵은 냉동실에, 버릴 식빵은 냉장실에!

먹고 남은 식빵은 밀봉해 냉동실에 보관했다가 실온에서 해동하면 마치 방금 산 빵 같아요. 식빵은 냄새를 흡수하는 성질이 있어서 냉장실에 보관하면 냄새를 다 빨아들여 먹기 힘들어져요. 먹을 식빵은 냉동실에 보관하고 버릴 식빵으로는 냉장고 냄새를 없애보세요.

재 료

- □ 식빵 2장
- □ 버터 1스푼(30g)

달걀물

- □ 달걀 1개
- □ 우유 5스푼
- □ 설탕 1스푼

사과조림

- □ 설탕 4스푼
- □ 물 2스푼
- □ 버터 2/3스푼(20g)
- □ 사과 2개

크림×

- □ 휘핑크림 또는 생크림 2/3컵
- □ 설탕 1스푼

×
크림재료가 없다면 생략 가능

토핑××

- □ 시나몬가루
- □ 유자청

××
시나몬가루와 유자청은 취향에 따라 생략 가능

1 | **식빵 썰기** | 냉동식빵은 실온에서 완전히 해동한 다음 3등분해요.

tip / 일반 식빵도 OK

2 | **사과 썰기** | 사과는 5mm 두께로 반달모양으로 썰어요.

tip / 사과를 껍질째 설탕에 졸이면 먹을 때 사과껍질이 거슬릴 수 있다. 여기서는 모양을 내려고 껍질째 사용했지만 부드러운 식감을 원하면 껍질을 벗겨서 사용.

3 | **사과 졸이기** | 냄비에 사과와 설탕, 물, 버터를 넣고 약불에서 천천히 타지 않게 졸여요.

tip / 이때 유자청을 약간 넣으면 향이 좋아진다. 휘핑크림에 유자청을 넣어도 OK

4 | **달걀물에 적시기** | 넓직한 트레이나 접시에 달걀물 재료를 섞은 뒤 식빵을 충분히 적셔요. 식빵이 달걀물을 다 빨아들일 때까지 둬야 충분히 적셔져서 부드럽고 맛있어요.

5 | **토스트 굽기** | 팬에 버터를 올려 중불에서 녹인 뒤 축축하게 적신 식빵을 넣어 앞뒤로 노릇하게 구워요.

6 | **졸인 사과 올리기** | 접시에 프렌치토스트를 담고 졸인 사과를 올린 뒤 휘핑크림을 얹어요.

tip / 시나몬가루와 유자청을 조금 올리면 사과와 잘 어울려 더욱 풍미가 좋아진다.

tip / 휘핑크림 만드는 법은 308쪽 참고

토마토 샐러드

한 봉지 사면
꼭 한두 개씩 남는
토마토, 일본 유명
레스토랑의 시원한
고급 디저트로 변신!

4인분 | 조리 10분

tip 토마토 껍질 쉽게 벗기는 방법

① 토마토를 끓는 물에 살짝 데쳐 껍질을 벗기는 방법이 일반적이에요.

② 토마토를 하룻밤 정도 냉동실에 넣었다가 꺼내서 흐르는 물에 씻어도 껍질이 잘 벗겨져요. 특히 토마토 샐러드를 할 때 좋은 방법이랍니다.

③ 토마토 꼭지를 떼고 포크에 꽂아 가스불에 직접 갖다 대는 방법도 있어요. 불에 닿아 껍질이 부풀어 오른 토마토를 흐르는 물에 씻으면 껍질이 쉽게 벗겨져요.

재 료

☐ 토마토 작은 것 4개
☐ 파마산 치즈가루 ×

소스
☐ 양파 1/4개
☐ 케첩 5스푼
☐ 마요네즈 3스푼
☐ 식초 1/3스푼
☐ 물 3스푼
☐ 올리고당 1스푼
☐ 무 자투리 ×

×
치즈가루와 무 자투리는 없으면 생략 가능

1 | **데치기** | 토마토 윗부분에 십(十)자로 칼집을 내고 끓는 물에 15~20초간 데쳐요.

tip / 토마토 껍질이 슬슬 뒤집어지려고 할 때 꺼낸다. 삶는 건 NO

2 | **찬물에 담그기** | 데친 토마토는 바로 찬물에 담가요.

tip / 데친 토마토를 찬물에 담그면 껍질이 더 쉽게 벗겨진다.

3 | **껍질 벗기기** | 찬물에 담근 토마토를 꺼내 껍질을 벗겨요. 껍질 벗긴 토마토는 잠시 냉동실에 넣어서 차갑게 만들어요.

tip / 미리 껍질을 벗겨 냉장고에 넣어뒀다가 만들어도 좋지만, 급하게 만들 땐 잠깐 냉동실에 넣어둬도 OK

4 | **소스 만들기** | 분량의 소스 재료를 모두 믹서기에 넣고 갈아요. 사우전드아일랜드 드레싱과 비슷한 맛이 나요.

tip / 무 자투리도 함께 갈면 시원한 맛이 나지만, 여름무는 쓴맛이 나므로 넣지 않는다.

5 | **마무리하기** | 냉동실에 있던 토마토를 꺼내 완성된 소스를 끼얹고 치즈가루를 뿌리면 완성!

tip / 피자를 시키면 주는 파마산 치즈가루를 사용해도 좋다.

tip 오사카 동양정 오리지널 토마토샐러드 만들기

오사카의 동양정이란 함박스테이크 집의 토마토샐러드와 똑같이 만들려면, 아래 재료를 모두 넣고 비벼서 토마토 아래에 깔면 돼요.

☐ 기름 쏙 뺀 참치 소복하게 4스푼 ☐ 양배추 아주 조금 ☐ 마요네즈 2스푼
☐ 생크림 1/2스푼(우유로 대체할 경우 1스푼) ☐ 소금 약간 ☐ 후추 약간 ☐ 레몬즙 약간

東洋亭

핫케이크 딸기 오믈렛

SNS에서 유행하는 귀여운 디저트예요. 남는 핫케이크가루로 취향에 맞게 만들어보세요.

15~16개 분량 | 조리 30분

tip 핫케이크 동그랗고 예쁘게 굽는 방법

① 약불에서 천천히

② 식용유를 약간만 떨어뜨린 뒤 키친타월로 닦아내서 기름이 흥건하지 않게

③ 중불에서 3분간 팬을 달궈 어느 정도 열이 오른 다음

→ 팬의 재질, 두께에 따라 달구는 시간이 달라질 수 있다.

④ 반죽을 한곳에 떨어뜨려 자연스럽게 퍼지며 원이 되도록 구워요. 특히 팬이 잘 달궈져야 색이 균일하게 나와요.

재 료

- □ 핫케이크가루 3+1/2컵 (350g)
- □ 달걀 2개
- □ 드링킹 요구르트 복숭아맛 1+2/3컵(310ml) ×
- □ 생크림 2컵
- □ 설탕 2~3스푼
- □ 딸기 8개 ××

×
그냥 물을 넣고 구우면 퍽퍽해서 크림이나 딸기와 잘 어우러지지 않는다.

×
드링킹 요구르트 대신 우유와 떠먹는 요구르트를 섞어 사용해도 OK. 건더기 없는 것을 사용

××
바나나, 블루베리 등 집에 있는 다른 과일로도 만들어보기

1 | **생크림 휘핑 만들기** | 생크림은 냉장고에서 바로 꺼내 거품기를 중속으로 돌리다, 거품이 크게 일기 시작하면 설탕(1스푼)을 넣고 저어요. 60% 정도 거품이 올라오면 설탕(1스푼)을 더 넣어 젓다가 저속으로 마무리해요. 달달한 크림을 원하면 설탕을 1/2~1스푼 더 넣어요.

tip / 거품기를 들어 올렸을 때 거품의 뿔이 휘어지지 않을 정도면 OK. 생크림은 냉장고에 보관한다.

2 | **핫케이크 반죽하기 1** | 볼에 달걀 2개를 넣고 거품기로 충분히 거품을 낸 다음 드링킹 요구르트를 넣고 잘 저어요.

tip / 평소 핫케이크를 반죽할 때 우유와 요거트를 섞으면 좀 더 촉촉하게 만들 수 있다. 반죽 농도를 보면서 양을 조절

3 | **핫케이크 반죽하기 2** | 분량의 핫케이크가루를 넣고 거품기로 덩어리지지 않도록 잘 섞어요.

tip / 반죽 농도는 거품기를 들어 올렸을 때 쪼르륵 떨어지는 정도면 OK

4 | **핫케이크 굽기** | 코팅팬을 약불에서 예열한 다음, 식용유를 약간 떨어뜨린 뒤 키친타월로 닦아내요. 핫케이크반죽(3스푼)을 넣고 반죽에서 거품이 올라와 톡톡 터지면, 아랫면 색을 확인하고 예쁜 갈색이면 뒤집어요.

5 | **핫케이크 모양잡기** | 앞뒤로 구운 핫케이크를 반으로 접어 모양을 잡아 식혀요.

tip / 이대로 바로 먹어도 맛있다.

6 | **오믈렛 모양 만들기** | 한김 식은 핫케이크에 냉장고에 넣어뒀던 크림을 동글동글 돌려가며 짠 뒤 딸기 반 개를 올려요.

tip / 크림층 사이에 딸기를 다져넣거나 핫케이크에 딸기잼을 조금 바른 다음 크림을 짜도 맛있다. 짤주머니가 없어도 지퍼백이나 비닐에 생크림을 넣고 모서리를 잘라 만들면 OK

복숭아 타르트

오븐 없이 냉장고만
있으면 완성되는
완벽간식, 달콤한
미니타르트!

1~2인분(5~6개 분량) | 조리 1시간

tip 제철 과일로 만드는 과일우유

복숭아뿐만 아니라 딸기, 귤, 오렌지, 자몽, 사과, 무화과 같은 과일도 졸여서 타르트를 만들 수 있어요. 타르트를 만들고 나서 과일 조림이 남았다면 흰 우유를 부어서 과일우유를 만들어보세요. 과일의 풍부한 향이 살아있는 데다, 졸임이어서 부족한 단맛도 채워주니 훌륭한 간식이 돼요. 꼭 절임이 아니더라도 생과일과 우유를 갈아도 맛있어요. 이때 부족한 단맛은 취향에 따라 설탕이나 꿀을 넣으면 돼요.

재 료

과자반죽

- □ 다이제쿠키 12개×
- □ 버터 2+2/3스푼(80g)
- □ 설탕 2스푼
- □ 종이컵 5~6개

×
샌드쿠키도 가운데 크림 빼고 사용 가능. 단맛 있는 쿠키를 사용할 경우 설탕 생략. 오레오 쿠키는 향이 너무 강하므로 제외

필링크림

- □ 크림치즈 3/4컵(150g)
- □ 플레인요거트 1개(85g)
- □ 꿀 1스푼××
- □ 설탕 2스푼
- □ 다진 복숭아 1/2컵

××
꿀 1스푼은 설탕 2스푼으로 대체 가능

복숭아 졸임

- □ 다진 복숭아 2컵×××
- □ 설탕 2스푼
- □ 물 3스푼

×××
복숭아 1개를 준비하면 OK. 말캉한 복숭아의 향이 더해져 더 맛있어진다. 복숭아통조림 사용 가능

Diget
다이제

1 | **과자가루 반죽하기** | 다이제쿠키는 지퍼백에 넣고 곱게 부순 다음, 녹인 버터와 설탕을 넣고 잘 섞어요. 살짝 뭉쳐봐서 꾸덕하게 뭉쳐질 정도면 돼요.

tip / 버터는 전자레인지에 40초~1분 정도 돌려 녹이세요.

2 | **과자컵 만들기** | 종이컵에 과자반죽을 2~2+1/2스푼 정도 떠넣고 꾹꾹 눌러, 컵모양으로 안쪽이 오목하게 바닥과 옆면을 만들어요. 그런 다음 냉동실에 넣어 20분간 굳혀요.

tip / 과자반죽을 2스푼씩 넣으면 6개, 2+1/2스푼씩 넣으면 5개 정도가 나온다.

3 | **복숭아 졸임** | 껍질을 벗겨 잘게 다진 복숭아, 설탕(2스푼), 물을 넣고 중불에서 10분 정도 졸인 다음 냉장고에 넣어 차갑게 식혀요.

tip / 복숭아 통조림이 있다면 바로 다져서 사용 가능. 아예 과일이 들어있는 요거트를 사용하는 것도 방법

4 | **필링크림 만들기** | 크림치즈와 요거트, 꿀, 설탕을 왼쪽 분량대로 넣고 잘 섞어 필링크림을 만들어요.

5 | **필링크림 굳히기** | 냉동실에 넣어둔 과자반죽을 꺼내 필링크림을 채우고 다시 냉동실에서 15분 정도 굳혀요.

tip / 굳히는 과정 없이 바로 차가운 복숭아 졸임을 얹어 먹어도 OK

6 | **마무리하기** | 종이컵을 찢어서 벗기고 내용물을 꺼내 졸인 복숭아를 얹어요.

핫케이크 타코

Kraft

진정한 냉파 특식요리!
냉장고 속 재료가 뭐든
매콤한 칠리마요소스로
전부 덮어버려요!

HOT

4~5인분 | 조리 25분

tip 아이와 함께 만드는 핫케이크 디저트 타코

핫케이크에 있는 단맛 때문에 과일이나 디저트와 더 잘 어울리는 편이에요. 휘핑한 크림과 제철 과일 몇 가지를 준비해 디저트 뷔페처럼 원하는 디저트를 만들어 먹어요. 특히 아이가 있다면 함께 과일을 씻고, 자르고, 크림을 만드는 과정 자체가 훌륭한 놀이가 될 거예요.

tip 타코에는 핫케이크 대신 또띠아도 OK!

집에 사둔 또띠아가 있다면 핫케이크 대신 타코를 만들어도 좋아요. 비교적 단맛이 없어 맵고 짠맛에 더 잘 어울리는 편이에요. 또띠아는 마른 팬에 넣고 중불에서 구워요. 또띠아가 살짝 부풀어오르면 뒤집어 앞뒤로 노릇하게 구워서 사용하면 좋아요.

Pulmuone
생가득
통밀또띠아
15cm

재 료

반죽

- □ 핫케이크가루 1컵
- □ 달걀물 1/2개 분량
- □ 우유 1/2컵

칠리마요소스

- □ 마요네즈 2스푼
- □ 고추장 1/3스푼
- □ 설탕 1/3스푼
- □ 핫소스 1/2스푼

토핑×

- □ 소시지 2개
- □ 스팸 작은 것 1/2통
- □ 다진 양파 1/2컵
- □ 장조림 조금
- □ 익은 김치 1컵
- □ 깻잎 2장
- □ 슬라이스치즈 2장
- □ 콘샐러드 약간
- □ 작은 토마토 2개 ×

×
냉장고에 있는 재료들을 다양하게 활용

1 | **소스 만들기** | 분량의 재료를 모두 넣고 잘 섞어 칠리마요소스를 만들어요.

2 | **반죽** | 달걀물 1/2개 분량을 볼에 넣고 거품기로 저어 뽀얗게 거품을 낸 다음, 우유를 잘 섞고 핫케이크가루를 넣어 반죽이 뭉치지 않도록 잘 저어요.

tip / 너무 오래 섞으면 핫케이크를 구웠을 때 질겨질 수 있으니 뭉치지 않을 정도로만 젓기

3 | **굽기** | 식용유를 묻힌 키친타월로 팬을 살짝 닦아내고, 핫케이크반죽을 동그랗게 부어 약불에서 앞뒤로 노릇하게 부쳐요.

4 | **마무리하기** | 취향에 맞게 토핑을 조합해 핫케이크에 얹어 1에서 만든 소스에 찍어 먹어요.

① 토마토 + 소시지 + 콘샐러드 + 깻잎
② 슬라이스 치즈 + 스팸 + 콘샐러드 + 깻잎
③ 슬라이스치즈 + 볶은 김치 + 다진 토마토 + 깻잎
④ 다진 양파 + 장조림 + 달걀프라이 + 깻잎

1

2

3

4

SPAM

고등어

부록

뜯어쓰는 냉장고 지도

영양만점 제철식품 총정리

	채소, 콩	과일	해산물
1월	고구마, 늙은호박, 당근, 무, 두부, 콩비지, 연근, 브로콜리, 우엉, 시금치	딸기	고등어, 명태, 동태, 가자미, 삼치, 새우, 낙지, 대구, 김, 물미역, 홍합, 굴, 병어
2월	미나리, 쑥, 무, 봄동, 시금치, 양파, 우엉, 브로콜리	딸기	명태, 고등어, 광어, 삼치, 낙지, 새우, 대구, 김, 물미역, 홍합, 굴, 전복, 파래, 병어
3월	브로콜리, 봄동, 열무, 우엉, 마늘종, 냉이, 머위순, 버섯, 쪽파, 더덕, 부추	딸기, 토마토	주꾸미, 도미, 꼬막, 모시조개, 물미역, 조기, 바지락, 톳, 피조개, 도미, 꽃게, 굴, 병어
4월	고사리, 머위, 상추, 부추, 양상추, 양파, 완두콩, 양배추	참외, 토마토	도미, 꽃게, 참조기, 전복
5월	고구마순, 부추, 미나리, 상추, 아욱, 양파, 완두, 죽순, 파, 오이, 애호박, 매실	딸기, 매실, 자두, 앵두, 참외, 수박	멸치, 오징어, 새우, 참치, 꽁치, 전복
6월	감자, 근대, 오이, 애호박, 깻잎, 아욱, 옥수수, 콩	살구, 참외, 토마토, 자두, 복숭아, 수박, 포도	갑오징어, 오징어, 광어, 갈치, 전갱이
7월	부추, 감자, 아욱, 가지, 깻잎, 근대, 오이, 피망, 양상추, 옥수수, 콩	멜론, 복숭아, 수박, 자두, 참외, 포도	농어, 장어, 갑오징어, 오징어, 갈치
8월	가지, 감자, 아욱, 강낭콩, 근대, 깻잎, 애호박, 도라지, 양파, 콩, 브로콜리	멜론, 복숭아, 포도, 수박	갈치, 오징어, 전복
9월	느타리버섯, 아욱, 도라지, 순무, 당근, 늙은호박, 부추, 시금치	토마토, 호두, 무화과, 대추, 포도	갈치, 꽃게, 새우, 오징어, 조기, 전어, 장어, 광어, 굴, 연어
10월	순무, 양송이버섯, 팥, 도라지, 쪽파, 늙은호박, 도토리, 고구마	모과, 밤, 사과, 오미자, 유자, 은행, 잣, 대추	꽃게, 갈치, 삼치, 가자미, 굴, 고등어, 꽁치, 굴, 낙지, 대하, 대합, 병어 홍합, 연어, 장어, 광어
11월	늙은호박, 당근, 무, 배추, 시금치, 연근, 우엉, 쪽파	감, 귤, 모과, 배, 사과, 오미자, 유자, 키위	갈치, 고등어, 삼치, 대구, 명채, 새우, 대합, 굴, 문어, 병어, 연어, 오징어, 옥돔, 참치, 광어
12월	콜리플라워, 늙은호박, 무, 배추, 브로콜리, 연근, 시금치	딸기, 귤, 대추, 바나나	대하, 병어, 동채, 낙지, 김, 생미역, 갈치, 삼치, 고등어, 대구, 동태, 가자미

Sure!

SPAM

냉장고 지도

작성일 :

냉동실

내용	유통기한	내용	유통기한	내용	유통기한
□	~ . .	□	~ . .	□	~ . .
□	~ . .	□	~ . .	□	~ . .
□	~ . .	□	~ . .	□	~ . .
□	~ . .	□	~ . .	□	~ . .
□	~ . .	□	~ . .	□	~ . .
□	~ . .	□	~ . .	□	~ . .

냉장실

내용	유통기한	내용	유통기한	내용	유통기한
□	~ . .	□	~ . .	□	~ . .
□	~ . .	□	~ . .	□	~ . .
□	~ . .	□	~ . .	□	~ . .
□	~ . .	□	~ . .	□	~ . .
□	~ . .	□	~ . .	□	~ . .
□	~ . .	□	~ . .	□	~ . .

김치냉장고

내용	유통기한	내용	유통기한	내용	유통기한
□	~ . .	□	~ . .	□	~ . .
□	~ . .	□	~ . .	□	~ . .
□	~ . .	□	~ . .	□	~ . .
□	~ . .	□	~ . .	□	~ . .

실온보관

내용	유통기한	내용	유통기한	내용	유통기한
□	~ . .	□	~ . .	□	~ . .
□	~ . .	□	~ . .	□	~ . .
□	~ . .	□	~ . .	□	~ . .

양념

내용	유통기한	내용	유통기한	내용	유통기한
□	~ . .	□	~ . .	□	~ . .
□	~ . .	□	~ . .	□	~ . .

절취선

※ 냉장고 지도는 절취선에 따라 잘라서 냉장고에 붙여 쓰면 좋아요!

기타

식단짜기

어른용

아이용

모두

간식

절취선

냉장고 지도

작성일 :

냉동실

내용	유통기한	내용	유통기한	내용	유통기한
☐	~ . .	☐	~ . .	☐	~ . .
☐	~ . .	☐	~ . .	☐	~ . .
☐	~ . .	☐	~ . .	☐	~ . .
☐	~ . .	☐	~ . .	☐	~ . .
☐	~ . .	☐	~ . .	☐	~ . .
☐	~ . .	☐	~ . .	☐	~ . .

냉장실

내용	유통기한	내용	유통기한	내용	유통기한
☐	~ . .	☐	~ . .	☐	~ . .
☐	~ . .	☐	~ . .	☐	~ . .
☐	~ . .	☐	~ . .	☐	~ . .
☐	~ . .	☐	~ . .	☐	~ . .
☐	~ . .	☐	~ . .	☐	~ . .
☐	~ . .	☐	~ . .	☐	~ . .

김치냉장고

내용	유통기한	내용	유통기한	내용	유통기한
☐	~ . .	☐	~ . .	☐	~ . .
☐	~ . .	☐	~ . .	☐	~ . .
☐	~ . .	☐	~ . .	☐	~ . .
☐	~ . .	☐	~ . .	☐	~ . .

실온보관

내용	유통기한	내용	유통기한	내용	유통기한
☐	~ . .	☐	~ . .	☐	~ . .
☐	~ . .	☐	~ . .	☐	~ . .
☐	~ . .	☐	~ . .	☐	~ . .

양념

내용	유통기한	내용	유통기한	내용	유통기한
☐	~ . .	☐	~ . .	☐	~ . .
☐	~ . .	☐	~ . .	☐	~ . .

※ 냉장고 지도는 절취선에 따라 잘라서 냉장고에 붙여 쓰면 좋아요!

절취선

기타

식단짜기

어른용

아이용

모두

간식

절취선

냉장고 지도

작성일 :

냉동실

내용	유통기한	내용	유통기한	내용	유통기한
☐	~ . .	☐	~ . .	☐	~ . .
☐	~ . .	☐	~ . .	☐	~ . .
☐	~ . .	☐	~ . .	☐	~ . .
☐	~ . .	☐	~ . .	☐	~ . .
☐	~ . .	☐	~ . .	☐	~ . .
☐	~ . .	☐	~ . .	☐	~ . .

냉장실

내용	유통기한	내용	유통기한	내용	유통기한
☐	~ . .	☐	~ . .	☐	~ . .
☐	~ . .	☐	~ . .	☐	~ . .
☐	~ . .	☐	~ . .	☐	~ . .
☐	~ . .	☐	~ . .	☐	~ . .
☐	~ . .	☐	~ . .	☐	~ . .
☐	~ . .	☐	~ . .	☐	~ . .

김치냉장고

내용	유통기한	내용	유통기한	내용	유통기한
☐	~ . .	☐	~ . .	☐	~ . .
☐	~ . .	☐	~ . .	☐	~ . .
☐	~ . .	☐	~ . .	☐	~ . .
☐	~ . .	☐	~ . .	☐	~ . .

실온보관

내용	유통기한	내용	유통기한	내용	유통기한
☐	~ . .	☐	~ . .	☐	~ . .
☐	~ . .	☐	~ . .	☐	~ . .
☐	~ . .	☐	~ . .	☐	~ . .

양념

내용	유통기한	내용	유통기한	내용	유통기한
☐	~ . .	☐	~ . .	☐	~ . .
☐	~ . .	☐	~ . .	☐	~ . .

절취선

※ 냉장고 지도는 절취선에 따라 잘라서 냉장고에 붙여 쓰면 좋아요!

기타

식단짜기

어른용

아이용

모두

간식

절취선

냉장고 지도

작성일 :

냉동실

내용	유통기한	내용	유통기한	내용	유통기한
□	~ . .	□	~ . .	□	~ . .
□	~ . .	□	~ . .	□	~ . .
□	~ . .	□	~ . .	□	~ . .
□	~ . .	□	~ . .	□	~ . .
□	~ . .	□	~ . .	□	~ . .
□	~ . .	□	~ . .	□	~ . .

냉장실

내용	유통기한	내용	유통기한	내용	유통기한
□	~ . .	□	~ . .	□	~ . .
□	~ . .	□	~ . .	□	~ . .
□	~ . .	□	~ . .	□	~ . .
□	~ . .	□	~ . .	□	~ . .
□	~ . .	□	~ . .	□	~ . .
□	~ . .	□	~ . .	□	~ . .

김치냉장고

내용	유통기한	내용	유통기한	내용	유통기한
□	~ . .	□	~ . .	□	~ . .
□	~ . .	□	~ . .	□	~ . .
□	~ . .	□	~ . .	□	~ . .
□	~ . .	□	~ . .	□	~ . .

실온보관

내용	유통기한	내용	유통기한	내용	유통기한
□	~ . .	□	~ . .	□	~ . .
□	~ . .	□	~ . .	□	~ . .
□	~ . .	□	~ . .	□	~ . .

양념

내용	유통기한	내용	유통기한	내용	유통기한
□	~ . .	□	~ . .	□	~ . .
□	~ . .	□	~ . .	□	~ . .

※ 냉장고 지도는 절취선에 따라 잘라서 냉장고에 붙여 쓰면 좋아요!

절취선

기타

식단짜기

어른용

아이용

모두

간식

절취선

색인

재료별 냉파 가능한 레시피 찾기

이 책에서 제시하고 있는 냉파가 시급한 식재료 TOP 20 이외에도, 책에서는 다양한 식재료를 활용하고 있습니다. 집에 있는 냉파하고 싶은 식재료로 만들 수 있는 다양한 레시피를 찾아보세요.

맘마미아 냉파요리

색인

맘마미아
냉파요리

색인

맘마미아 냉파요리

여성 건강 실천법

여성
건강 실천법
1일1실천의 기적, 28일 후 생리통이 잡힌다!

여성건강연구회 지음 | 13,800원

1일 1실천의 기적, 28일 후 생리통이 잡힌다!

- 일본 아마존 베스트셀러
- 바디버든, 독성유전, 환경호르몬 대처법 총망라
- 〈부록〉 통증을 없애는 혈자리

★ 1일 1실천 건강법의 효과 3가지

1. 한 달 후, 생리통이 개선된다!
생리통만 잡아도 여성의 몸은 기적처럼 건강해진다

2. 두 달 후, 만성피로가 사라진다!
10살 어려지는 동안 피부, 뭉침 없는 어깨, 힘차게 뛰는 심장을 만든다

3. 석 달 후, 고질병이 낫는다!
100세 건강 시대, 잔병치레를 벗어나고 마음 건강까지 챙긴다

여성 건강 혈자리 지도 (브로마이드)

28Day
여성 건강 혈자리 지도

여성건강연구회 지음 | 3,500원

두통, 치통, 생리통, 요통, 어깨결림 등 통증 OUT!
빈혈, 변비, 탈모, 소화불량, 다리부종도 OUT!

- 〈여성 건강 실천법〉 자매품
- 〈부록〉 1일 1실천, 여성 건강 플래너

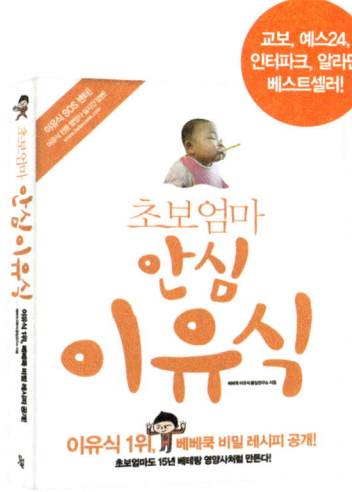

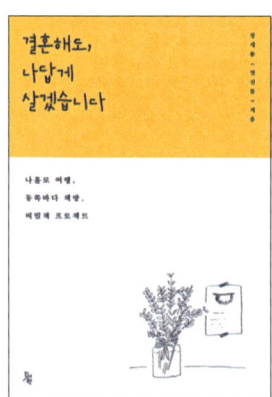